Das

Feld- und Forstpolizeigesetz

vom 1. April 1880.

Mit Erläuterungen

von

Dr. P. Daude,
Geheimem Regierungsrath und Universitätsrichter bei der Königl. Friedrich-Wilhelms-Universität zu Berlin.

Vierte, vermehrte Auflage.

Berlin 1900.
Verlag von H. W. Müller.
Luckenwalder Straße 2.

Vorwort zur ersten Auflage.

Durch das Feld- und Forstpolizeigesetz ist dem auf allen betheiligten Seiten bereits seit langer Zeit fühlbar gewordenen Bedürfniß einer dem gegenwärtigen Stande der Gesetzgebung auf anderen Gebieten entsprechenden einheitlichen Regelung des Feld- und Forstpolizeirechts endlich Rechnung getragen.

Allerdings hat auch das gegenwärtige Gesetz die Verschiedenheit provinzieller und örtlicher land- und forstwirthschaftlicher Zustände nicht vollkommen unberücksichtigt lassen können.

Dasselbe hat daher einerseits die von den besonderen Bedürfnissen einzelner Gegenden und Orte am meisten abhängige Regelung der Hütungs- und Weideverhältnisse den Polizeibehörden übertragen, andererseits die autonomische Thätigkeit der Ortsbehörden für gewisse lokal zu beurtheilende Verhältnisse dergestalt anerkennen müssen, daß gewisse Handlungen nur dann mit Strafe bedroht werden, wenn sie erlassenen polizeilichen Anordnungen zuwider begangen sind, und endlich auch die Befugniß der Polizeibehörden, im Interesse des Feld- und Forstschutzes Polizeiverordnungen zu erlassen, nicht berührt und nur insofern eingeschränkt, als diese Verordnungen den Bestimmungen des gegenwärtigen Gesetzes entgegenstehen.

Abgesehen hiervon hat aber das Feld- und Forstpolizeigesetz für den ganzen Umfang der Monarchie die langersehnten einheitlichen Vorschriften über die Bestrafung, den Schadensersatz, die Pfändung u. s. w. getroffen, welche neben den allgemeinen gesetzlichen Bestimmungen dahin zielen, die Felder und Forsten gegen Beschädigungen zu schützen. —

Der vorliegende Kommentar ist dazu bestimmt, den zunächst mit der Handhabung des Feld- und Forstpolizeigesetzes betrauten Ortspolizeibehörden, Amtsvorstehern und Amtsanwälten ein praktisches Hülfsmittel zu sein, nicht minder auch dem Landwirth, dem verwaltenden Forstbeamten sowie den zur Verhandlung und Entscheidung der Feld- und Forstrügesachen als Schöffen berufenen

Laien die Anwendung des Gesetzes zu erleichtern und endlich auch dem Richter die einzelnen Bestimmungen des letzteren an der Hand des gesetzgeberischen Materials und der auf dem Gebiete des Feld- und Forstpolizeirechts ergangenen gerichtlichen und administrativen Entscheidungen in wissenschaftlicher Weise, zugleich aber auch für den praktischen Gebrauch zu erläutern.

Die in dem Feld- und Forstpolizeigesetz in Bezug genommenen und dasselbe ergänzenden gesetzlichen Vorschriften des Strafgesetzbuchs, der Strafprozeßordnung und der Verwaltungsgesetze sind, soweit dies irgend möglich war, wörtlich aufgenommen, um namentlich dem Laien das Nachschlagen ihm oft nicht zugänglicher anderweiter Gesetzbücher entbehrlich zu machen.

Marienwerder 1880.

Vorwort zur vierten Auflage.

Das Inkrafttreten des Bürgerlichen Gesetzbuchs und der sonstigen neuen Justizgesetze, sowie die mannigfachen zur Erläuterung des Feld- und Forstpolizeigesetzes inzwischen ergangenen Entscheidungen des Reichsgerichts und des Kammergerichts haben das Erscheinen der vorliegenden vierten Auflage gezeitigt. Möge auch sie in den betheiligten Kreisen eine wohlwollende Aufnahme finden.

Berlin, 1. Januar 1900.

Daude.

Inhalt.

Das Feld- und Forstpolizeigesetz vom 1. April 1880. Seite

Erster Titel 1
Strafbestimmungen. §§ 1—52.

Zweiter Titel 96
Strafverfahren. §§ 53—61.

Dritter Titel 105
Feld- und Forsthüter. §§ 62—66.

Vierter Titel 111
Schadensersatz und Pfändung. §§ 67—88.

Fünfter Titel 134
Uebergangs- und Schlußbestimmungen. §§ 89—97.

Anhang.

I. Gesetz, betreffend den Schutz von Vögeln, vom 22. März 1888 146

II. 1) Gesetz über den Waffengebrauch der Forst- und Jagdbeamten vom 31. März 1837 mit den hierzu ergangenen Ministerial-Instruktionen und -Verfügungen, insbesondere: 149

2) der Instruktion des Ministeriums des Königl. Hauses für die Königlichen Forst- und Jagdbeamten über den Waffengebrauch, vom 17. April 1837; 151

3) der Rundverfügung des Ministers für Landwirthschaft, Domänen und Forsten, betr. den Waffengebrauch gegen auf der Flucht befindliche Forst- und Jagdfrevler, vom 14. Juli 1897; 154

4) der Rundverfügung des Ministers des Innern an die Regierungspräsidenten, betr. den Waffengebrauch der Kommunal- und Forstbeamten, vom 1. September 1897; 155

5) der Instruktion des Ministers des Innern und der Polizei wegen des Waffengebrauchs der Kommunal- und Privat- Forst- und Jagd-Offizianten vom 21. November 1837 156

6) dem Allerh. Erlaß vom 11. Oktober 1899, betr. die Walduniform der Forstbeamten der Kommunalverbände rc. 158

Seite

III. Allgemeine Verfügung des Ministers für Landwirthschaft, Domänen und Forsten vom 12. Mai 1880 betreffend die Ausführung des Feld- und Forstpolizeigesetzes an die Oberpräsidenten und Regierungen . . 160
IV. Verfügung des Ministers für Landwirthschaft, Domänen und Forsten vom 29. Mai 1880 betreffend die Ausführung des Feld- und Forstpolizeigesetzes in fiskalischen Forsten 166
V. Cirkular-Verfügung des Ministers für Landwirthschaft 2c. und des Ministers des Innern vom 23. Juli 1883, betreffend die zu Hülfsbeamten der Staatsanwaltschaft bestellten Forstschutzbeamten 168
VI. Gesetz, betreffend den Erlaß polizeilicher Strafverfügungen wegen Uebertretungen, vom 23. April 1883 172
VII. Allgemeine Verfügung des Justizministers vom 2. Juli 1883 zur Ausführung des Gesetzes vom 23. April 1883
und
Anweisung des Ministers des Innern und des Justizministers zur Ausführung des Gesetzes vom 23. April 1883 176
VIII. Verordnung vom 30. Juni 1839 betreffend die Kontrole der Hölzer, welche unverarbeitet transportirt werden . 191
IX. Vorläufige Verordnung vom 5. März 1843 über die Ausübung der Waldstreuberechtigung 192
X. Die Vorschriften der Feldpolizeiordnung vom 1. November 1847 über die Ausübung der Weide durch Gemeinde- und Genossenschaftsheerden, der Nachtweide und des Einzelhütens 196

Sachregister 200

Erklärung der wichtigsten Abkürzungen.

A. = Annalen des Reichsgerichts. Unter Mitwirkung von Dr. Carl Braun herausgegeben von Dr. Hans Blum.

AKO. = Allerhöchste Kabinetsordre.

Amtl. A. = Amtliche Ausgabe des Feld- und Forstpolizeigesetzes. Berlin 1880 bei Julius Springer.

CBl. = Centralblatt für das Deutsche Reich.

CPO. = Civil-Prozeßordnung für das Deutsche Reich vom 30. Januar 1877.

E. = Entscheidungen des Reichsgerichts in Strafsachen.

Entsch. d. R.-O.-H.-G. = Entscheidungen des Reichsoberhandelsgerichts.

GA. = Goltdammer's Archiv für Strafrecht.

Ger.Ver.Ges. = Gerichtsverfassungsgesetz vom 27. Januar 1877.

GS. = Gesetzsammlung für die Preußischen Staaten.

J. B. = Jahrbuch der Preußischen Forst- und Jagd-Gesetzgebung und Verwaltung von Danckelmann.

JM.Bl. = Justiz-Ministerialblatt.

Joh. = Jahrbuch der Entscheidungen des Kammergerichts in Sachen der nichtstreitigen Gerichtsbarkeit und in Strafsachen.

v. Kamptz Ann. = von Kamptz, Annalen der Preußischen inneren Verwaltung.

Mot. = Motive der Regierungsvorlage vom 28. Oktober 1879.

OR. = Oppenhoff's Rechtsprechung des Preußischen Obertribunals in Strafsachen.

Pr. Ausf.Ges. = Preußisches Ausführungsgesetz zum Gerichtsverfassungsgesetz vom 24. April 1878.

R. = Rechtsprechung des Deutschen Reichsgerichts in Strafsachen, herausgegeben v. den Mitgliedern der Reichsanwaltschaft.

RA. = Archiv für rheinisches Civil- und Criminalrecht.

Sten. Ber. A. = Stenographische Berichte des Abgeordnetenhauses.
StGB. = Strafgesetzbuch für das Deutsche Reich v. 15. Mai 1871.
StPO. = Straf-Prozeßordnung für das Deutsche Reich vom 1. Februar 1877.
Urt. = Urtheil des Reichsgerichts.
Urt. KG. = Urtheil des Kammergerichts.
VMBl. = Ministerialblatt für die innere Verwaltung.

Feld- und Forstpolizeigesetz.

Vom 1. April 1880.

(Ges.-S. S. 230.)

Wir Wilhelm, von Gottes Gnaden König von Preußen 2c. verordnen, mit Zustimmung der beiden Häuser des Landtages Unserer Monarchie, für den ganzen Umfang derselben, was folgt:

Erster Titel.

Strafbestimmungen.

§ 1.

Die in diesem Gesetz mit Strafe bedrohten Handlungen unterliegen, soweit dasselbe nicht abweichende Vorschriften enthält, den Bestimmungen des Strafgesetzbuchs.

Das Einführungsgesetz zum Strafgesetzbuch vom 31. Mai 1870 hat die Befugniß der Landesgesetzgebung, neue Forst- und Feldpolizeigesetze zu erlassen, lediglich an die Beschränkung geknüpft, daß in den letzteren nur Gefängniß bis zu zwei Jahren, Haft, Geldstrafe, Einziehung einzelner Gegenstände und Entziehung öffentlicher Aemter angedroht werden darf. An Stelle der Gefängniß- oder Geldstrafe soll allerdings auch ferner Forst- oder Gemeindearbeit angedroht oder nachgelassen werden können. Im Uebrigen ist der Landesgesetzgebung in Betreff des sonstigen Inhalts derartiger Strafvorschriften völlig freie Hand gelassen.

Das Feld- und Forstpolizeigesetz v. 1. April 1880 hat sich im Wesentlichen der allgemeinen Strafgesetzgebung angeschlossen und demzufolge, insoweit nicht einzelne Materien (Versuch, Theilnahme, Rückfall) besondere Abweichungen erforderten, die Grundsätze des Strafgesetzbuchs zur Anwendung gebracht. Der § 1 spricht deshalb das dem gesammten Gesetze zu Grunde liegende Prinzip dahin aus, daß die in demselben mit Strafe bedrohten Handlungen, soweit nicht abweichende Vorschriften gegeben sind, den Bestimmungen des Strafgesetzbuchs unterliegen.

§ 2.

Für die Strafzumessung wegen Zuwiderhandlungen gegen dieses Gesetz kommen als Schärfungsgründe in Betracht:

1) wenn die Zuwiderhandlung an einem Sonn- oder Festtage oder in der Zeit von Sonnenuntergang bis Sonnenaufgang begangen ist;
2) wenn der Zuwiderhandelnde Mittel angewendet hat, um sich unkenntlich zu machen;
3) wenn der Zuwiderhandelnde dem Feld- oder Forsthüter, oder einem anderen zuständigen Beamten, dem Beschädigten oder dem Pfändungsberechtigten seinen Namen oder Wohnort anzugeben sich geweigert oder falsche Angaben über seinen oder seiner Gehülfen Namen oder Wohnort gemacht, oder auf Anrufen der vorstehend genannten Personen, stehen zu bleiben, die Flucht ergriffen oder fortgesetzt hat;
4) wenn der Thäter die Aushändigung der zu der Zuwiderhandlung bestimmten Werkzeuge oder der mitgeführten Waffen verweigert hat;
5) wenn die Zuwiderhandlung von drei oder mehr Personen in gemeinschaftlicher Ausführung begangen ist;
6) wenn die Zuwiderhandlung im Rückfalle begangen ist.

1. Schärfungsgründe. Die Bestimmung des § 2 macht dem Richter nicht unter allen Umständen ein Hinausgehen über das niedrigste Strafmaß zur Pflicht. Es werden vielmehr nur diejenigen Fälle hervorgehoben, in denen der Richter der Regel nach die Strafe strenger bemessen soll. Eine Kompensation der

Schärfungsgründe durch das gleichzeitige Vorhandensein überwiegender Milderungsgründe ist nicht ausgeschlossen.

2. Festtag. Der Begriff Festtag ist nicht auf die in Preußen gesetzlich anerkannten Feiertage beschränkt. In den älteren Preuß. Landestheilen: die beiden Weihnachtstage, Oster- und Pfingstmontag, Charfreitag, Neujahr, Christi Himmelfahrt und Bußtag; in der Rheinprovinz noch: Allerheiligen. Vergl. AKO. v. 5. Juli 1832, 7. Febr. 1837 und 22. Juli 1839 (GS. 1832 S. 197; 1837 S. 21; 1839 S. 249) und wegen des Charfreitags insbesondere Ges., betr. den Charfreitag, v. 2. September 1899 (G.S. 1899 S. 161). Die größere Strafbarkeit der an Sonn- und Festtagen verübten Feld- und Forstfrevel rechtfertigt sich gesetzgeberisch nicht durch die Verletzung der äußeren Heilighaltung jener Tage, sondern durch die Ausnutzung derselben als derjenigen Zeiten, an welchen präsumtiv eine erhebliche Erschwerung oder gar Unmöglichkeit der Beaufsichtigung der Grundstücke wegen der anderweiten Inanspruchnahme des Schutzpersonals stattfindet. Mit Recht hebt deshalb auch Günther in s. Komm. zum F. u. FPG. zu § 2 Nr. 1 hervor, daß der hier in Rede stehende Schärfungsgrund auch zutreffen würde bei einem Kontravenienten evangelischer Konfession, der einen hohen katholischen, auf einen Wochentag fallenden Feiertag benutzt, um in einem Reviere, dessen sämmtliche Schutzbeamte katholischer Konfession sind, Entwendungen u. s. w. auszuführen — vorausgesetzt allerdings seine Bekanntschaft mit diesem Umstande. (§ 59 StGB.) Vergl. auch Günther, Komm. zum Forstdiebst.-Ges. zu § 3 Nr. 1; Schönfeld, Forstdiebst.-Ges. S. 14; Rotering, Feld- u. Forst-PolGes. S. 3.

3. Unkenntlichmachung. Es genügt jede auf Täuschung über die Person des Zuwiderhandelnden abzielende Aenderung in Kleidung, Aussehen u. s. w. Das Holzdiebstahlsgesetz v. 2. Juni 1852 hatte im § 4 Nr. 2 das Vermummen und das Färben des Gesichts als Mittel der Unkenntlichmachung besonders erwähnt.

4. Zuständiger Beamter ist im Allgemeinen derjenige, welchem ein Recht auf Erforschung des Namens oder Wohnorts zusteht, Urt. 10/4 80, R. 1,566, und im Falle des § 2 Nr. 3 insbesondere jeder zur Verfolgung von Feld- und Forstpolizeifreveln berechtigte Beamte.

5. Falsche Angabe des eigenen Namens. Unter dem Namen ist nicht bloß der Familienname, sondern auch der Vorname in Verbindung mit dem Familiennamen zu verstehen, so daß auch derjenige, welcher sich einem Feld- oder Forsthüter oder einem anderen zuständigen Beamten gegenüber eines ihm nicht zukommenden Vornamens bei richtiger Angabe des Familiennamens bedient, nach § 1 Nr. 3 strafbar ist. Falsche Angabe des Namens liegt ferner auch dann vor, wenn verheirathete Frauen nur ihren Mädchennamen angeben.

Der § 360 Nr. 8 StGB. bedroht mit Geldstrafe bis zu 150 M. oder mit Haft denjenigen, welcher sich eines ihm nicht zukommenden Namens einem zuständigen Beamten gegenüber bedient.

Wenn die Angabe eines falschen Namens mit einer Zuwiderhandlung gegen das F. u. FPG. konkurrirt, so kann dieselbe niemals als selbstständige Uebertretung des § 360 Nr. 8 StGB. verfolgt werden, sondern stets nur als Schärfungsgrund nach § 2 Nr. 3 F. u. FPG. in Betracht kommen. Beschl. des früh. Obertrib. v. 15/5 57, GA. 5, 563.

6. Falsche Angabe über Namen oder Wohnort des Gehülfen. Nur die falsche Angabe über Namen oder Wohnort des Gehülfen kommt als Schärfungsgrund in Betracht; die bloße Weigerung, Namen 2c. des Gehülfen anzugeben, ist kein Schärfungsgrund für die Strafzumessung.

7. Anrufen. Dem Zuwiderhandelnden muß aus dem Anrufen die Absicht des anrufenden Feld- oder Forsthüters, ihn zum Stehenbleiben zu veranlassen, erkennbar gewesen sein.

8. Weigerung zur Herausgabe der Waffen u. s. w. Als Schärfungsgrund nach § 2 Nr. 4 genügt die einfache Weigerung des Zuwiderhandelnden, dem Feldhüter (§ 2 Nr. 3) die zu der Zuwiderhandlung bestimmten Werkzeuge 2c. auszuhändigen. Aktiver Widerstand würde nach § 17 Nr. 2 F. u. FPG. bezw. nach den §§ 113, 117ff. StGB. zu bestrafen sein.

Daß die Werkzeuge von dem Zuwiderhandelnden wirklich benutzt worden sind, oder daß von den Waffen Gebrauch gemacht worden, ist nicht erforderlich.

Ueber den Begriff der Waffe vergl. Anm. 1 zu § 20.

9. Gemeinschaftliche Ausführung. Zur Annahme einer gemeinschaftlichen Ausführung wird hier — wie im § 47 StGB. — ein gewolltes Zusammenwirken von drei oder mehr Personen erfordert, ohne daß es jedoch dabei auf das größere oder geringere Maß der äußerlichen Thätigkeit des Einzelnen ankommt. Jedenfalls muß aber stets irgend eine materielle Mitwirkung der einzelnen Personen bei Ausführung der betr. Zuwiderhandlung vorliegen, die sich allerdings auch auf Vorbereitungshandlungen beschränken kann, falls diese aus dem Vorsatz entspringen, die Zuwiderhandlung als eine gemeinschaftliche zur Ausführung zu bringen. Ein bloßes Mitwissen oder Billigen der Handlung eines Anderen kann ebensowenig, wie die bloße Theilnahme an dem Planen der Zuwiderhandlung oder die bloße Anwesenheit bei Verübung der letzteren ohne Feststellung einer bestimmten Mitwirksamkeit die Annahme einer gemeinschaftlichen Ausführung im Sinne des § 2 Nr. 5 begründen.

10. Rückfall. Siehe hierüber § 3. — Wenn im Falle einer Entwendung (§ 18) der Schuldige sich im dritten oder ferneren Rückfall befindet, so bildet dies nicht etwa nur einen Schärfungsgrund im Sinne des § 2, sondern es kommt dann die Strafvorschrift des § 21 Nr. 1 (Gefängnißstrafe von einer Woche bis zu einem Jahr) zur Anwendung.

§ 3.

Im Rückfalle (§ 2 Nr. 6) befindet sich, wer, nachdem er auf Grund dieses Gesetzes wegen einer in demselben mit Strafe bedrohten Handlung im Königreiche Preußen vom Gerichte oder durch polizeiliche Strafverfügung rechtskräftig verurtheilt worden ist, innerhalb der nächsten zwei Jahre dieselbe oder eine gleichartige strafbare Handlung, sei es mit oder ohne erschwerende Umstände, begeht.

Als gleichartig gelten:

1) die in demselben Paragraphen oder, falls ein Paragraph mehrere strafbare Handlungen betrifft, in derselben Paragraphennummer vorgesehenen Handlungen;

2) die Entwendung, der Versuch einer solchen und die Theilnahme (Mitthäterschaft, Anstiftung, Beihülfe), die Begünstigung und die Hehlerei in Beziehung auf eine Entwendung.

1. **Allgemeines.** Nach Analogie des § 7 des Forstdiebstahlsgesetzes v. 15. April 1878 hat das F. u. FPG. abweichend von den Bestimmungen des StGB. bei der Begriffsbestimmung des Rückfalls als Anfang der Frist, binnen welcher durch die Wiederholung der That die verschärfte Strafe des Rückfalls verwirkt wird, den Zeitpunkt der rechtskräftigen Verurtheilung (nicht der Verbüßung oder des gänzlichen oder theilweisen Erlasses der Strafe) bezeichnet, die Dauer dieser Frist ferner auf zwei Jahre eingeschränkt und endlich auch bereits den ersten Rückfall als Strafschärfungsgrund aufgestellt.

2. **Rechtskräftige Verurtheilung.** Ein richterliches Urtheil ist rechtskräftig, wenn dasselbe durch ein Rechtsmittel (Berufung oder Revision) nicht mehr angefochten werden kann, bezw. wenn auf das zulässige Rechtsmittel vor Ablauf der Frist verzichtet worden ist. Vergl. §§ 344, 355—357, 381—383 StPO. und § 59 des gegenwärtigen Gesetzes. — Amtsrichterliche Strafbefehle sind rechtskräftig, sobald der Einspruchstermin abgelaufen oder der Einspruch zurückgenommen ist. Vergl. §§ 449 bis 451 StPO. — Polizeiliche Strafverfügungen, welche i. S. § 3 den richterlichen Urtheilen und Strafbefehlen vollkommen gleichstehen, sind rechtskräftig, sobald die Frist zur Anbringung des Antrages auf gerichtliche Entscheidung abgelaufen oder der Antrag zurückgenommen ist. Vergl. § 453 StPO.

Die vorausgegangene Verurtheilung muß auf Grund des gegenwärtigen Gesetzes wegen einer in demselben mit Strafe bedrohten Handlung erfolgt sein; die Verurtheilung auf Grund früherer feld- und forstpolizeilichen Bestimmungen genügt nicht zur Anwendung der Rückfallsstrafe.

§ 4.

Die im § 57 Nr. 3 des Strafgesetzbuchs bei der Verurtheilung von Personen, welche zur Zeit der Begehung der That das zwölfte, aber nicht das achtzehnte Lebensjahr vollendet hatten, vorgesehene Strafermäßigung findet bei Zuwiderhandlungen gegen dieses Gesetz keine Anwendung.

1. **Der § 57 Nr. 3 StGB.** lautet: „Wenn ein Angeschuldigter, welcher zu einer Zeit, als er das zwölfte, aber nicht das achtzehnte Lebensjahr vollendet hatte, eine strafbare Handlung begangen hat, bei Begehung derselben die zur Erkenntniß ihrer Strafbarkeit erforderliche Einsicht besaß, so kommen gegen ihn folgende Bestimmungen zur Anwendung: 3) ist die Handlung mit Zuchthaus oder mit einer anderen Strafart bedroht, so ist die Strafe zwischen dem gesetzlichen Mindestbetrage der angedrohten Strafart und der Hälfte des Höchstbetrages der angedrohten Strafe zu bestimmen.“

Der § 4 will nun lediglich die nach der vorstehenden Bestimmung bei der Verurtheilung jugendlicher Personen unter allen Umständen eintretende Strafermäßigung ausschließen.

2. **Die Vorschrift des § 57 Nr. 4 StGB.:** „Ist die Handlung ein Vergehen oder eine Uebertretung, so kann in besonders leichten Fällen auf Verweis erkannt werden“ kann auch bei Zuwiderhandlungen gegen das F. u. FPG. zur Anwendung gebracht werden.

Personen, die im Alter zwischen zwölf und achtzehn Jahren gegen das F. u. FPG. gehandelt haben, können also auch mit der Strafe des Verweises bestraft werden. Einer besonderen Feststellung, daß „ein besonders leichter Fall“ i. S. § 57 Nr. 4 StGB. nicht vorliege, bedarf es nicht. Urt. 10/2 82, E. 6, 25; R. 4, 147.

Die Vollstreckung der Strafe des Verweises erfolgt durch den Amtsrichter (§ 483 Abs. 3 StPO. u. Allg. Verf. des Justizministers v. 14. August 1879, JMBl. S. 237). Ob der Verweis mündlich oder schriftlich zu ertheilen ist, bleibt dem richterlichen Ermessen überlassen.

3. **Die Vorschrift des § 56 StGB.:** „Ein Angeschuldigter, welcher zu einer Zeit, als er das zwölfte, aber nicht das achtzehnte Lebensjahr vollendet hatte, eine strafbare Handlung begangen hat, ist freizusprechen, wenn er bei Begehung derselben die zur Erkenntniß ihrer Strafbarkeit erforderliche Einsicht nicht besaß,“ ist selbstverständlich auch in Feld- und Forstpolizeisachen zu beachten. Die Verurtheilung einer Person zwischen 12 und 18 Jahren setzt daher auch hier stets die ausdrückliche Feststellung voraus, daß dieselbe bei Begehung der betr. Zuwiderhandlung die im § 56 StGB. gedachte Einsicht besessen hat.

Vergl. Urt. 12/1 81, E. 3, 198; R. 2, 714. Urt. 12/2 81, R. 3, 44. Urt. 2/12 92, E. 23, 351.

Die Möglichkeit der Erkenntniß der Strafbarkeit muß sich auf die vorliegende konkrete Zuwiderhandlung beziehen und ist dann vorhanden, wenn der Thäter im Stande gewesen ist, zu erkennen, daß seine Pflicht die Unterlassung dieser speziellen Zuwiderhandlung fordere, und er sich durch Verübung derselben strafbar mache. Es ist indessen nicht erforderlich, daß die betr. jugendliche Person die Höhe der vom F. u. FPG. angedrohten Strafe gekannt oder daß sie die Einsicht gehabt hat, welche nothwendig war, um zu erkennen, daß ihre That nicht nur strafbar, sondern vermöge ihrer Qualifikation (§§ 19, 20, 21 F. u. FPG.) schwerer strafbar sei. Vergl. Urt. 18/1 82, E. 5, 394; R. 4. 50. Urt. 10/7 83, R. 5, 512. Urt. 14/12 86, E. 15, 97. Urt. 26/4 94, E. 25, 319.

Im Falle der Freisprechung wegen mangelnder Einsicht ist in den Entscheidungsgründen (Urt. 15/1 80, R. 1, 234) des Urtheils nach § 56 Abs. 2 StGB. zugleich zu bestimmen, ob der Angeklagte seiner Familie überwiesen oder in eine Erziehungs- oder Besserungsanstalt gebracht werden soll. Das Gericht hat sich in dieser Beziehung auf den Ausspruch zu beschränken, daß der Angeklagte in eine Erziehungs- oder Besserungsanstalt gebracht werden soll, und darf nicht seinerseits eine Art der Anstalt ausschließlich vorschreiben. Urt. 30/9 82, E. 7, 180; R. 4, 720. Welche Anstalt demnächst zweckmäßig zu wählen sei, hat lediglich die Verwaltungsbehörde zu bestimmen. Urt. 17/3 93; GA. 41, 31.

4. Personen, welche zur Zeit der Begehung der That das zwölfte Lebensjahr noch nicht vollendet haben, können nach § 55 StGB. wegen derselben überhaupt nicht strafrechtlich verfolgt werden. Durch Beschluß der Vormundschaftsbehörde kann jedoch ihre Unterbringung in eine Erziehungs- oder Besserungsanstalt angeordnet werden. Vergl. § 55 Abs. 2 StGB.

Nach § 16 der Allgem. Verf. des Just.-Min. v. 25/8 79 (JMBl. 1879 S. 255) müssen die Amtsanwälte (Staatsanwälte) von derartigen zu ihrer Kenntniß kommenden Fällen dem zuständigen Vormundschaftsgericht Mittheilung machen.

Es ist hierbei übrigens zu bemerken, daß die Vorschrift des § 55 StGB. nur einen persönlichen Strafausschließungsgrund enthält und das Vorhandensein einer strafbaren Handlung an sich nicht ausschließt. Es ist deßhalb sehr wohl eine strafbare Theilnahme an der von einer Person unter 12 Jahren verübten Zuwiderhandlung möglich (vergl. Urt. 12/4 82, E. 6, 186; R. 4, 308), und insbesondere begründet es auch Hehlerei, wenn Jemand von einer solchen Person entwendete Feldfrüchte 2c. seines Vortheils wegen mit Kenntniß des unredlichen Erwerbes an sich bringt. Vergl. Urt. 6/6 82, E. 6, 336; R. 4, 531 und Urt. 29/4 89, E. 19, 192.

§ 5.

Für die Geldstrafe, den Werthsersatz (§ 68) und die Kosten, zu denen Personen verurtheilt werden, welche unter der Gewalt, der Aufsicht oder im Dienste eines Anderen stehen und zu dessen Hausgenossenschaft gehören, ist letzterer im Falle des Unvermögens der Verurtheilten für haftbar zu erklären, und zwar unabhängig von der etwaigen Strafe, zu welcher er selbst auf Grund dieses Gesetzes oder des § 361 Nr. 9 des Strafgesetzbuchs verurtheilt wird. Wird festgestellt, daß die That nicht mit seinem Wissen verübt ist, oder daß er sie nicht verhindern konnte, so wird die Haftbarkeit nicht ausgesprochen.

Hat der Thäter noch nicht das zwölfte Lebensjahr vollendet, so wird derjenige, welcher in Gemäßheit der vorstehenden Bestimmung haftet, zur Zahlung der Geldstrafe, des Werthsersatzes und der Kosten als unmittelbar haftbar verurtheilt. Dasselbe gilt, wenn der Thäter zwar das zwölfte, aber noch nicht das achtzehnte Lebensjahr vollendet hatte und wegen Mangels der zur Erkenntniß der Strafbarkeit seiner That erforderlichen Einsicht freizusprechen ist, oder wenn derselbe wegen eines seine freie Willensbestimmung ausschließenden Zustandes straffrei bleibt.

Gegen die in Gemäßheit der vorstehenden Bestimmungen als haftbar Erklärten tritt an die Stelle der Geldstrafe eine Freiheitsstrafe nicht ein.

1. **Allgemeines.** Der § 361 Nr. 9 StGB. bestimmt: „Mit Haft wird bestraft: 9) wer Kinder oder andere unter seiner Gewalt stehende Personen, welche seiner Aufsicht untergeben sind und zu seiner Hausgenossenschaft gehören, von der Begehung — — — strafbarer Verletzungen der Gesetze zum Schutze der Forsten, der Feldfrüchte — — abzuhalten unterläßt. Die Vorschriften dieser Gesetze über die Haftbarkeit für die den Thäter treffenden Geldstrafen oder anderen Geldleistungen werden hierdurch nicht berührt.

In den Fällen der Nr. 9 kann statt der Haft auf Geldstrafe bis zu einhundertfünfzig Mark erkannt werden."

Neben dieser Haftbarkeit hat der § 5 d. G. die Mithaftung der Gewalthaber, Pfleger und Dienstherrschaften für die Geldstrafe, den Werthsersatz und die Kosten angeordnet, zu denen die unter der Gewalt u. s. w. stehenden Personen wegen Zuwiderhandlungen gegen das Feld- und Forstpolizeigesetz verurtheilt werden.

In den Fällen des § 5 Abs. 1 ist die Haftbarkeit stets nur eine subsidiäre. Die Voraussetzung derselben ist hier die Verurtheilung des Hauptangeklagten und das Unvermögen desselben zur Zahlung der Geldstrafe u. s. w.

In den Fällen des § 5 Abs. 2 ist die Haftbarkeit eine unmittelbare. Die Voraussetzung derselben ist hier die Freisprechung des Hauptangeklagten oder die gesetzliche Ausschließung der strafrechtlichen Verfolgung desselben aus den in den §§ 51 ff. StGB. hervorgehobenen Gründen (Bewußtlosigkeit, krankhafte Störung der Geistesthätigkeit u. s. w.).

2. Umfang und Feststellung der Haftbarkeit. Die Haftbarkeit der Gewalthaber u. s. w. ist beschränkt auf die Verpflichtung zur Zahlung der Geldstrafe, des Werthsersatzes und der Kosten. Eine Freiheitsstrafe darf an Stelle der Geldstrafe nach der Vorschrift des § 5 Abs. 3 niemals eintreten.

Die Haftbarkeit des Gewalthabers u. s. w. zur Zahlung der Geldstrafe und der Kosten muß in dem Urtheil, in dem amtsrichterlichen Strafbefehl oder in der polizeilichen Strafverfügung stets ausdrücklich ausgesprochen werden.

Die Haftbarkeit zur Zahlung des Werthsersatzes kann nach Vorschrift des § 68 des gegenwärtigen Gesetzes nur in einem richterlichen Urtheil auf Grund einer Hauptverhandlung ausgesprochen werden.

In den geeigneten Fällen wird übrigens zweckmäßig gegen die Gewalthaber gleichzeitig aus § 361 Nr. 9 StGB. Anklage zu erheben sein, zumal nach § 60 Abs. 2 des gegenwärtigen Gesetzes im Falle des Zusammenhanges einer Zuwiderhandlung gegen das F. u. FPG. mit einer Uebertretung des § 361 Nr. 9 StGB. auch auf die letztere das in den §§ 53 ff. des gegenwärtigen Gesetzes vorgeschriebene Verfahren Anwendung findet.

3. Gewalt, Aufsicht u. s. w. Ein bloßes Gewalts-, Aufsichts- oder Dienstverhältniß genügt allein nicht zur Anwendung des § 5; die unter der Gewalt u. s. w. stehenden Personen müssen vielmehr gleichzeitig auch zur Hausgenossenschaft (häusliche Gemeinschaft des § 247 StGB.) gehören. Im Uebrigen ist der Begriff des Gewalthabers nicht auf solche Personen zu beschränken, welchen nach positiven Gesetzen eine Gewalt oder Aufsicht über einen Anderen zusteht, sondern muß auf Jeden Anwendung finden, welcher aus einem Herkommen oder Uebereinkommen über einen Hausgenossen eine Aufsicht in der Weise führt, daß daraus die Vermuthung einer Theilnahme an der Zuwiderhandlung oder an deren Vortheilen, oder wenigstens einer Mitwissenschaft der That hergeleitet werden kann. In diesem Sinne hat das frühere preuß. Obertrib. auch die Haftbarkeit des Ehemannes für Zuwiderhandlungen seiner Ehefrau angenommen. Vergl. Erk. des Obertrib. 6/10 53, GA. 2, 108; JMBl. 1853, S. 424. Erk. dess. Ger. 19/2 1863, GA. 11, 348; OR. 3, 298.

4. Feststellung des Nichtwissens. Die Frage, ob die Zuwiderhandlung nicht mit Wissen des Gewalthabers begangen ist, oder ob sie von letzterem nicht verhindert werden konnte, hat das Gericht dem Grundsatz des § 260 StPO. entsprechend nach seiner freien, aus dem Inbegriff der Verhandlung geschöpften Ueberzeugung zu entscheiden. Eine ausschließliche Beweislast liegt dem Gewalthaber in dieser Beziehung nicht ob.

Die Feststellung des Nichtwissens oder der Unmöglichkeit der Verhinderung der Zuwiderhandlung hebt übrigens auch in den Fällen des § 5 Abs. 2 F. u. FPG. die Haftbarkeit des Gewalthabers auf.

4. **Mangelnde Einsicht.** Vergl. hierüber oben Anm. 2 zu § 4.

5. **Die freie Willensbestimmung ausschließender Zustand.** Hierhin gehören nur die im § 51 StGB. besonders hervorgehobenen Fälle der Bewußtlosigkeit und der krankhaften Störung der Geistesthätigkeit. Unter den Begriff der Bewußtlosigkeit fallen auch die Zustände der Berauschung. Bewußtlosigkeit und krankhafte Störung der Geistesthätigkeit brauchen nicht derart zu sein, daß sie die freie Willensbestimmung überhaupt ausschließen; es genügt vielmehr, daß die letztere *nur für die spezielle That* durch die Bewußtlosigkeit pp. ausgeschlossen war. Urt. 16/11 82, E. 5, 338. Die Fälle des § 52 StGB. (Nöthigung durch unwiderstehliche Gewalt oder eine mit gegenwärtiger Gefahr für Leib und Leben verbundene Drohung) gehören nicht hierher, da bei ihnen kein die freie Willensbestimmung ausschließender Zustand eintritt.

§ 6.

Entwendungen, Begünstigung und Hehlerei in Beziehung auf solche, sowie rechtswidrig und vorsätzlich begangene Beschädigungen (§ 303 des Strafgesetzbuchs) und Begünstigung in Beziehung auf solche unterliegen den Bestimmungen dieses Gesetzes nur dann, wenn der Werth des Entwendeten oder der angerichtete Schaden zehn Mark nicht übersteigt.

1. **Entwendung.** Ueber den Begriff derselben siehe unten Anm. 2 zu § 18.

2. **Begünstigung** und **Hehlerei.** Ueber diese Begriffe siehe unten die Anm. 2 und 3 zu § 8. Die Aufnahme der Begünstigung und der Hehlerei in den § 6 rechtfertigt sich durch die im § 8 angeordnete Gleichstellung derselben mit der vollendeten Zuwiderhandlung.

3. **Beschädigung.** Die im § 6 erwähnten Beschädigungen setzen den vollen Thatbestand des § 303 StGB. voraus, also eine *vorsätzliche* und *rechtswidrige* Beschädigung oder Zerstörung einer fremden Sache verbunden mit dem Bewußtsein von der Rechtswidrigkeit der Beschädigung oder Zerstörung.

Die sonstigen im § 30 und anderen Vorschriften des F. u. FPG. hervorgehobenen „*unbefugten*“ Beschädigungen können auch durch Fahrlässigkeit verursacht sein und unterliegen im Gegensatz zu den im § 6 gedachten Beschädigungen den Bestimmungen dieses Gesetzes auch dann, wenn der angerichtete Schaden zehn Mark übersteigt.

4. Werth des Entwendeten. Für die Anwendung des § 6 ist nur der Werth der entwendeten Sache, nicht aber der Schaden entscheidend, welcher dem Eigenthümer durch die Entwendung zugefügt. Die am Schlusse des § 6 befindlichen Worte „oder der angerichtete Schaden" beziehen sich lediglich auf die im Eingang des § 6 aufgeführte „vorsätzliche Beschädigung" und nicht auf die voranstehend aufgeführte „Entwendung". Urt. RG. 26/10 93, Joh. 14, 343.

§ 7.

Die Beihülfe zu einer nach diesem Gesetze strafbaren Entwendung oder vorsätzlichen Beschädigung wird mit der vollen Strafe der Zuwiderhandlung bestraft.

1. Allgemeines zu den §§ 7 und 8. Die Bestimmungen der §§ 7 und 8 weichen insofern von den Vorschriften des Strafgesetzbuches (§§ 43, 49, 257, 259) ab, als sie einerseits den Versuch, die Beihülfe und die Begünstigung von Uebertretungen unter Strafe stellen, andererseits für den Versuch, die Beihülfe, die Begünstigung und die Hehlerei die volle Strafe der vollendeten, eigentlichen That androhen.

Die in den §§ 7 und 8 gebrauchten Worte: „mit der vollen Strafe der Zuwiderhandlung" sollen nicht bedeuten, daß der Gehülfe, Hehler u. s. w. und der Thäter im einzelnen Falle stets zu der gleichen Strafe verurtheilt werden müssen; dieselben sollen vielmehr nur ausdrücken, daß es für die Bestrafung von Entwendungen und vorsätzlichen Beschädigungen gleichbedeutend sein soll, ob der Angeschuldigte als Thäter oder Theilnehmer u. s. w. bei der Zuwiderhandlung mitgewirkt hat.

2. Beihülfe. Für den Begriff der strafbaren Beihülfe ist die Bestimmung des § 49 StGB. maßgebend, welche lautet: „Als Gehülfe wird bestraft, wer dem Thäter zur Begehung des Verbrechens oder Vergehens durch Rath oder That wissentlich Hülfe geleistet hat." Beihülfe ist also die dem Thäter bei Begehung einer Entwendung oder vorsätzlichen Beschädiguug wissentlich d. h. mit dem Bewußtsein der unterstützenden, helfenden Thätigkeit geleistete Hülfe. Dieselbe kann, wie das RG. wiederholt ausgesprochen hat, auch in bloßen Vorbereitungshandlungen z. B. in der Unkenntlichmachung des Thäters (siehe oben § 2 Nr. 2) bestehen, wenn sie den Entschluß des letzteren bestärkt und hierdurch die Verübung der Zuwiderhandlung gefördert haben. Vergl. Urt. 10/5 83, E. 8, 267; R. 5, 350 und Urt. v. 16/10 83, E. 9, 76.

Nur die Beihülfe zu einer nach dem F. u. FPG. straf=

baren Entwendung oder vorsätzlichen Beschädigung ist strafbar. Die Beihülfe zu einer sonstigen, im F. u. FPG. mit Strafe bedrohten Zuwiderhandlung ist nicht strafbar, und ebensowenig ist der bloße Versuch einer Beihülfe unter Strafe gestellt.

3. Anstiftung. Ueber die Bestrafung des Anstifters enthält das F. u. FPG. keine besonderen Bestimmungen. Es kommen deßhalb in dieser Beziehung (vergl. § 1 F. u. FPG.) die allgemeinen Vorschriften des Strafgesetzbuchs zur Anwendung.

Im § 48 StGB. sind der Begriff und die Strafe des Anstifters dahin bestimmt: „Als Anstifter wird bestraft, wer einen Anderen zu der von demselben begangenen strafbaren Handlung durch Geschenke oder Versprechen, durch Drohung, durch Mißbrauch des Ansehens oder der Gewalt, durch absichtliche Herbeiführung oder Beförderung eines Irrthums oder durch andere Mittel vorsätzlich bestimmt hat. Die Strafe des Anstifters ist nach demjenigen Gesetze festzusetzen, welches auf die Handlung Anwendung findet, zu welcher er wissentlich angestiftet hat."

Die Anstiftung kann sich stets nur auf eine bestimmte Zuwiderhandlung beziehen; eine allgemeine Anweisung für zukünftiges Verhalten genügt nicht. Die Anstiftung erfordert ferner die Vorsätzlichkeit, d. h. einen auf die Bestimmung eines Anderen zur Zuwiderhandlung gerichteten Willen. Das Motiv ist für die Strafbarkeit des Anstifters unerheblich. Im Uebrigen muß sich der Dolus des Anstifters stets auf die That des Angestifteten in ihrem ganzen Umfang, so z. B. in den Fällen der §§ 19 ff. F. u. F.P.G. auch auf die dort angeführten erschwerenden Umstände, erstreckt haben.

Eine etwaige Beihülfe, welche der Anstifter bei der Ausführung der That gewährt hat, kann nicht noch als besondere strafbare Handlung neben der Anstiftung in Betracht kommen, sondern nur bei der Strafzumessung berücksichtigt werden. Urt. 1/5 80, E. 2, 145; R. 1, 707. Urt. 20/6 82, R. 4, 715. Anstiftung und Mitthäterschaft können deßhalb auch nicht in Idealkonkurrenz mit einander treten. Urt. 13/11 94, E. 26, 198. Urt. 31/5 95, E. 27, 273.

Der bloße (erfolglose) Versuch der Anstiftung ist nicht strafbar; wohl aber ist eine strafbare Anstiftung zu einem bloßen Versuch einer Entwendung (§ 8) denkbar.

§ 8.

Der Versuch der Entwendung, die Begünstigung und Hehlerei in Beziehung auf eine Entwendung, sowie die Begünstigung in Beziehung auf eine nach diesem Gesetze strafbare vorsätzliche Beschädigung werden mit der vollen Strafe der Entwendung beziehungsweise vorsätzlichen Beschädigung bestraft.

Die Bestimmungen des § 257 Abs. 2 und 3 des Strafgesetzbuchs finden Anwendung.

1. Versuch. Der Begriff des Versuchs bestimmt sich nach dem Strafgesetzbuch, welches im § 43 Abs. 1 verordnet: „Wer den Entschluß, ein Verbrechen oder Vergehen (hier: der Entwendung) zu verüben, durch Handlungen, welche einen Anfang der Ausführung dieses Verbrechens oder Vergehens enthalten, bethätigt hat, ist, wenn das beabsichtigte Verbrechen oder Vergehen nicht zur Vollendung gekommen ist, wegen Versuches zu bestrafen."

Zu beachten ist ferner die Bestimmung des § 46 Nr. 1 StGB. dahin lautend: „Der Versuch als solcher bleibt straflos, wenn der Thäter: 1. die Ausführung der beabsichtigten Handlung aufgegeben hat, ohne daß er an dieser Ausführung durch Umstände gehindert worden ist, welche von seinem Willen unabhängig waren." —

Nur der Versuch der „Entwendung" ist strafbar. Der Versuch einer nach dem gegenwärtigen Gesetz mit Strafe bedrohten Beschädigung oder anderen Zuwiderhandlung ist straflos. Vergl. jedoch § 17 Nr. 1 (versuchte Vereitelung einer rechtmäßigen Pfändung).

2. Begünstigung. Der Begriff der Begünstigung bestimmt sich nach § 257 Abs. 1 StGB., welcher lautet: „Wer nach Begehung eines Verbrechens oder Vergehens dem Thäter oder Theilnehmer wissentlich Beistand leistet, um denselben der Bestrafung zu entziehen oder um ihm die Vortheile des Verbrechens oder Vergehens zu sichern, ist wegen Begünstigung .... zu bestrafen."

Hiervon weicht das F. u. FPG. nur insofern ab, als es nicht die Begehung eines Verbrechens oder Vergehens voraussetzt, sondern die Begünstigung ganz allgemein bei jeder Entwendung und jeder vorsätzlichen Beschädigung mit Strafe bedroht, selbst wenn diese Delikte sich nicht als Vergehen im Sinne des StGB. charakterisiren.

Nur die Begünstigung bei einer „Entwendung" oder einer nach dem F. u. FPG. strafbaren „vorsätzlichen Beschädigung" ist unter Strafe gestellt; bei jeder anderen Zuwiderhandlung gegen dieses Gesetz ist die Begünstigung straflos.

Der Beistand muß wissentlich geleistet sein, d. h. der Begünstiger muß wissen, daß der Begünstigte durch die Entwendung oder vorsätzliche Beschädigung sich nach den Bestimmungen des F. u. FPG. strafbar gemacht hat. Dagegen ist es nicht erforderlich, daß der Begünstiger die spezielle konkrete Gestaltung und Benennung der betr. Zuwiderhandlung kennt. Vergl. Urt. 26/9 81, E. 5, 23; R. 3, 536. Urt. 27/11 85, E. 13, 81. Urt. 15/10 86, R. 8, 621.

Die Absicht der Begünstigung erfordert, daß der Begünstiger die Entziehung des Thäters pp. aus der Bestrafung beabsichtigt und, um sie herbeizuführen, seine Begünstigungshandlung vorgenommen hat. Ob der beabsichtigte Erfolg eingetreten ist, ist gleichgültig. Urt. 10/5 92, E. 23, 105. Urt. 7/12 83, E. 9, 242. Urt. 1/4 90, GA. 38, 65.

Eine Begünstigung, „um den Thäter der Bestrafung

zu entziehen", liegt auch dann vor, wenn Jemand einem Forstschutzbeamten oder sonst zur Anzeige einer Zuwiderhandlung verpflichteten Beamten (Feldhüter, Forsthüter u. dergl.) durch Entschädigung des Verletzten zu bestimmen sucht, die Anzeige zu unterlassen. Urt. 7/12 83, E. 9, 242. Dagegen ist eine solche Begünstigung nicht schon dann anzunehmen, wenn Jemand dem Forstschutzbeamten ꝛc. Auskunft über den — ihm bekannten Aufenthalt des Thäters zu geben verweigert. Urt. 22/11 83, E. 9, 433; R. 5, 726. Eine solche Weigerung würde event. nur als Schärfungsgrund bei Zumessung der Strafe nach § 2 Nr. 3 F. u. FPG. in Betracht kommen können.

Die Begünstigung zu dem Zweck, „den Thäter oder Theilnehmer der Bestrafung zu entziehen", setzt nicht mit Nothwendigkeit die Vollendung der Hauptthat voraus, kann vielmehr auch dem strafbaren Versuch der That, soweit ein solcher überhaupt strafbar ist, gelten. (Siehe Anm. 1 am Schluß.) Der Ausdruck: „Bestrafung" umfaßt sowohl die Verurtheilung, als auch die Strafvollstreckung.

Darin, daß ein Dritter dem Verurtheilten ganz oder theilweise die Mittel gewährt, die dem letzteren auferlegte Geldstrafe zu entrichten, kann eine Begünstigung nicht ohne Weiteres gefunden werden. Vergl. Urt. Obertrib. v. 7/3 78, GA. 26, 126. Urt. 5/10 96, G.A. 44, 253. Sie kann hierin nur dann liegen, wenn durch die Zahlung weder ein vermögensrechtlicher Anspruch des Verurtheilten getilgt wird, noch ein solcher gegen denselben zur Entstehung gelangt, sondern allein die Vereitelung der Strafvollstreckung das gewollte Ziel der Bezahlung der Geldstrafe gewesen ist. Urt. 21/9 97, E. 30, 232.

Die Sicherung der Vortheile für den Thäter kann u. A. auch durch Unkenntlichmachung oder Erleichterung der Verwendbarkeit und des Verbrauches des durch die Entwendung erlangten Objektes (besondere Zubereitung entwendeter Gartenfrüchte ꝛc.) geschehen. Vergl. Urt. 5/7 81, A. 4, 196. Urt. 5/10 94, E. 26, 119.

Die Bestrafung des Begünstigers ist endlich durchaus nicht durch die Ermittelung und Bestrafung des Begünstigten bedingt, und ebensowenig schließt der Umstand, daß die That des Begünstigten aus ihm individuellen Gründen, z. B. wegen Strafunmündigkeit oder Verjährung straflos bleibt, die Bestrafung des Begünstigers aus. Vergl. Anm. 3 zu § 4 am Schluß.

3. Hehlerei. Der Begriff der Hehlerei bestimmt sich nach den §§ 258, 259 StGB., welche lauten:

§ 258: „Wer seines Vortheils wegen sich einer Begünstigung schuldig macht, wird als Hehler bestraft ꝛc.";

§ 259: „Wer seines Vortheils wegen Sachen, von denen er weiß oder den Umständen nach annehmen muß, daß sie mittels einer strafbaren Handlung (hier: mittels einer Entwendung) erlangt sind, verheimlicht, ankauft, zum Pfande nimmt oder sonst an sich bringt oder zu deren Absatze bei Anderen mitwirkt, wird als Hehler — — bestraft" (Partirerei).

Der Begriff des Vortheils ist ganz allgemein aufzufassen;

es ist deßhalb nicht etwa die Erzielung eines außergewöhnlichen, eben nur durch die Hehlerei erreichbaren Gewinns erforderlich, sondern es genügt jeder beim Erwerb beabsichtigte materielle Vortheil, insbesondere also auch der gewöhnliche kaufmännische Geschäftsgewinn, und es kann auch ein sinnlicher Genuß unter den Begriff des Vortheils fallen. Daß der erstrebte Vortheil auch wirklich erreicht sei, ist nicht erforderlich.

Die Worte des § 259: „von denen er den Umständen nach annehmen muß" bezeichnen diejenige besondere Fahrlässigkeit, vermöge deren der Hehler sich der Erwägung der ihm bekannten Umstände, nach welchen sich ihm die Ueberzeugung von der Rechtswidrigkeit seiner Handlung hätte aufdringen müssen, absichtlich, also schuldhaft entzogen hat. Urt. 28/4 80, E. 2, 143; R. 1, 691. Ein bloßes Vermuthen des unredlichen Erwerbes genügt zur Annahme der Hehlerei nicht; für das Urtheil ist aber die alternative Feststellung, daß der Thäter von diesem unredlichen Erwerb gewußt oder den Umständen nach habe Kenntniß haben müssen, ausreichend. Vergl. Urt. 23/10 80, A. 2, 521; 14/5 80, R. 1, 777. In jedem Fall muß die Kenntniß der strafbaren Erwerbungsart zur Zeit des Ansichbringens ꝛc. vorhanden sein; wer erst nach dem redlichen Erwerb der Sache von der Entwendung derselben Kenntniß erhält, macht sich nicht der Hehlerei schuldig. Urt. 19/10 83, R. 5, 616.

Als mittels der Entwendung erlangte Sachen sind nur solche Sachen anzusehen, welche unmittelbar durch die Entwendung erlangt sind, nicht aber solche Sachen, welche nur an Stelle der ersteren getreten, z. B. aus dem Verkauf derselben gewonnen sind. Urt. Ver. Straff. 17/4 82, E. 6, 218; R. 4, 337. Vergl. Urt. 11/4 92, E. 23, 53. Urt. 10/11 96, E. 29, 155.

Ansichbringen bedeutet das Erwerben der entwendeten Sache, um über dieselbe wie über seine eigene zu verfügen. Der Hehler muß in die Lage versetzt sein, thatsächlich die Verfügungsgewalt über die betr. Sache auszuüben. Der Regel nach kann deßhalb auch in dem bloßen Mitgenießen entwendeter Gartenfrüchte ꝛc. ein Ansichbringen nicht gefunden werden, und es liegt daher z. B. keine Hehlerei vor, wenn von dem Ehemann entwendete Bodenerzeugnisse ꝛc. in die gemeinschaftliche Wohnung gebracht und von der Ehefrau zur Deckung des häuslichen Bedürfnisses der Familie verwendet werden. Wohl aber würde Hehlerei anzunehmen sein, wenn die Ehefrau bei Verwerthung der von ihrem Ehemann entwendeten Bodenerzeugnisse ꝛc. mitgewirkt hat. Vergl. Urt. 25/9 80, E. 2, 401; R. 2, 259. Urt. 20/11 83, E. 9, 199; R. 5, 722. Urt. 31/1 81, R. 2, 728.

Im Uebrigen ist es für den Begriff des Ansichbringens nicht erforderlich, daß der Hehler die entwendeten Bodenerzeugnisse ꝛc. unmittelbar vom Hauptthäter an sich bringt; es genügt auch, wenn er sie mit Kenntniß ihres unredlichen Erwerbes von einem gutgläubigen Zwischenbesitzer seines Vortheils wegen erwirbt. Urt. 13/10 81, E. 5, 58.

Zur Annahme eines Mitwirkens zum Absatz genügt jede

den Absatz an Andere bezweckende Handlung, und die Strafbarkeit dieser Handlung ist nicht davon abhängig, daß ein Absatz der Sache wirklich erfolgt ist. Urt. 20/12 81, E. 5 241; R. 3, 814.

Der Umstand, daß die strafrechtliche Verfolgung des Hauptthäters mit Rücksicht auf seine persönlichen Verhältnisse ausgeschlossen ist, bleibt für die Strafbarkeit des Hehlers bedeutungslos. Deßhalb begründet es auch den Thatbestand der Hehlerei, wenn Jemand Bodenerzeugnisse rc. seines Vortheils wegen an sich bringt, welche von einer Person unter 12 Jahren entwendet sind. Vergl. Anm. 3 zu § 4 am Schluß.

4. Die Bestimmungen des § 257 Abs. 2 und 3 StGB. lauten:

§ 257 Abs. 2: „Die Begünstigung ist straflos, wenn dieselbe dem Thäter oder Theilnehmer von einem Angehörigen gewährt worden ist, um ihn der Bestrafung zu entziehen."

Abs. 3: „Die Begünstigung ist als Beihülfe zu bestrafen, wenn sie vor Begehung der That zugesagt worden ist. Diese Bestimmung leidet auch auf Angehörige Anwendung."

Als Angehörige im Sinne des StGB. und somit auch des F. u. FPG. sind nach § 52 Abs. 2 StGB. anzusehen: Verwandte und Verschwägerte auf- und absteigender Linie, Adoptiv- und Pflege-Eltern und -Kinder, Ehegatten, Geschwister und deren Ehegatten, und Verlobte. — Das zwischen Verschwägerten auf- und absteigender Linie bestehende Verhältniß der Angehörigkeit erlischt nicht durch den Tod des dasselbe begründenden Ehegatten. Urt. 1/12 81, E. 5, 200. Der Begriff der Adoptiv- und Pflege-Eltern und -Kinder ist nach der einschlagenden Gesetzgebung zu beurtheilen; Urt. 17/12 80, E. 3, 124; R. 2, 646; die Bezeichnung Geschwister umfaßt auch Halbgeschwister, nicht aber Stiefgeschwister. Urt. Obertrib. v. 29. Mai 1861, OR. 1, 411. Zwischen den Ehemännern zweier Schwestern unter sich besteht keinerlei Verwandtschaft oder Schwägerschaft. Urt. 13/12 86, E. 15, 78. Bei Ehegatten beseitigt die rechtskräftige Trennung der Ehe die Straflosigkeit der Begünstigung. Als Verlobte gelten nicht nur diejenigen Personen, welche ein civilrechtlich gültiges Verlöbniß miteinander eingegangen sind, sondern Alle, welche sich gegenseitig ein ernstlich gemeintes, auf Verheirathung abzielendes Eheversprechen gegeben haben. Urt. 28/1 84, E. 10, 117; R. 6, 54.

Die Vorschrift des § 257 Abs. 2 StGB. findet keine Anwendung, wenn die Begünstigung gewährt worden ist, um dem Angehörigen die Vortheile der Entwendung zu sichern.

5. Ueber gewerbs- und gewohnheitsmäßige Hehlerei siehe unten § 21.

§ 9.

Mit Geldstrafe bis zu zehn Mark oder mit Haft bis zu drei Tagen wird bestraft, wer, abgesehen von den Fällen des § 123 des Strafgesetzbuchs, von einem

Grundstücke, auf dem er ohne Befugniß sich befindet, auf die Aufforderung des Berechtigten sich nicht entfernt. Die Verfolgung tritt nur auf Antrag ein.

1. **Allgemeines.** Der § 123 StGB. lautet: „Wer in — — das befriedete Besitzthum eines Anderen — — widerrechtlich eindringt, oder wer, wenn er ohne Befugniß darin verweilt, auf die Aufforderung des Berechtigten sich nicht entfernt, wird wegen Hausfriedensbruchs — — — bestraft." Der § 123 StGB. bestraft also nur das widerrechtliche Eindringen bezw. unbefugte Verweilen in bezw. auf befriedeten, d. h. mit einem bewohnten Hause zusammenhängenden und unter dessen Hausfrieden stehenden Grundstücken. In prinzipieller Erweiterung des dem § 123 StGB. unterliegenden gesetzgeberischen Gesichtspunktes bestimmt nun der § 9 F. u. FPG., daß überhaupt derjenige, welcher ohne Befugniß auf einem nicht durch das StGB. geschützten, fremden Grundstück sich aufhält und nach erfolgter Aufforderung des Berechtigten sich nicht entfernt, auf Antrag strafbar sein soll.

Das unbefugte Betreten (Eindringen) fremder, unbefriedigter Grundstücke, deren Bestellung vorbereitet oder in Angriff genommen ist, wird nach § 10 F. u. FPG. geahndet.

2. **Befugniß.** Ohne Befugniß befindet sich Jeder auf einem fremden Grundstück, dem ein Recht auf das Betreten desselben in Folge der Erlaubniß des Grundstückseigenthümers oder dessen Stellvertreters, in Folge eines Pachtrechts, einer Observanz u. s. w. nicht zusteht. Ein Beamter (Feld- oder Forstschutzbeamter), welcher in rechtmäßiger Ausübung oder in Veranlassung der Ausübung seines Amtes auf einem fremden Grundstück verweilt, befindet sich nicht unbefugt auf demselben. Nach Beendigung der Amtshandlung kann das fernere Verweilen des Beamten allerdings auch zu einem unbefugten werden und der letztere sich event. nach § 9 strafbar machen.

Voraussetzung der Strafbarkeit ist die Vorsätzlichkeit des Verweilens und das Bewußtsein des Mangels der Befugniß zum weiteren Verweilen nach erfolgter Aufforderung. Andererseits ist aber auch die Strafbarkeit nicht schon dadurch gegeben, daß die Entfernung von dem Grundstück nicht sofort und augenblicklich erfolgt, wenn nur der Angeklagte durch sein Verhalten bekundet, daß er sich nicht mit dem erlassenen Verbot des ferneren Verweilens in Widerspruch setzen will und dieses Verbot auch nach kurzer Frist befolgt. Wie die Grenze zu ziehen ist, darf der richterlichen Beurtheilung des einzelnen Falles überlassen bleiben. Vergl. Urt. 28/4 80, R. 1 689. Urt. 7/1 84, R. 6, 25.

3. **Aufforderung des Berechtigten.** Als Berechtigter im Sinne des § 9 ist derjenige anzusehen, welchem die Verfügungsgewalt über das betr. Grundstück zusteht, und im Falle der Behinderung (Abwesenheit u. s. w.) desselben derjenige, welcher in seiner Vertretung das Grundstück benutzt oder überwacht. Im Falle des gemeinschaftlichen Besitzes Mehrerer kann jeder

Mitbesitzer die Aufforderung ergehen lassen. Vergl. Urt. 1/11 81, E. 5, 413 (Aufforderung zum Verlassen eines Waldes durch den Forstschutzbeamten).

Die Aufforderung selbst kann auch stillschweigend durch konkludente Handlungen ausgedrückt werden; im Uebrigen liegt der Thatbestand des § 9 schon dann vor, wenn Jemand auf die erste Aufforderung des Berechtigten von dem Grundstück sich nicht entfernt. Einer zweiten Aufforderung bedarf es nicht. Urt. 30/9 81, E. 5, 110. Urt. 7/1 84, R. 6, 25.

4. **Strafantrag.** In Betreff der Stellung des Strafantrages kommen die allgemeinen Vorschriften des StGB. (§ 61 ff.) zur Anwendung.

I. Antragsfrist. Der Strafantrag muß gestellt werden binnen drei Monaten von dem Tage ab gerechnet, an welchem der zum Antrage Berechtigte von der Zuwiderhandlung und der Person des Thäters Kenntniß erhalten hat (§ 61 StGB.). Bei Berechnung der dreimonatlichen Frist ist der Tag, an welchem der Antragsberechtigte die vorerwähnte Kenntniß erlangt hat, in die Frist einzurechnen, so daß die letztere mit dem Beginn des dieselbe Zahl tragenden Tages des dritten Monats endet. — Wenn an der Zuwiderhandlung mehrere Personen betheiligt sind, so beginnt die Antragsfrist allen Betheiligten gegenüber mit dem Tage, an welchem der Antragsberechtigte von der That und von der Person auch nur eines Betheiligten Kenntniß erhalten hat. Urt. 2/1 84, E. 9, 390; R. 6, 1. Bei der Beurtheilung der von der Berechnung der Antragsfrist abhängigen Verfolgbarkeit mehrerer fortgesetzter Zuwiderhandlungen ist jede Zuwiderhandlung in Bezug auf Einhaltung der Antragsfrist selbstständig zu beurtheilen, nicht aber die Frist für alle Handlungen auf drei Monate nach Kenntniß von der letzten Handlung zu erstrecken. Urt. 29/1 81, E. 3, 326; R. 2, 770. Urt. 7/12 81, E. 5, 190.

II. Form des Strafantrages. Der Strafantrag muß bei einem Gericht oder bei der Staatsanwaltschaft (Amtsanwaltschaft) schriftlich oder zu Protokoll, bei einer anderen Behörde (Behörden und Beamten des Polizei-, Sicherheits-, Forstschutz-Dienstes u. s. w.) schriftlich angebracht werden (§ 156 Abs. 2 StPO.). Als schriftlicher Strafantrag im Sinne dieser Vorschrift gilt auch der vor einer anderen Behörde, als dem Gericht oder der Staatsanwaltschaft (Gensdarm, Forstschutzbeamter, Feldhüter) mündlich vorgetragene, von der Behörde niedergeschriebene und von dem Antragsberechtigten unterschriebene Antrag. Dagegen ist ein nur mündlicher Strafantrag, welcher in einer vom Antragsteller nicht unterschriebenen Verhandlung von Beamten des Polizei-, Sicherheits- oder Forstschutzdienstes u. s. w. entgegengenommen ist, selbst dann unwirksam, wenn diese Beamten Hülfsbeamte der Staatsanwaltschaft sind. In allen Fällen ist es erforderlich, daß der Strafantrag mit der Unterschrift des Antragstellers versehen ist. Diese Unterschrift braucht nicht nothwendig in dem geschriebenen Namen zu bestehen; Unterkreuzung, Stempelung 2c. genügen, wenn sie für sich allein oder in Verbindung mit dem sonstigen Inhalt des Schriftstücks zum Ausdruck bringen, daß der Inhalt des letzteren dem wirklichen Willen des Ausstellers entspricht. Eine Nachholung der fehlenden Unterschrift nach Ablauf der dreimonatlichen Antragsfrist ist unzulässig. Urt. 29/3 81, E. 3, 442; R. 3, 172.

III. Inhalt des Strafantrages. Nothwendiger Inhalt des Strafantrages ist nur die Bezeichnung (Anzeige) der Zuwiderhandlung, in Bezug auf welche die Absicht kundgegeben wird, die Strafverfolgung eintreten zu lassen. Die Bezeichnung der rechtlichen Qualifikation der Zuwiderhandlung (Entwendung, Beschädigung, Weidefrevel u. s. w.) ist ebensowenig erforderlich, wie die Namhaftmachung des Thäters, die oft dem Antragsteller unmöglich sein wird. Es genügt in dieser Beziehung, daß der Thäter in einer dem Richter erkennbaren Weise individuell bezeichnet wird. Vergl. Urt. 15/2 95, E. 27, 34. — Bedingungen, Vorbehalte oder Beschränkungen, welche erkennen lassen, daß der Antragsteller, falls ihnen nicht entsprochen werden sollte, die Herbeiführung der Verfolgung überhaupt nicht beabsichtigte, machen den Strafantrag unwirksam.

IV. Antragsberechtigung. Als Antragsberechtigter ist nur der Verletzte selbst, sowie derjenige anzusehen, welcher kraft des Gesetzes oder eines Uebereinkommens das Antragsrecht für denselben oder neben demselben ausübt. Als Verletzter ist im Allgemeinen nur derjenige zu betrachten, welcher durch die Zuwiderhandlung selbst in seinen Rechten unmittelbar gekränkt ist. Der Verletzte braucht den Strafantrag nicht persönlich zu stellen, kann sich vielmehr auch vertreten lassen. Zur Legitimation des Dritten, welcher Namens des Antragsberechtigten den Strafantrag stellt, ist eine schriftliche Vollmacht nicht erforderlich; mündlicher Auftrag genügt, der freilich im einzelnen Fall nachgewiesen werden muß. Ein Generalbevollmächtigter ist zur selbstständigen Stellung des Strafantrages befugt bei solchen strafbaren Handlungen, durch welche die Rechte des Vollmachtgebers in Beziehung auf das dem Bevollmächtigten zur Verwaltung anvertraute Vermögen geschädigt werden, wenngleich in der Generalvollmacht ausdrücklich und speziell der Zustimmung des Auftraggebers zur Stellung derartiger Strafanträge nicht gedacht ist. Urt. 1/5 80, E. 2, 145; R. 1, 707. Dasselbe gilt für den Nachlaßpfleger. Urt. 16/2 83, E. 8, 112; R. 5, 125, und für den selbstständigen Gutsverwalter. Erk. des Obertrib. v. 28/5 und 30/9 73, OR. 14, 406 u. 590. Die Königlichen Oberförster sind ferner als nächste selbstständige Verwalter der ihnen unterstellten fiskalischen Reviere zur Stellung des Strafantrages bezüglich der in ihren Revieren begangenen Feld- und Forstfrevel berechtigt und verpflichtet. Vergl. § 92a der Gesch.-Anw. für Oberförster v. 4. Juni 1870 und Erk. Obertrib. 6/11 73, OR. 14, 696. — Der Regel nach wird dies auch für die Kommunal- und Privat-Oberförster gelten; hier wird es aber, wie in der Allg. Verf. des Min. v. 12. Mai 1880 zutreffend hervorgehoben wird, wesentlich auch auf die Anstellungsurkunden, Dienstinstruktionen ꝛc. ankommen.

V. Die sonstigen, den Strafantrag betreffenden Bestimmungen des StGB. finden sich in den §§ 62, 63, 64 und 65, welche lauten:

§ 62: „Wenn von mehreren zum Antrage Berechtigten einer die dreimonatliche Frist versäumt, so wird hierdurch das Recht der übrigen nicht ausgeschlossen."

— Die Voraussetzung der Anwendbarkeit des § 62 ist selbstverständlich das gleichzeitige Nebeneinanderbestehen mehrerer Antragsberechtigten (Mitbesitzer u. dergl.). —

§ 63: „Der Antrag kann nicht getheilt werden. Das gerichtliche Verfahren findet gegen sämmtliche an der Handlung Betheiligte (Thäter und Theilnehmer), sowie gegen den Begünstiger statt, auch wenn nur gegen eine dieser Personen auf Bestrafung angetragen worden ist."

§ 64: „Die Zurücknahme des Antrages ist nur in den gesetzlich besonders vorgesehenen Fällen und nur bis zur Verkündung eines auf Strafe lautenden Urtheils zulässig. Die rechtzeitige Zurücknahme des Antrages gegen eine der vorbezeichneten Personen hat die Einstellung des Verfahrens auch gegen die anderen zur Folge."

— In Ergänzung dieser Bestimmung ist für Feld- und Forstpolizeisachen § 61 F. u. FPG. zu beachten, welcher lautet: „In Fällen, wo nach diesem Gesetze die Verfolgung nur auf Antrag eintritt, ist die Zurücknahme des Antrages zulässig." Vergl. hierzu unten die Anm. zu § 61 d. G. —

§ 65: „Der Verletzte, welcher das achtzehnte Lebensjahr vollendet hat, ist selbstständig zu dem Antrage auf Bestrafung berechtigt. So lange er minderjährig ist, hat, unabhängig von seiner eigenen Befugniß, auch sein gesetzlicher Vertreter das Recht, den Antrag zu stellen.

Ist der Verletzte geschäftsunfähig oder hat er das achtzehnte Lebensjahr noch nicht vollendet, so ist sein gesetzlicher Vertreter der zur Stellung des Antrags Berechtigte."

§ 10.

Mit Geldstrafe bis zu zehn Mark oder mit Haft bis zu drei Tagen wird bestraft, wer, abgesehen von den Fällen des § 368 Nr. 9 des Strafgesetzbuchs, unbefugt über Grundstücke reitet, karrt, fährt, Vieh treibt, Holz schleift, den Pflug wendet oder über Aecker, deren Bestellung vorbereitet oder in Angriff genommen ist, geht. Die Verfolgung tritt nur auf Antrag ein.

Der Zuwiderhandelnde bleibt straflos, wenn er durch die schlechte Beschaffenheit eines an dem Grundstücke

vorüberführenden und zum gemeinen Gebrauch bestimmten Weges oder durch ein anderes auf dem Wege befindliches Hinderniß zu der Uebertretung genöthigt worden ist.

1. Allgemeines. Der § 368 Nr. 9 StGB. bestraft das unbefugte Gehen, Fahren, Reiten und Viehtreiben über Gärten, Weinberge, nicht abgeerntete Wiesen, bestellte Aecker und solche Grundstücke, welche mit Einfriedigungen oder Warnungszeichen versehen sind.

Zum wirksameren Schutze der Felder und Forsten hat das Feld- und Forstpolizeigesetz zunächst das Erforderniß der Einfriedigung und des Vorhandenseins von Warnungszeichen in Wegfall gebracht und außerdem auch das unbefugte Karren, Holzschleifen und Pflugwenden auf fremden Grundstücken, sowie das unbefugte Gehen über Aecker, deren Bestellung auch nur vorbereitet oder in Angriff genommen ist, verboten.

Das Betreten von Forstkulturen und Holzschlägen ist im § 36 noch besonders unter Strafe gestellt.

Die Strafbarkeit nach § 10 ist durch die Anrichtung eines Schadens nicht bedingt.

2. Unbefugt. Die Anwendung der Strafbestimmung des § 10 Abs. 1 setzt ein bewußt unbefugtes Gehen, Reiten u. s. w. voraus; sie ist deßhalb — abgesehen von den im Abs. 2 besonders erwähnten Fällen — z. B. ausgeschlossen, wenn ein Beamter (Forstbeamter, Gensdarm, Soldat u. s. w.) in Ausübung seiner Dienstfunktionen eine der im § 10 gedachten Handlungen vornimmt, oder wenn der Jagdberechtigte (Jagdpächter) in Ausübung der Jagd oder der sonstigen im Jagdrecht einbegriffenen Befugnisse die zu seinem Jagdbezirk gehörigen fremden Grundstücke betritt. In allen solchen Fällen würde allerdings der Ersatz des etwa angerichteten Schadens im Wege des bürgerlichen Rechtsstreites geltend gemacht werden können. Vergl. Erk. Kassationsh. 14/12 40, RA. 20, II, 95. Im Uebrigen findet § 10 aber auch dem freien Thierfang gegenüber Anwendung, so daß z. B. aus § 15 des Wildschadenges. v. 11/7 91, nach welchem wilde Kaninchen der freien Okkupation eines Jeden unterliegen, nicht folgt, daß die Grundstücke der Willkür eines jeden Beliebigen ausgesetzt sind, und daß jeder Kaninchenfang, mit Ausnahme des Fangens in Schlingen, auf fremden Grundstücken und das Betreten derselben zu diesem Zwecke erlaubt ist. Urt. KG. 22/4 97, Joh. 18, 279. Besonders zu beachten ist in dieser Beziehung noch der § 17 des Gesetzes über das Postwesen des Deutschen Reiches v. 28. Okt. 1871 (RGBl. S. 347), welcher lautet: „In besonderen Fällen, in denen die gewöhnlichen Postwege gar nicht oder schwer zu passiren sind, können die ordentlichen Posten, die Extraposten, Kuriere und Estafetten sich der Neben- und Feldwege, sowie der ungehegten Wiesen und Aecker bedienen, unbeschadet jedoch des Rechtes der Eigenthümer auf Schadensersatz."

Die Briefträger und Postboten sind hier nicht besonders aufgeführt, doch werden auch diese Personen in den im § 17 gedachten Fällen der ungehegten Wiesen und Aecker sich bedienen können, da, wie auch Dambach (Postgesetz 5. Aufl. 1892, S. 115) annimmt, was von den fahrenden und reitenden Posten gilt, unbedenklich auch bei den zu Fuß gehenden Briefträgern und Postboten Anwendung finden muß. Vergl. im Uebrigen auch oben Anm. 2 zu § 9.

3. **Viehtreiben.** Das bloße Uebertreten des Viehs oder das Weidenlassen desselben auf einem fremden Grundstück ist nicht ein „Viehtreiben" im Sinne des § 10. Vergl. Erk. Obertrib. v. 18/6 69. OR. 10, 636. Für solche Fälle wird vielmehr die Strafbestimmung des § 14 F. u. FPG. anwendbar.

4. **Pflugwenden.** Das ortsgebräuchliche, keinen Schaden anrichtende Pflugwenden auf dem Nachbargrundstück kann nicht ohne Weiteres für ein „unbefugtes" erachtet werden.

5. **Ueber Aecker Gehen.** Das unbefugte Gehen über Grundstücke ist nach § 10 nur strafbar, wenn diese Grundstücke Aecker sind, deren Bestellung bereits vorbereitet oder in Angriff genommen ist. Daß die Aecker mit Einfriedigungen oder Warnungszeichen versehen sind, ist nicht erforderlich.

Daneben ist das unbefugte Gehen über Gärten, Weinberge, nicht abgeerntete Wiesen, bestellte Aecker und solche Grundstücke, welche mit Einfriedigungen oder Warnungszeichen versehen sind, nach § 368 Nr. 9 StGB. strafbar.

Als „Gehen über einen Acker" wird übrigens schon das bloße Hinschreiten auf einem Theile desselben angesehen werden müssen; das Durchschreiten des Ackers nach Art der Benutzung eines Weges ist nicht erforderlich.

6. **Vorbereitung der Bestellung.** Eine Vorbereitung oder Inangriffnahme der Bestellung des Ackers ist anzunehmen, wenn der letztere bereits gepflügt oder geeggt ist; im Uebrigen entscheiden in dieser Beziehung die an dem betreffenden Ort bestehenden Wirthschaftsregeln. Vollständig bestellt ist der Acker jedenfalls erst, wenn er besäet oder bepflanzt ist. Vergl. Anm. 2 zu § 15.

7. **Antrag.** Vergl. Anm. 4 zu § 9 und § 61. Antragsberechtigter ist auch hier der Inhaber des Grundstücks bezw. dessen Stellvertreter.

8. **Straflosigkeit nach Abs. 2.** Der Weg, dessen schlechte Beschaffenheit die im § 10 Abs. 2 angeordnete Straflosigkeit rechtfertigen kann, darf kein Privatweg, sondern muß stets ein zum gemeinen Gebrauch bestimmter Weg sein.

Der Umstand, daß man auf sein von allen Seiten eingeschlossenes Grundstück nicht gelangen kann, ohne ein fremdes Grundstück zu betreten, schließt die Strafbarkeit dieses Betretens nicht aus; der Eigenthümer des ringsum eingeschlossenen Grundstücks hat die zur Erwerbung einer Servitut erforderlichen Schritte zu thun. Erk. Obertrib. v. 5/1 65, OR. 5, 395. — In Betreff der Posten vergl. oben Anm. 2.

§ 11.

Mit Geldstrafe bis zu zehn Mark oder mit Haft bis zu drei Tagen wird bestraft, wer außerhalb eingefriedigter Grundstücke sein Vieh ohne gehörige Aufsicht oder ohne genügende Sicherung läßt.

Diese Bestimmung kann durch Polizeiverordnung abgeändert werden. Eine höhere als die vorstehend festgesetzte Strafe darf jedoch nicht angedroht werden.

Die Bestrafung tritt nicht ein, wenn nach den Umständen die Gefahr einer Beschädigung Dritter nicht anzunehmen ist.

1. **Vieh.** Unter Vieh sind im Allgemeinen nur solche Thiere zu verstehen, welche nach den Regeln des landwirthschaftlichen Betriebes gehütet oder unter Aufsicht gehalten zu werden pflegen, also insbesondere Pferde, Esel, Rindvieh, Schweine, Ziegen, Schafe und einzelne Arten des Federviehs, wie z. B. Gänse und Enten. Ob auch Hühner hierher zu rechnen sind, kann zweifelhaft sein. Die §§ 71, 72 d. G. sprechen dafür, und wo die Hühner in größeren Massen gehalten werden, so, daß nach den Umständen durch sie ein landwirthschaftlicher Schaden angerichtet werden kann, werden auch sie dem § 11 unterliegen. Vergl. Günther, F. u. FPG. S. 37. Wegen der Tauben vergl. § 40 Feld-Pol.O. v. 1. Nov. 1847.

In Betreff der übrigen, nicht zum sogenannten Weidevieh gehörigen Thiere greift event. die Strafbestimmung des § 367 Nr. 11 StGB. Platz, welche lautet: „Mit Geldstrafe bis zu 150 Mark oder mit Haft wird bestraft: 11) wer ohne polizeiliche Erlaubniß gefährliche wilde Thiere hält, oder wilde oder bösartige Tiere frei umherlaufen läßt, oder in Ansehung ihrer die erforderlichen Vorsichtsmaßregeln zur Verhütung von Beschädigungen unterläßt."

2. **Gehörige Aufsicht.** Welche Aufsicht und welche Sicherung als eine gehörige und genügende anzusehen, ist eine Frage thatsächlicher Natur und im Einzelfalle nach den lokalen Verhältnissen und den an dem betreffenden Ort bestehenden Wirthschaftsregeln zu entscheiden.

3. **Polizeiverordnungen.** Der Erlaß derartiger Polizeiverordnungen regelt sich nach den Vorschriften des Gesetzes über die Polizeiverwaltung v. 11. März 1850 (GS. 1850 S. 265) und (für die neuen Landestheile) der Verordnung v. 20. Sept. 1867 (GS. 1867 S. 1529), sowie des Lauenburgischen Gesetzes vom 7. Januar 1870 (Offiz. Wochenblatt S. 13). In Betreff der Behörden, welche Polizeiverordnungen zu erlassen befugt sind, bezw. deren Zustimmung es zum Erlasse derselben bedarf, vergl. außerdem für den Geltungsbereich des Gesetzes über die allgemeine

Landesverwaltung v. 30. Juli 1883 (GS. S. 195) die §§ 136 ff. des letzteren Gesetzes.

Die in gesetzlicher Weise erlassenen und verkündeten Polizeiverordnungen stehen den Gesetzen gleich; der Richter hat bei ihrer Anwendung nicht die Nothwendigkeit und Zweckmäßigkeit, sondern nur die gesetzliche Gültigkeit derselben nach den Vorschriften des Gesetzes v. 11. März 1850 bezw. der Verordnung v. 20. Sept. 1867 zu prüfen. Vergl. § 17 des Ges. v. 15. März 1850 und § 15 V. v. 20. Sept. 1867.

Ueber den Unterschied der Polizeiverordnungen von Anordnungen der Behörden und polizeilichen Anordnungen vergl. Anm. 3 zu § 29.

4. Straflosigkeit nach Abs. 3. Die Bestimmung des § 11 Abs. 3 hat nicht den Zweck, die Bestrafung von dem Beweise der Gefahr einer Beschädigung Dritter abhängig zu machen, konstituirt vielmehr lediglich einen Strafausschließungsgrund. Es liegt daher dem Angeklagten ob, bestimmte Thatsachen anzuführen, aus denen das Gericht folgern kann, daß im einzelnen Fall die Gefahr einer Beschädigung Dritter an deren Person oder Vermögen überhaupt nicht möglich war. Wenn eine solche Feststellung alsdann vom Gericht getroffen werden kann, so muß der Angeklagte freigesprochen werden.

§ 12.

Mit Geldstrafe bis zu zehn Mark oder mit Haft bis zu drei Tagen wird der Hirt bestraft, welcher das ihm zur Beaufsichtigung anvertraute Vieh ohne Aufsicht oder unter der Aufsicht einer hierzu untüchtigen Person läßt.

Die Tüchtigkeit des Hirten zu beurtheilen, bleibt in den einzelnen Zuwiderhandlungsfällen dem Ermessen des Gerichts überlassen. Es wird diese Beurtheilung von der Art und Zahl der dem Hirten anvertrauten Viehstücke, von der örtlichen Lage des Weidereviers, der Lage und Bestellungsart der an das Weiderevier angrenzenden Felder, der Schwierigkeit der Abkehr des Viehs vom nachbarlichen Boden und aufstehenden Früchten u. s. w. abhängig sein. Vergl. Lette u. v. Rönne, die Landeskultur-Gesetzgebung des Preuß. Staates. 1854. Band II, Abth. 2 S. 271.

Der Hirt wird auch dann bestraft, wenn nach den Umständen die Gefahr einer Beschädigung Dritter nicht anzunehmen ist. Der Strafausschließungsgrund des § 11 Abs. 2 findet hier keine Anwendung.

In Betreff der Befugniß der Dienstherrschaft zur Entlassung des Hirten vergl. § 16; in Betreff der Haftbarkeit des Hirten bezw. seiner Dienstherrschaft für Ersatzgeld u. s. w. die Anm. 1 zu § 74.

§ 13.

Die Ausübung der Nachtweide, des Einzelhütens, sowie der Weide durch Gemeinde- und Genossenschafts-Heerden wird durch Polizeiverordnung geregelt.

Das Feld- und Forstpolizeigesetz hat auch von der Aufstellung allgemeiner Regeln über die Ausübung der Nachtweide, des Einzelhütens und der Weide durch Gemeinde- und Genossenschafts-Heerden Abstand genommen, das ganze Gebiet der diesbezüglichen Bestimmungen vielmehr lediglich den Lokal-Polizeiverordnungen überlassen. (Mot. S. 30.) Hierbei ist jedoch zu bemerken, daß die lokalpolizeiliche Regelung nur so weit gehen darf, als nicht wohlerworbene Privatrechte entgegenstehen, deren Schädigung und Beeinträchtigung unzulässig ist. Es ist dies bei der Berathung des § 13 Seitens des Regierungskommissars ausdrücklich anerkannt. — In Betreff des Erlasses der Polizeiverordnungen vergl. Anm. 3 zu § 11.

Bis zur Verkündung der nach § 13 zu erlassenden Polizeiverordnungen behalten die bisherigen Vorschriften über die Ausübung der Nachtweide, des Einzelhütens, sowie der Weide durch Gemeinde- und Genossenschaftsheerden Geltung. Vergl. § 96 Abs. 3 und die Anm. 6 ebenda. Siehe Anhang X.

§ 14.

Mit Geldstrafe bis zu funfzig Mark oder mit Haft bis zu vierzehn Tagen wird bestraft, wer unbefugt auf einem Grundstücke Vieh weidet.

Die Strafe ist verwirkt, sobald das Vieh die Grenzen des Grundstücks, auf welchem es nicht geweidet werden darf, überschritten hat, sofern nicht festgestellt wird, daß der Uebertritt von der für die Beaufsichtigung des Viehes verantwortlichen Person nicht verhindert werden konnte.

Die Bestimmung des Absatzes 2 findet, wo eine Verpflichtung zur Einfriedigung von Grundstücken besteht, oder wo die Einfriedigung landesüblich ist, keine Anwendung.

1. **Vollendung des Weidefrevels.** Der § 14 Abs. 2 stellt bei der praktisch äußerst schwierigen Feststellung der Frage, ob der Weidefrevel vollendet ist, also ein wirkliches Weiden des Viehes auf fremdem Grundstück stattgefunden hat, die Vermuthung auf, daß ein strafbarer Weidefrevel i. S. §§ 14 ff. d. G. schon dann vorliegt, wenn das Vieh die Grenzen des Grundstücks, auf welchem

es nicht geweidet werden darf, überschritten hat, ohne Rücksicht darauf, ob der Uebertritt vorsätzlich oder nur aus Fahrlässigkeit veranlaßt worden ist.

2. Straflosigkeit im Falle des Abs. 2 Satz 2. Um die Straflosigkeit des Weidefrevels herbeizuführen, muß die für die Beaufsichtigung des Viehes verantwortliche Person bezw. deren Dienstherrschaft (§ 74) bestimmte Thatsachen anführen, aus denen der Richter folgern kann, daß im speziellen Fall der Uebertritt des Viehes nicht verhindert werden konnte.

3. Nach der Bestimmung des Abs. 3 darf in denjenigen Landestheilen, in welchen eine Verpflichtung zur Einfriedigung von Grundstücken gegen den Uebertritt des Viehes besteht (Schleswig-Holstein), oder wo eine solche Einfriedigung landesüblich ist, das bloße Uebertreten des Viehes über die Grenzen eines gehörig eingefriedigten Grundstücks nicht als Weidefrevel bestraft werden, jedoch ist selbstverständlich auch hier das weitere unbefugte Weiden des Viehes außerhalb der Einfriedigung nach § 14 Abs. 1 strafbar.

§ 15.

Geldstrafe von fünf bis zu einhundertundfunfzig Mark oder Haft tritt ein, wenn der Weidefrevel (§ 14) begangen wird:

1) auf Grundstücken, deren Betreten durch Warnungszeichen verboten ist;
2) auf eingefriedigten Grundstücken, sofern nicht eine Verpflichtung zur Einfriedigung der Grundstücke besteht, oder die Einfriedigung der Grundstücke landesüblich ist;
3) auf solchen Dämmen und Deichen, welche von dem Besitzer selbst noch mit der Hütung verschont werden;
4) auf bestellten Aeckern oder auf Wiesen, in Gärten, Baumschulen, Weinbergen, auf mit Rohr bewachsenen Flächen, auf Weidenhegern, Dünen, Buhnen, Deckwerken, gedeckten Sandflächen, Graben- oder Kanalböschungen, in Forstkulturen, Schonungen oder Saatkämpen;
5) auf Forstgrundstücken mit Pferden oder Ziegen.

1. Warnungszeichen. Welche äußerlichen Merkmale (Gräben, Kreuze, Schlagbäume, Tafeln, Strohwische: (FPO. v. 1847 § 41 Nr. 1) als Warnungszeichen zu betrachten sind, ist im einzelnen Fall nach dem Ortsgebrauch zu beurtheilen. Im Uebrigen ist jeder Eigenthümer eines Grundstücks, soweit nicht das Gesetz oder Rechte

Dritter entgegenstehen, befugt, das Betreten seines Grundstücks durch dergleichen Warnungszeichen zu untersagen (§ 903 BGB.), ohne daß es einer Anerkennung oder Bekanntmachung oder auch einer Aufstellung des Warnungszeichens durch die Behörde bedarf. Zur Strafbarkeit aus § 15 Nr. 1 ist es jedoch in allen Fällen erforderlich, daß der Zuwiderhandelnde die Bedeutung des betr. äußerlichen Merkmals (Grabens, Kreuzes, oder dergl.) als eines das Betreten des Grundstücks verbietenden Warnungszeichens gekannt, bezw. nach Lage der Verhältnisse hat kennen müssen.

2. **Eingefriedigte Grundstücke.** Die Einschränkung; „sofern nicht eine Verpflichtung zur Einfriedigung der Grundstücke besteht, oder die Einfriedigung der Grundstücke landesüblich ist," ergiebt sich mit Nothwendigkeit aus dem Umstande, daß in einzelnen Landestheilen die Einfriedigung der Grundstücke vorgeschrieben oder doch wenigstens allgemein üblich ist. In diesen Landestheilen wird also ein Weidefrevel der Regel nach überhaupt nur auf eingefriedigten Grundstücken begangen werden können. Es kann dies also hier nicht als erschwerender Umstand in Betracht kommen.

3. **Bestellte Aecker.** Als bestellt ist der Acker anzusehen, sobald er besäet oder bepflanzt ist; das bloße Pflügen des Ackers genügt nicht. Vergl. Erk. Obertrib. 19/2 68, OR. 9, 142. Vergl. oben Anm. 6 zu § 10 d. G.

4. **Weidenheger** sind die zur Nutzung von Korbweiden, Faschinen u. s. w. bestimmten Weiden-Niederwaldungen mit kurzem Umtriebe, bei denen im Gegensatz zu den Kopfholz-Weiden an den aus Stecklingspflanzung hervorgegangenen Büschen der Hieb dicht über dem Boden („auf den Stock setzen") erfolgt, um je nach dem Umtrieb Korbruthen oder Bandstöcke u. dergl. zu liefern.

5. **Deckwerke** sind die zum Schutz gegen das Abspülen der Ufer eines Flusses durch Weiden- oder anderen Strauch künstlich angelegten Uferbefestigungen.

6. **Gedeckte Sandflächen** sind ursprünglich flüchtige Sandflächen, welche zum Festhalten des Sandes mit verschiedenen Gegenständen (Reisig, Schilf, Erdpalten, Haide u. s. w.) bedeckt worden sind.

7. **Forstkulturen** im Sinne des Gesetzes sind „durch natürliche Besamung, künstliche Saat, Pflanzung, Stecklinge entstandene Jungwüchse von so geringem Alter, daß schon das bloße Betreten geeignet ist, Beschädigungen herbeizuführen. Vergl. § 36 Nr. 4". (Amtl. A. S. 6.)

8. **Schonungen** im Sinne des Gesetzes sind „Jungwüchse, in welchen nicht mehr das bloße Betreten, wohl aber das Behüten geeignet ist, Beschädigungen herbeizuführen. Ist dies nicht ohne Weiteres erkennbar, so wird der Waldeigenthümer, um dem betr. Grundstücke den Schutz der Strafbestimmung des § 15 zu verschaffen, das Betreten durch Warnungszeichen zu verbieten haben". (Amtl. A. S. 6.)

9. **Saatkämpe** sind „Anlagen, welche ausschließlich zur Erziehung von Holzpflanzen durch Saat dienen und zwar behufs Verpflanzung auf zu kultivirenden Flächen oder in Pflanz-

kämpen (Baumschulen). Freisaaten, welche dazu bestimmt sind, neben der Begründung eines Bestandes überschüssiges Pflanzenmaterial zu liefern, sind nicht als Saatkämpe, sondern als Forstkulturen zu betrachten". (Amtl. A. S. 6.)

10. Forstgrundstücke sind Forsten oder andere hauptsächlich zur Holznutzung bestimmte Grundstücke. § 1 Forstdiebst.-Ges. v. 15. April 1878.

§ 16.

Ein wegen Weidefrevels rechtskräftig verurtheilter Hirt kann von der Dienstherrschaft innerhalb vierzehn Tagen, von der rechtskräftigen Verurtheilung an gerechnet, entlassen werden.

1. Allgemeines. Eine Verpflichtung der Dienstherrschaft zur Entlassung des Hirten, wie sie der § 18 Abs. 2 der Feldpolizeiordnung v. 1. Nov. 1847 für den Fall eines vorsätzlichen Weidefrevels vorschrieb, hat das Feld- und Forstpolizeigesetz nicht aufgenommen. Vergl. übrigens § 12 und Anm. 1 zu § 74.

2. Weidefrevel. Als Weidefrevel i. S. § 16 sind nur die Zuwiderhandlungen gegen die §§ 14 und 15 anzusehen. Wegen Zuwiderhandlungen gegen die §§ 12 und 13 kann der Hirt auf Grund des § 16 von seiner Dienstherrschaft nicht entlassen werden, wie dies auch in der Kommission des Abg.H. 1878/79 von dem Vertreter des landwirthschaftlichen Ministeriums ausdrücklich konstatirt worden ist, Vergl. Günther, F. u. FPG. S. 45.

3. Rechtskräftige Verurtheilung. Vergl. hierüber oben Anm. 2 zu § 3.

4. Entlassung. Innerhalb der, von der rechtskräftigen Verurtheilung an zu rechnenden vierzehntägigen Frist kann die Entlassung des Hirten zu jeder Zeit ohne vorherige Aufkündigung erfolgen.

Im Falle der Entlassung kann der Hirt Lohn und Kost nur nach Maßgabe derjenigen Bestimmungen fordern, welche in den Gesindeordnungen für die Fälle gegeben sind, in welchen die Dienstherrschaft das Gesinde ohne Aufkündigung sofort zu entlassen berechtigt ist. Vergl. § 150 Ges.-Ordg. v. 8. Nov. 1810 (G.-S. S. 101): „In allen Fällen, wo die Herrschaft einen Dienstboten während der Dienstzeit mit oder ohne Aufkündigung zu entlassen berechtigt ist, kann der Dienstbote Lohn und Kost oder Kostgeld nur nach Verhältniß der Zeit fordern, wo er wirklich gedient hat." Vergl. auch die im Wesentlichen gleichlautenden Bestimmungen des § 38 der Ges.-Ordg. für die Rheinprovinz v. 19. Aug. 1844 (G.-S. S. 410) und des § 144 der Ges.-Ordg. für Neuvorpommern und Rügen (G.-S. 1845 S. 391). Vergl. Art. 95 Abs. 1 Satz 1 Einf. Ges. zum BGB.: „Unberührt bleiben die landesgesetzlichen Vorschriften, welche dem Gesinderecht angehören."

§ 17.

Mit Geldstrafe bis zu einhundertundfunfzig Mark oder mit Haft wird bestraft:

1) wer eine rechtmäßige Pfändung (§ 77) vereitelt oder zu vereiteln versucht;
2) wer, abgesehen von den Fällen, der §§ 113 und 117 des Strafgesetzbuchs, dem Pfändenden in der rechtmäßigen Ausübung seines Rechts (§ 77) durch Gewalt oder durch Bedrohung mit Gewalt Widerstand leistet oder den Pfändenden während der rechtmäßigen Ausübung seines Rechts thätlich angreift;
3) wer, abgesehen von den Fällen der §§ 137 und 289 des Strafgesetzbuchs, Sachen, welche rechtmäßig in Pfand genommen sind (§ 77), dem Pfändenden in rechtswidriger Absicht wegnimmt;
4) wer vorsätzlich eine unrechtmäßige Pfändung (§ 77) bewirkt.

1. **Allgemeines.** Die Strafbestimmungen des § 17 beziehen sich lediglich auf die in dem F. u. FPG. behandelten Pfändungen, wie dies auch im Wortlaut des § 17 durch den mehrfachen Hinweis auf den § 77 F. u. FPG. ausdrücklich angedeutet ist. — Soweit die Voraussetzungen bezw. Thatbestände der §§ 113 und 117 StGB. vorliegen, müssen die Strafbestimmungen dieser §§ 113 und 117 auch bei den nach dem F. u. FPG. (§ 77) vorgenommenen Pfändungen zur Anwendung gebracht werden.

2. **Vereitelung der Pfändung und Versuch der Vereitelung.** Vereitelung ist gleichbedeutend mit Verhinderung. Der Thäter muß durch seine Thätigkeit verhindert haben, daß der nach § 77 F. u. FPG. zur Pfändung Berechtigte die letztere faktisch ausführte. Diese hindernde Thätigkeit darf aber im Falle des § 17 Nr. 1 nicht durch Gewalt oder Bedrohung mit Gewalt geschehen, da sonst § 17 Nr. 2 Anwendung findet. Es kommen also hier nur andere, nicht gewaltsame Mittel der Vereitelung, z. B. Anlocken oder Wegtreiben des Viehs, Pfeifen u. s. w., in Betracht.

Zur Strafbarkeit des Versuches der Vereitelung ist erforderlich, daß der Thäter den Entschluß, die rechtmäßige Pfändung zu vereiteln, durch Handlungen, welche einen Anfang der Ausführung der Vereitelung enthalten, bethätigt hat. Ob solche Handlungen vorliegen, bleibt der Beurtheilung des Einzelfalles überlassen. Voraussetzung des bloßen Versuches ist selbstverständlich, daß die beabsichtigte Vereitelung der Pfändung nicht zur Vollendung gekommen ist. Vergl. im Uebrigen oben Anm. 1 zu § 8.

3. **Der § 113 StGB.** bestimmt: „Wer einem Beamten, welcher zur Vollstreckung von Gesetzen, von Befehlen und Anordnungen der Verwaltungsbehörden oder von Urtheilen und Verfügungen der Gerichte berufen ist, in der rechtmäßigen Ausübung seines Amtes durch Gewalt oder durch Bedrohung mit Gewalt Widerstand leistet, oder wer einen solchen Beamten während der rechtmäßigen Ausübung seines Amtes thätlich angreift, wird mit Gefängniß von vierzehn Tagen bis zu zwei Jahren bestraft. Sind mildernde Umstände vorhanden, so tritt Gefängnißstrafe bis zu Einem Jahre oder Geldstrafe bis zu Eintausend Mark ein. Dieselben Strafvorschriften treten ein, wenn die Handlung gegen Personen, welche zur Unterstützung des Beamten zugezogen waren, oder gegen Mannschaften der bewaffneten Macht, oder gegen Mannschaften einer Gemeinde-, Schutz- oder Bürgerwehr in Ausübung des Dienstes begangen wird."

4. **Der § 117 StGB.** bestimmt: „Wer einem Forst- oder Jagdbeamten, einem Waldeigenthümer, Forst- oder Jagdberechtigten, oder einem von diesen bestellten Aufseher in der rechtmäßigen Ausübung seines Amtes oder Rechtes durch Gewalt oder durch Bedrohung mit Gewalt Widerstand leistet, oder wer eine dieser Personen während der Ausübung ihres Amtes oder Rechtes thätlich angreift, wird mit Gefängniß von vierzehn Tagen bis zu drei Jahren bestraft. Ist der Widerstand oder der Angriff unter Drohung mit Schießgewehr, Aexten oder anderen gefährlichen Werkzeugen erfolgt, oder mit Gewalt an der Person begangen worden, so tritt Gefängnißstrafe nicht unter drei Monaten ein. Sind mildernde Umstände vorhanden, so tritt in den Fällen des Abs. 1 Gefängnißstrafe bis zu Einem Jahre, in den Fällen des Abs. 2 Gefängnißstrafe nicht unter Einem Monat ein."

5. **Widerstand durch Gewalt oder durch Bedrohung mit Gewalt.** Der im § 17 Nr. 2 gedachte Widerstand erfordert ein positives Handeln, welches dahin abzielt, die Ausführung der Pfändung zu vereiteln, bezw. den Pfändenden zu veranlassen, von derselben abzustehen. Die Widerstandshandlungen müssen demnach während der Vollziehung der Pfändung vorgenommen sein. Mit der erfolgten Besitznahme des Pfandstücks ist die Pfändung nach § 413 (I, 14) ALR. vollendet. Vorgänge, welche derselben nachfolgen, werden durch § 17 Abs. 2 nicht betroffen; hinsichtlich ihrer kann es sich event. nur darum handeln, ob sie etwa unter die Strafvorschrift des § 17 Nr. 3 fallen. Vergl. Art. 89 Einf. Ges. zum BGB.: „Unberührt bleiben die landesgesetzlichen Vorschriften über die zum Schutze der Grundstücke und der Erzeugnisse von Grundstücken gestattete Pfändung von Sachen, mit Einschluß der Vorschriften über die Entrichtung von Pfandgeld oder Ersatzgeld."

Der Widerstand des § 17 Nr. 2 muß durch Gewalt oder Bedrohung mit Gewalt geleistet sein.

Als Gewalt ist jede Aufwendung einer körperlichen Kraft anzusehen, welche der Thätigkeit des Pfändenden hindernd entgegentritt und den letzteren zur Anwendung einer erhöhten Kraftanstrengung behufs Beseitigung des Hindernisses oder aber zur

Abstandnahme von der Pfändung nöthigt. Lediglich passives Verhalten oder bloßes Bereiten sachlicher Vorkehrungen und Hindernisse gegen die Ausführung der Pfändung genügt zur Anwendung des § 17 Nr. 2 nicht, sondern fällt event. nur unter die Strafbestimmung des § 17 Nr. 1. Siehe oben Anm. 2. — Wenn die Gewalt, durch welche dem Pfändenden Widerstand geleistet wird, in einer Mißhandlung besteht, so kommen event. in idealer Konkurrenz auch die §§ 223 ff. StGB. zur Anwendung.

Die Bedrohung mit Gewalt muß darin bestehen, daß dem Pfändenden eine Gewalt gegen seine Person in Aussicht gestellt wird, um ihn dadurch zu veranlassen, von der Pfändung abzustehen. Die Bedrohung braucht nicht ernstlich gemeint zu sein; es ist nur erforderlich, daß sie geeignet war, von dem bedrohten Pfändungsberechtigten als eine ernstliche aufgefaßt zu werden, und daß der Drohende hierauf seine Absicht gerichtet hatte, um den Pfändenden von der beabsichtigten Pfändung abzuhalten. Wenn die Bedrohung mit Gewalt in der Bedrohung mit einem Verbrechen oder Vergehen besteht, so kommen event. die §§ 240, 241 StGB. in idealer Konkurrenz zur Anwendung.

6. **Thätlicher Angriff.** Als thätlicher Angriff ist jede in feindseliger Willensrichtung unmittelbar auf den Körper des Pfändenden zielende Einwirkung anzusehen, und zwar ohne Rücksicht auf den Erfolg derselben. Insbesondere ist es nicht erforderlich, daß bereits an der Person des Pfändenden Gewalt geübt ist; es genügt bereits das Ausholen zu einem Schlage gegen den Pfändenden. Vergl. Urt. 18/11 82, E. 7, 301; R. 4, 818. Auch das Unternehmen der Einsperrung des Pfändenden genügt. Vergl. Urt. 29/11 95, E. 28, 32.

7. **Rechtswidrige Wegnahme gepfändeter Sachen.** „Das F. u. FPG., welches in § 17 Nr. 3 die §§ 137 und 289 StGB. nebeneinander stellt, geht von der Erwägung aus, daß nicht bloß § 137 StGB. über Beseitigung amtlich gepfändeter Gegenstände, sondern auch § 289 gegen Entziehung von Vieh, welches nicht von Feld- oder Forsthütern als öffentlichen Beamten, vielmehr von dem Privatbeschädigten oder den gleich diesem pfändungsberechtigt erklärten anderen Privatpersonen (§ 77) gepfändet ist, keinen ausreichenden strafrechtlichen Schutz verschaffe, und daher ein solcher Schutz durch neue Bestimmungen entsprechend gewährt werden müsse. Mit Anlehnung an den sonstigen Wortlaut des § 289 StGB. wird daher, wie dort, wenn Jemand seine bewegliche Sache dem Nutznießer, Pfandgläubiger oder demjenigen, welchem an der Sache ein Gebrauchs- oder Zurückbehaltungsrecht zusteht, in rechtswidriger Absicht wegnimmt, in § 17 Nr. 3 des F. u. FPG. derjenige mit Strafe bedroht, welcher — außer dem Falle des § 289 StGB. — rechtmäßig (§ 77) gepfändetes Vieh dem Pfändenden in rechtwidriger Absicht wegnimmt." So: Urt. 4/12 82, E. 7, 302. Vergl. Urt. 19/12 98, E. 32, 13.

8. **Rechtswidrige Absicht** liegt vor, wenn der Thäter die Absicht gehabt hat, die Ausübung des dem Pfändenden an der betr. Sache zustehenden Pfandrechts (§§ 77 ff.) zu vereiteln. Der

Absicht einer materiellen Schädigung des Pfändenden oder einer eigennützigen Absicht des Gepfändeten bedarf es nicht.

9. **Der § 137 StGB.** bestimmt: „Wer Sachen, welche durch die zuständigen Behörden oder Beamten gepfändet oder in Beschlag genommen worden sind, vorsätzlich bei Seite schafft, zerstört oder in anderer Weise der Verstrickung ganz oder theilweise entzieht, wird mit Gefängniß bis zu Einem Jahre bestraft." Wenn demnach Vieh, welches durch einen Feld- oder Forsthüter in rechtmäßiger Amtsausübung gepfändet ist, der Verstrickung vorsätzlich entzogen wird, so tritt nicht die Strafe des § 17 Nr. 3 F. u. FPG., sondern diejenige des § 137 StGB. ein. Vergl. oben Anm. 1.

10. **Vorsätzlichkeit im Falle des § 17 Nr. 4.** Zur Strafbarkeit nach § 17 Nr. 4 wird erfordert, daß der Thäter vorsätzlich und mit dem Bewußtsein, daß er zu der Pfändung nicht berechtigt sei, die letztere vorgenommen hat. Die irrige Meinung des Thäters, daß die Pfändung eine rechtmäßige sei, schließt die Strafbarkeit aus.

11. **Strafantrag.** Ein Strafantrag ist zur Verfolgung der im § 17 Nr. 1 bis 4 vorgesehenen Zuwiderhandlungen nicht erforderlich. Dasselbe gilt von den Vergehen gegen §§ 113, 117 und 137 StGB. Dagegen tritt in den Fällen des § 289 die Verfolgung nur auf Antrag ein.

§ 18.

Mit Geldstrafe bis zu einhundertundfünfzig Mark oder mit Haft wird bestraft, wer Gartenfrüchte, Feldfrüchte oder andere Bodenerzeugnisse aus Gartenanlagen aller Art, Weinbergen, Obstanlagen, Baumschulen, Saatkämpen, von Aeckern, Wiesen, Weiden, Plätzen, Gewässern, Wegen oder Gräben entwendet.

Liegen die Voraussetzungen des § 370 Nr. 5 des Strafgesetzbuchs vor, so tritt die Verfolgung nur auf Antrag ein.

1. **Allgemeines.** In den §§ 18 bis 23 d. G. sind die Strafbestimmungen für Feldentwendungen enthalten. Die Forstentwendungen (Forstdiebstähle) sind im Forstdiebstahlsgesetz v. 15. April 1878 unter Strafe gestellt, dessen § 1 lautet:

„Forstdiebstahl im Sinne dieses Gesetzes ist der in einem Forst oder auf einem anderen hauptsächlich zur Holznutzung bestimmten Grundstücke verübte Diebstahl:

1) an Holz, welches noch nicht vom Stamme oder vom Boden getrennt ist;

2) an Holz, welches durch Zufall abgebrochen oder umgeworfen, und mit dessen Zurichtung noch nicht der Anfang gemacht worden ist;

3) an Spänen, Abraum oder Borke, sofern dieselben noch nicht in einer umschlossenen Holzablage sich befinden, oder noch nicht geworben oder eingesammelt sind;

4) an anderen Walderzeugnissen, insbesondere Holzpflanzen Gras, Haide, Plaggen, Moos, Laub, Streuwerk, Nadelholzzapfen, Waldsämereien, Baumsaft und Harz, sofern dieselben noch nicht geworben oder eingesammelt sind.

Das unbefugte Sammeln von Kräutern, Beeren und Pilzen unterliegt forstpolizeilichen Bestimmungen."

2. Begriff der Feldentwendung. Die Vorschriften des F. und FPG. über die Bestrafung der Wegnahme von Feldfrüchten u. s. w. stützen sich zwar im Allgemeinen auf die Bestimmungen der früheren preuß. Feldpolizeiordnung v. 1. November 1847, weichen jedoch prinzipiell von denselben in einem wesentlichen Punkte ab. Während nämlich die alte Feldpolizeiordnung das entscheidende Kriterium der Feldentwendung zwar ebenfalls in dem unbedeutenden Werth und in der geringen Menge des Entwendeten fand, im Uebrigen aber die Annahme einer bloßen Feldentwendung ausschloß, wenn die Wegnahme in gewinnsüchtiger Absicht geschehen war, hat das F. u. FPG. dieses letztere Unterscheidungsmerkmal der sogenannten Feldfrevel von den eigentlichen Diebstählen aufgegeben und dafür der Unterscheidung zwischen Diebstahl und Feldentwendung — für welche letztere doch immerhin nur der Werth des in Frage kommenden Objekts das Bestimmende sein kann — dadurch eine gleichmäßig feste Grundlage gegeben, daß es den Thatbestand der Feldentwendung vor Allem von einer sachlichen Werthgrenze des Objekts abhängig gemacht hat. Nach der Vorschrift des § 6 d. G. sollen Feldentwendungen nur dann den milderen Strafbestimmungen des F. u. FPG. unterliegen, wenn der Werth des Entwendeten zehn Mark nicht übersteigt. Als weitere Voraussetzungen für die Anwendbarkeit des § 18 d. G. treten dann hinzu, daß ein Objekt der im § 18 bezeichneten Gattung (Gartenfrüchte, Feldfrüchte oder andere Bodenerzeugnisse) vorliegen, und daß die Wegnahme eines solchen Objekts von einem durch denselben Paragraphen beherrschten Orte (Gartenanlage, Weinberg, Aecker, Wiesen u. s. w.) geschehen sein muß. Im Uebrigen setzen die im § 18 mit Strafe bedrohten Handlungen unzweifelhaft den vollen Thatbestand des nach § 242 StGB. zu ahndenden Diebstahls voraus, insbesondere also auch hinsichtlich des subjektiven Thatbestandes das Vorhandensein der Absicht einer rechtswidrigen Zueignung und das Bewußtsein von der Rechtswidrigkeit der Zueignung auf Seiten des Thäters. Mit Recht hebt Günther (a. a. O. S. 48) hervor, daß ein solches Bewußtsein „in allen jenen Fällen nicht wird angenommen werden dürfen, in denen besonders um der absoluten Werthlosigkeit der Objekte willen die Vorstellung ihre Berechtigung hat, daß der Eigenthümer gewiß nichts gegen die Handlung (Abpflücken eines Vergißmeinnichts am Grabenrande, Mitnahme einer Kleeblüthe aus der Wiese u. s. w.) einzuwenden habe".

Die Bezeichnung „Diebstahl“ ist für die nach § 18 strafbaren Entwendungen nur aus dem Grunde nicht gebraucht, um beide Kategorieen von Handlungen — die Feldentwendung und den Diebstahl — schon in ihrer Benennung ausreichend von einander zu unterscheiden. Vergl. die Motive zu §§ 6, 18 bis 20 des Regierungsentwurfs, Nr. 10 der Drucks. des Abg.hauses I, 1879/80 und Urt. 1/6 81, E. 4, 268; R. 3, 357. Urt. 26/10 82, E. 7, 190. Vergl. auch Urt. 5/3 86, E. 13, 391; R. 8, 155, wo ausgeführt wird, daß das F. u. FPG. nur auf Grund der im § 2 Einf.Ges. z. StGB. enthaltenen Ermächtigung bestimmte Gattungen von Diebstählen wegen der Geringfügigkeit ihres Objektes und wegen der Besonderheit ihrer Verübung der milderen Strafe des § 18 unterworfen habe.

3. Objekt der Entwendung. Als Objekte der Entwendung bezeichnet der § 18: Gartenfrüchte, Feldfrüchte oder andere Bodenerzeugnisse. Für die Strafbarkeit der Entwendung dieser Sachen ist es zunächst gleichgültig, ob die letzteren Gegenstände des Anbaues oder der regelmäßig wiederkehrenden Nutzung Seitens des Beschädigten bilden, oder ob sie überhaupt einen Marktwerth haben oder nicht. Gleichgültig ist es ferner, ob die Gartenfrüchte u. s. w. vom Boden bereits getrennt (geerntet) oder noch ungetrennt sind. Das F. u. FPG. hat das in dem Gesetze vom 15. April 1878 bezüglich des sogenannten Forstdiebstahls aufgestellte Merkmal der größeren oder geringeren Verbindung mit dem Boden oder Stamme nicht adoptirt. Die Motive des Regierungsentwurfs heben ausdrücklich hervor, daß die Unterscheidung, ob die Früchte vom Boden oder Stamme getrennt seien oder nicht, für das Privatrecht, namentlich bezüglich der Besitzergreifung, von Wichtigkeit sein möge, daß ihr aber bezüglich der Feldentwendungen eine durchschlagende Bedeutung nicht beigelegt werden könne. Deßhalb hat auch das RG. in dem Urt. v. 1/6 81, E. 4, 268; R. 3, 357, ausgesprochen, daß auch Entwendungen von Bäumen und Strauchwerk im Werthe bis zu 10 M. auf Grundstücken, welche nicht hauptsächlich zur Holznutzung bestimmt sind (§ 1 Forstdiebst.Ges. v. 15. April 1878), nach § 18 F. u. FPG. strafbar sind, ohne Unterschied, ob eine Abtrennung bereits erfolgt war oder nicht, oder ob die Bäume, Sträucher ꝛc. eine regelmäßig wiederkehrende Nutzung gestatteten oder nicht.

Ob Saatfrüchte zu den Feldfrüchten zu rechnen sind, erscheint zweifelhaft. Das frühere preuß. Obertribunal hat zur Saat ausgelegte Kartoffeln als Feldfrüchte nicht erachtet, da sie nicht Produkte des Feldbaues, sondern nur die Mittel zur Produktion bildeten. (Urt. v. 21/5 79, G. A. 27, 209.) Von anderer Seite wird dagegen wohl nicht mit Unrecht hervorgehoben, daß auch die Saatfrüchte wieder zu Feldfrüchten oder Bodenerzeugnissen werden, sobald sich in ihnen durch die Verbindung mit dem Grund und Boden zum Zwecke organischer Entwickelung neues pflanzliches Leben bethätigt hat. (Herbst in G. A. 30, 400 ff.)

Bodenerzeugnisse — im Gegensatz zu den Garten- und Feldfrüchten — sind diejenigen pflanzlichen Produkte, welche nicht, wie die Früchte, zum Genusse bestimmt sind. Ob die betr. Pflanzen aus Samen oder Wurzelausschlag dem Boden entsprossen sind oder ihre Existenz in dem betr. Boden, auf dem sie stehen, der Pflanzung verdanken, ist gleichgültig. Urt. 1/11 92, E. 23, 269. Deßhalb hat auch das Reichsgericht auf einem Grabhügel angepflanzten und im Boden wurzelnden Epheu als Bodenerzeugniß i. S. § 18 angesehen. Urt. 26/10 82, E. 7, 190.

Auf die Entwendung von Torf findet § 18 keine Anwendung, weil derselbe Bodenbestandtheil und kein Bodenerzeugniß ist. In Uebereinstimmung mit der Rechtsprechung des früh. Obertribunals (Erk. 12/12 61, OR. 2. 147. Erk. 16/10 78, ebenda 19, 467) hat das Reichsgericht angenommen, daß auch, nachdem das F. u. FPG. an die Stelle der früheren feldpolizeil. Bestimmungen getreten ist, die Entwendung ungestochenen Torfes unter die Vorschrift des § 360 Nr. 2 StGB., die Entwendung gestochenen Torfes dagegen unter die Bestimmungen über Diebstahl fällt. Urt. 27/6 90, E. 21, 30. Vergl. Urt. 7/7 80, R. 2, 166 u. Herbst, a. a. O. S. 390.

4. Ort der Entwendung. Die Anwendung des § 18 ist davon abhängig, daß die Gartenfrüchte ꝛc. aus Gartenanlagen aller Art, Weinbergen, Obstanlagen, Baumschulen, Saatkämpen, von Aeckern, Wiesen, Weiden, Plätzen, Gewässern, Wegen oder Gräben entwendet werden. In dieser Beziehung ist zunächst zu beachten, daß das F. u. FPG. — trotz der anscheinend beschränkenden Ueberschrift — sich nicht bloß auf Forsten und Felder im engeren Sinne des Wortes, sondern nach dem Vorbilde der Feldpolizeiordnung vom 1. November 1847 § 1 „sowohl auf städtische als auch auf ländliche Orte und Feldmarken" bezieht, d. h. auf alle im Gesetze behandelten rechtswidrigen Handlungen nach ihren objektiven und subjektiven Voraussetzungen, im Uebrigen aber ohne Unterschied des Begehungsortes. (Motive.) Es ist deßhalb vollkommen unerheblich, ob die Gartenanlagen, Aecker, Plätze u. s. w. in einer Stadt oder in ländlicher Feldmark liegen. Insbesondere ist zu bemerken:

I. Kirchhöfe. In Ausdehnung der Bestimmungen des § 42 Nr. 2 und 3 der Feldpolizeiordnung v. 1. Nov. 1847, welche nur die Entwendungen „in" oder „aus Gärten" mit Strafe bedrohten, hat das F. u. FPF. seinen Schutz „Gartenanlagen aller Art" gewährt. Es kann deßhalb einem Bedenken nicht unterliegen, daß auch Kirchhöfe unter die von § 18 beherrschten Orte fallen, wenn sie im konkreten Fall eine Ausstattung haben, welche ihnen mehr oder minder den Charakter einer Gartenanlage giebt. So auch: Urt. 26/10 82, E. 7, 190. Vergl. Urt. 15/1 83 und 8/2 83, R. 5, 30 und 96. Die Entwendung von Blumen, Pflanzen ꝛc. von Gräbern eines Kirchhofs kann also unter der angegebenen Voraussetzung nach § 18 bestraft werden, und die Wegnahme der auf den Grabhügeln stehenden Bäume und Ziersträucher nach § 20 Nr. 4 strafbar sein, sofern die That nicht etwa nach § 168 StGB. als Beschädigung eines Grabes zu ahnden ist. Letzteres würde anzunehmen sein, wenn durch ein Ausgraben und Wegnehmen von Pflanzen eine Zerwühlung und Einlöcherung des

Grabhügels bewirkt wird. Vergl. Urt. 23/2 82, R. 5, 231 und Urt. 26/10 82, E. 7, 191.

II. Städtische Parkanlagen. Auch auf Entwendungen von Pflanzen, stehenden Bäumen, Frucht- und Ziersträuchern (§ 20 Nr. 4) aus solchen Anlagen ist unbedenklich § 18 bezw. die erschwerende Vorschrift des § 20 Nr. 4 anwendbar, wenn die Anlage nicht hauptsächlich zur Holznutzung bestimmt ist und also das Forstdiebstahlsgesetz zur Anwendung kommt, sondern wenn „Gattung, Alter, Bestand der Bäume, Art der Pflanzung, die Anlage, Einrichtung und Pflege des mit Bäumen besetzten Terrains nicht nach forstwirthschaftlichen Betriebsregeln, sondern nach den Gesichtspunkten des erhöhten und bequemen Naturgenusses, der Verschönerung der Landschaft und anderer Annehmlichkeiten sich richten, und demgemäß selbst bei Naturparken nicht ein Forst, sondern eine Art Gartenanlage vorliegt". So: v. Bamberg in der Deutschen Juristen-Ztg. 1880, S. 188.

III. Saatkämpen. Ueber den Begriff des Saatkamps vergl. Anm. 9 zu § 15. Da die Saatkämpen hauptsächlich zur Holzerziehung in Forsten bestimmt sind, werden Entwendungen aus denselben der Regel nach unter die Bestimmungen des Forstdiebstahlsgesetzes fallen. Indessen giebt es auch Saatkämpen, die nicht zu den im § 1 des Forstdiebst.Ges. (siehe Anm. 1 zu § 18) erwähnten Grundstücken gehören, und auf die Entwendungen aus solchen Saatkämpen findet die Strafbestimmung des § 18 Anwendung.

IV. Anlandungen der Flußufer gehören an sich nicht zu den im § 18 bezeichneten Orten. Die Entwendung stehender Weidenruthen von solchen Anlandungen wird, wenn die Nutzung des Weidenholzes als eine Hauptbestimmung der letzteren anzusehen ist, nach dem Forstdiebstahlsgesetz v. 15/4 78 zu bestrafen sein. Urt. 25/10 89, E. 20, 11.

V. Aecker und Wiesen. Früchte auf dem Felde. Die Entwendung muß von den Aeckern und Wiesen geschehen sein. Den Schutz des § 18 genießen eben nur die Früchte auf dem Felde. Zu diesen gehören aber nicht nur die noch nicht vom Boden getrennten, sondern auch die vom Boden bereits getrennten Früchte bis zu ihrer vollendeten Einheimsung. Insbesondere findet also § 18 auch Anwendung auf die Wegnahme von gesammelten und zum Zwecke der Abfuhr auf den Aeckern oder Wiesen aufgestellten Früchten, selbst wenn sie zum einstweiligen Schutz gegen Witterungseinflüsse bedeckt waren oder sich z. B. bereits auf einem zu ihrer Abfuhr bestimmten, noch auf dem Acker 2c. befindlichen Wagen befanden. Vergl. Erk. des Obertrib. 30/10 63, OR. 4, 140. Dagegen sind die Früchte jedenfalls dann nicht mehr als auf dem Felde befindliche anzusehen, wenn sie eingeheimst, d. h. an denjenigen Ort gebracht sind, welcher zu ihrer Verwahrung bis zu ihrem Verbrauch oder ihrer Verwerthung, überhaupt zu einer relativ dauernden Aufbewahrung bestimmt ist, ohne Unterschied, ob sich dieser Aufbewahrungsort auf dem Gehöft oder auf dem Felde und insbesondere auf dem

Felde, wo die Frucht gewonnen ist, befindet. Vergl. Urt. 7/2 82, E. 5, 385. Deßhalb unterliegen Entwendungen aus solchen Aufbewahrungsstätten, namentlich auch aus den bestimmungsmäßig zur längeren Aufbewahrung von Feldfrüchten dienenden Mieten, Kuhlen, Staken, Schobern u. dergl. nicht der Strafbestimmung des § 18, sondern den Diebstahlsstrafen des Strafgesetzbuchs. Dies hat das RG. insbesondere auch in dem Urt. 2/11 83, E. 9, 163 ausgesprochen. In dem diesem Urtheil zu Grunde liegenden Falle war nach der Ernte in einen Staken untergebrachtes Getreide gedroschen, aber eine Quantität davon die Nacht über auf dem Felde liegen gelassen. Von diesem Getreide waren mehrere Scheffel weggenommen. Das RG. erachtete lediglich den § 242 StGB. für anwendbar, indem es ausführte: „An der Einheimsung des Getreides wurde nichts geändert durch das Einreißen des Stakens, das gleich dem Ausdreschen nur den Zweck hatte, die bestimmungsmäßige Verwendung des Getreides zu sichern, der bereits die Aufbewahrung im Staken diente. Durch das Einreißen desselben konnte das Getreide nicht wieder zu einer Frucht auf dem Felde im Sinne des § 18 F. u. FPG. werden; und ist es auch hier nicht bezüglich der auf dem Felde verbliebenen Rückstände des Stakens geworden. Sie blieben eingeheimstes Getreide."

VI. In Gartenanlagen aufgestellte Topfpflanzen sind keine Bodenerzeugnisse; ein Blumenstock verliert die Eigenschaft eines Bodenerzeugnisses i. S. § 18, wenn er endgültig aus dem Gartenboden entnommen und in den Blumentopf verpflanzt wird. Ob der Blumentopf seinen Standort in dem Garten findet, in welchem früher die Pflanze gezogen wurde, ist gleichgültig. Urt. 30/7 94, E. 26, 101.

5. Strafantrag. Ein Strafantrag ist zur Verfolgung der nach § 18 strafbaren Entwendungen in der Regel nicht erforderlich. Nur in denjenigen Fällen, in welchen entweder die Voraussetzungen des § 247 StGB. (siehe unten § 22) oder diejenigen des § 370 Nr. 5 StGB. vorliegen, tritt die Verfolgung nur auf Antrag ein. Ueber die Stellung des Strafantrages, dessen Inhalt und Form s. oben Anm. 4 zu § 9.

Der § 370 Nr. 5 StGB. lautet: „Mit Geldstrafe bis zu einhundertundfunfzig Mark oder mit Haft wird bestraft: 5) wer Nahrungs- oder Genußmittel von unbedeutendem Werthe oder in geringer Menge zum alsbaldigen Verbrauch entwendet."

Die Voraussetzungen des § 370 Nr. 5 sind also: a) Entwendung von Nahrungs- und Genußmitteln; b) unbedeutender Werth oder geringe Menge derselben; c) Entwendung zum alsbaldigen Verbrauch. — Nahrungsmittel sind alle diejenigen Mittel, welche der Ernährung des menschlichen Körpers dienen, mag auch deren Genießbarkeit erst durch eine vorherige Zubereitung bedingt sein. Dahin gehören also auch z. B. rohe Kartoffeln (Saatkartoffeln), Urt. 24/2 80, E. 1, 233; R. 1, 385, Brotgetreide, Urt. 26/2 86, E. 13, 371; R. 8, 139; nicht aber Viehfutter Urt. 2/10 80, R. 2, 294. Genußmittel sind nur solche Gegenstände, welche — auch ohne der Ernährung zu dienen —

durch die menschlichen Organe dem Körper wirklich zugeführt und mit dem Genuß verbraucht werden. Blumen gehören deßhalb nicht zu den Genußmitteln und ebensowenig Feuerungsmaterialien, z. B. Strauchwerk u. dergl. Urt. 9/4 81, E. 4, 72; R. 3, 220 und Urt. 12/7 83, E. 9, 46; R. 5, 514. — Der Werth der Nahrungs- oder Genußmittel darf in den hier in Frage kommenden Fällen jedenfalls die Werthgrenze des § 6, d. h. den Betrag von 10 M. nicht übersteigen. Wenn die Entwendung von mehreren Personen gemeinschaftlich begangen ist, so ist der Gesammtwerth des Entwendeten und nicht der nach der Theilung auf den einzelnen Mitthäter fallende Werthstheil maßgebend. Urt. 10/5 83, E. 8, 406; R. 5, 352. Urt. 13/6 84, R. 6, 425. — Unter alsbaldigem Verbrauch ist nicht ausschließlich ein sofortiger und unmittelbarer Verbrauch zu verstehen; der Verbrauch kann vielmehr auch erst zu Hause nach der nothwendigen Zubereitung erfolgen, wie dies bei den meisten Garten- und Feldfrüchten geschehen wird. Durch die festgestellte Absicht eines allmählichen Verbrauches bezw. der Ansammlung von Vorräthen an entwendeten Nahrungs- oder Genußmitteln wird jedoch die Anwendbarkeit des § 370 Nr. 5 und damit die Nothwendigkeit eines Strafantrages in den hier in Rede stehenden Fällen stets ausgeschlossen. Urt. 25/9 83, R. 5, 545. Im Uebrigen liegen die Voraussetzungen des § 370 Nr. 5 StGB. auch dann vor, wenn die Entwendung den alsbaldigen Verbrauch durch den Anstifter oder einen sonstigen Theilnehmer bezweckte.

Ueber die Voraussetzungen des § 247 StGB. siehe unten § 22 d. G. und die Anmerkungen zu demselben.

6. **Versuch.** Der Versuch einer nach § 18 strafbaren Entwendung ist strafbar und wird nach § 8 mit der vollen Strafe der Entwendung bestraft. Ueber den Begriff des Versuchs im Allgemeinen vergl. oben Anm. 1 zu § 8. Zu bemerken ist ferner, daß die Entwendung vollendet ist, wenn die Sache aus dem fremden Gewahrsam (Garten, Weinberg u. s. w.) in den eigenen gebracht ist. Ob dies der Fall, ist eine thatsächliche Frage. Jedenfalls gehört die definitive Fortschaffung der Gartenfrüchte 2c. aus dem Garten, von dem Acker, der Wiese u. s. w. oder die Einbringung derselben in den gesicherten Besitz des Thäters nicht zum Thatbestand der vollendeten Entwendung. So wird z. B. auch schon das Einfüllen der entwendeten Gartenfrüchte 2c. in mitgebrachte Säcke zur Annahme einer vollendeten Entwendung genügen. Vergl. Urt. 22/12 80, R. 2, 660. Urt. 9/5 85, E. 12, 353; R. 7, 749. Urt. 21/10 95, E. 27, 395 u. a. Ein strafbarer Versuch der Entwendung ist u. A. schon dann anzunehmen, wenn der Thäter mit der Handlung des Wegnehmens begonnen, d. h. bereits den Arm ausgestreckt hat, um die im Bereich desselben befindlichen Gartenfrüchte 2c. an sich zu nehmen. Vergl. Urt. 9/7 80, R. 2, 179.

7. **Raubähnliche Entwendung.** Der § 252 StGB. bestimmt: „Wer, bei einem Diebstahl auf frischer That betroffen, gegen eine Person Gewalt verübt oder Drohungen mit gegen-

wärtiger Gefahr für Leib oder Leben anwendet, um sich im Besitze des gestohlenen Gutes zu erhalten, ist gleich einem Räuber zu bestrafen" (§§ 249—251 StGB.). Unter den Begriff des Diebstahls i. S. § 252 fallen auch die nach §§ 18 ff. strafbaren Entwendungen Urt. 5/3 86, E. 13, 391; R. 8, 155.

§ 19

Geldstrafe von fünf bis zu einhundertundfunfzig Mark oder Haft tritt ein, wenn die nach § 18 strafbare Entwendung begangen wird

1) unter Anwendung eines zur Fortschaffung größerer Mengen geeigneten Geräthes, Fahrzeuges oder Lastthieres;
2) unter Benutzung von Aexten, Sägen, Messern, Spaten oder ähnlichen Werkzeugen;
3) aus einem umschlossenen Raume mittelst Einsteigens;
4) gegen die Dienstherrschaft oder den Arbeitgeber;
5) an Kien, Harz, Saft, Wurzeln, Rinde oder Mittel- (Haupt-) Trieben stehender Bäume, sofern die Entwendung nicht als Forstdiebstahl strafbar ist.

1. Allgemeines zu den §§ 19, 20 und 21. In den §§ 19, 20 und 21 sind die erschwerenden Umstände, welche bei Verübung der nach § 18 strafbaren Entwendungen eintreten können, einzeln bezeichnet. Für die verschiedenen Arten derselben ist je nach der Schwere derselben ein bestimmtes Strafmaß festgesetzt. Zu beachten ist, daß die Zuwiderhandlungen gegen die §§ 20 und 21 Vergehen im Sinne des StGB. sind, was für die Frage nach der Verjährung derselben von besonderer Wichtigkeit ist. Siehe unten § 55.

2. Anwendung von Geräthen, Fahrzeugen oder Lastthieren. Zur Anwendung der höheren Strafe des § 19 muß schon die zufällige und gelegentliche Anwendung der vorbezeichneten Transportmittel für ausreichend erachtet werden. Daß die letzteren zum Zwecke der Entwendung mitgebracht sind (§ 3 Nr. 6 des Forstdiebstahlsges. v. 15. April 1878), ist nicht erforderlich. Ebensowenig ist es nothwendig, daß die Geräthe u. s. w. an und für sich zur Fortschaffung größerer Mengen von Feldfrüchten u. s. w. (§ 18) bestimmt sind.

Als Fahrzeug ist übrigens auch ein Kahn anzusehen, wenngleich derselbe hier nicht, wie im § 3 Nr. 6 des Forstdiebstahlsges. ausdrücklich neben dem Fuhrwerk hervorgehoben ist.

3. Aexte, Sägen u. s. w. und ähnliche Werkzeuge. Als ähnliche Werkzeuge sind nicht bloß schneidende Werkzeuge im Sinne des § 3 Nr. 4 des Forstdiebstahlsges. (Scheeren, Heppen u. s. w.), sondern auch Hauwerkzeuge (Beil, Hacke u. s. w.) anzusehen.

4. Umschlossener Raum. Unter einem umschlossenen Raum ist ein begrenzter Theil der Erdfläche zu verstehen, der mit einer Umschließung versehen ist, welche dazu bestimmt und geeignet ist, das unbefugte Eindringen von Menschen zu hindern. Daß die Umschließung unbeweglich und mit dem Erdboden fest und dauernd verbunden sei, ist nicht erforderlich, und ebensowenig wird der Begriff des umschlossenen Raumes durch das Vorhandensein unverschlossener Eingänge ausgeschlossen. Für die Anwendung des § 19 Nr. 3 ist es im letztgedachten Falle gleichgültig, ob der Thäter wußte, daß zur Zeit der Entwendung ein solcher unverschlossener Eingang vorhanden war. Vergl. Urt. v. 19/2 84, E. 10, 103; R. 6, 137. Urt. 25/4 81, E. 4, 164. Urt. 29/8 82, R. 4, 696. Urt. 2/8 11 82, E. 7, 263; R. 4, 852. Urt. 19/3 86, E. 13, 425; R. 8, 207 u. a. Daß auch ein Flußlauf als eine ausreichende Umschließung zur Herstellung eines umschlossenen Raumes selbst dann angesehen werden kann, wenn die Tiefe des Flusses ein Durchwaten desselben und in solcher Weise den Eintritt in den Raum gestattet, hat das Obertrib. in dem Urt. 12/11 78 angenommen, GA. 26, 520. Auch mehrere in ihrer Gemeinschaft nach Außen hin umfriedigte Gärten verschiedener Eigenthümer können einen umschlossenen Raum bilden. Urt. 21/5 83, R. 7, 320.

5. Einsteigen. Der Begriff des Einsteigens erfordert, daß der Thäter von Außen unter Ueberwindung der in Anm. 4 erwähnten Abschließungsvorrichtungen (Mauer, Graben, Hecke oder sonstige Einfriedigung) auf einem zum ordnungsmäßigen Eintritt nicht bestimmten Wege in den umschlossenen Raum gelangt ist. Ob das Eindringen durch Steigen, Springen, Sichherablassen oder Hindurchkriechen bewirkt wird, ist gleichgültig, sobald eben nur durch eine dieser Thätigkeiten besondere Schwierigkeiten oder Hindernisse überwunden werden. Urt. 8/10 86, R. 8, 601. Urt. 21/1 86, E. 13, 257. Urt. 14/6 93, GA. 41, 267. Immer wird jedoch ein Betreten des Inneren des umschlossenen Raumes erfordert; das bloße Emporsteigen an der Einfriedigung und Hineinlangen in den umschlossenen Raum zum Zweck des Entwendens genügt nicht. Urt. 14/5 81, E. 4, 175; R. 3, 302. Im Uebrigen liegt ein Einsteigen in einen umschlossenen Raum auch dann vor, wenn innerhalb eines größeren umschlossenen Raumes — wie dies bei Gartenanlagen z. B. durch eine Trennung des Ziergartens vom Gemüsegarten nicht selten der Fall ist — mehrere Abtheilungen vorhanden sind und der Thäter nur in eine dieser Abtheilungen von Außen eingestiegen, von dort aus aber ohne nochmaliges Einsteigen in eine andere Abtheilung gelangt ist und in dieser die Entwendung verübt hat. Urt. Obertrib. 4/10 77, GA. 25, 542.

6. Dienstherrschaft und Arbeitgeber. Wenn der Thäter sich bei der Dienstherrschaft oder dem Arbeitgeber als Gesinde in deren häuslicher Gemeinschaft befindet, so kann er nur auf Antrag verfolgt werden. Vergl. § 22 d. G. bezw. § 247 StGB.

7. Entwendung von Kien, Harz, Saft u. s. w. Die Entwendung von Kien, Harz, Saft (Birkensaft) u. s. w. ist als Forstdiebstahl strafbar, wenn dieselbe in einem Forst oder auf einem anderen hauptsächlich zur Holznutzung bestimmten Grundstück verübt ist. Vergl. § 3 Nr. 8 Forstdiebst.Ges. Unter Kien versteht man besonders harzreiche Theile des Kiefernholzes, die zur Theerschwelerei, zur Kienrußbrennerei, zum Feueranzünden (Späne) und als Beleuchtungsmaterial (Leuchtfeuer der Fischer beim Krebsen) gebraucht werden. Harz ist an offenen Stellen der Rinde von Nadelhölzern ausgeschwitzter Saft. Unter Rinde ist hier nur die Rinde von stehenden Bäumen zu verstehen im Gegensatz zu der durch Zufall (Blitzschlag, Trockenheit) oder bei der Holzkulturarbeit unabsichtlich vom Holze getrennten Borke. Wurzeln, besonders von Kiefern, werden zur Korbflechterei; Mitteltriebe von Nadelhölzern zu Quirlen verwendet. Vergl. § 1 Nr. 3 Forstdiebst.Ges. und Urt. Obertrib. 21/12 54, JMBl. 1855 S. 79.

8. Strafantrag. Auch zur Verfolgung der im § 19 vorgesehenen Entwendungen bedarf es — abgesehen von den Fällen des § 22 d. G. bezw. des § 247 StGB. — der Regel nach eines Strafantrages nicht. Wenn jedoch die Voraussetzungen des § 370 Nr. 5 StGB. (siehe oben Anm. 5 zu § 18) vorliegen, so kann auch hier die Verfolgung nur auf Antrag eintreten, da auch der § 19 eine nach § 18 strafbare Entwendung voraussetzt und also auch hier die einschränkende Vorschrift des § 18 Abs. 2 Platz greifen muß. Die Bestrafung hat jedoch in diesen Fällen nicht nach § 370 Nr. 5 StGB., sondern stets nach § 19 d. G. zu erfolgen. Vergl. Urt. 13/5 87, E. 16. 63.

9. Versuch. Siehe hierüber Anm. 6 zu § 18. Das dort Bemerkte trifft auch hinsichtlich der nach § 19 strafbaren Entwendungen zu.

§ 20.

Gefängnißstrafe bis zu drei Monaten tritt ein, wenn die nach § 18 strafbare Entwendung begangen wird

1) unter Mitführung von Waffen;
2) aus einem umschlossenen Raume mittelst Einbruchs;
3) dadurch, daß zur Eröffnung der Zugänge eines umschlossenen Raumes falsche Schlüssel oder andere zur ordnungsmäßigen Eröffnung nicht bestimmte Werkzeuge angewendet werden;
4) durch Wegnahme stehender Bäume, Frucht- oder Ziersträucher, sofern die Entwendung nicht als Forstdiebstahl strafbar ist;

5) von dem Aufseher in dem seiner Aufsicht unterstellten Grundstücke.

Sind mildernde Umstände vorhanden, so kann auf Geldstrafe von fünf bis zu dreihundert Mark erkannt werden.

1. **Waffen.** Der Begriff der Waffe ist hier nicht in dem technischen Sinn eines Werkzeuges, welches zur Beibringung von Verletzungen bestimmt ist, sondern in dem weiteren Sinn eines Werkzeuges gebraucht, mittels dessen mechanischer Einwirkung auf den Körper eines Anderen eine Verletzung desselben herbeigeführt werden kann. Unter der Mitführung ist hier, wie im § 243 Nr. 5 StGB., nur das bewußte Innehaben einer Waffe bei Begehung der That zu verstehen; der auch nur eventuelle Vorsatz des Gebrauches der Waffe gegen Menschen genügt. Vergl. Urt. 1/10 83, R. 5, 558. Urt. 24/2 85, E. 72, 69. Urt. 7/12 96, E. 29, 228. Selbstverständlich genügt die Mitführung einer einzigen Waffe. Wenn die Entwendung von mehreren Personen gemeinschaftlich begangen ist, so werden auch diejenigen unbewaffneten Theilnehmer, welche von dem Waffenführen der Genossen Kenntniß hatten, nach § 20 zu bestrafen sein. Vergl. Urt. Obertrib. 16/5 76, GA. 24, 466.

2. **Umschlossener Raum.** Vergl. hierüber Anm. 4 zu § 19.

3. **Einbruch.** Der Begriff des Einbruchs erfordert, daß der Thäter von Außen einen Zugang zu dem umschlossenen Raum gewaltsam eröffnet. Daß durch die aufgewendete Kraftanstrengung die Substanz der Umschließung oder ihr mechanischer Zusammenhang verletzt wird, so daß sichtbare Spuren der Einwirkung zurückbleiben, ist nicht erforderlich. Es ist deßhalb z. B. auch Einbruch anzunehmen, wenn Jemand zum Zwecke der Entwendung aus einem mit einem festen Bretterzaun umschlossenen Raum die Flügel der in diesem Zaun befindlichen verschlossenen Thür mit Gewalt auseinanderbiegt und durch die dadurch bewirkte Spalte Eintritt in den umschlossenen Raum nimmt. Im Uebrigen wird der Thatbestand einer mittels Einbruchs verübten Entwendung dadurch nicht ausgeschlossen, daß der umschlossene Raum nicht überall verschlossen war, die Ausführung des Diebstahls also auch ohne Anwendung von Gewalt möglich gewesen sein würde. Die Entwendung muß ferner auch im Falle des § 20 Nr. 2 stets im Inneren des umschlossenen Raumes verübt sein; doch ist es nicht nöthig, daß der Thäter mit seinem ganzen Körper durch die gemachte Oeffnung in das Innere eindringt; es genügt auch, wenn die Wegnahme durch Hineinlangen geschieht. Urt. 25/9 96, E. 29, 70. Urt. 18/5 97, E. 30, 122. Hat endlich der Thäter eine Entwendung mittels Einbruchs begangen, bei einer späteren selbstständigen Entwendung aber nur die bei der früheren Entwendung gebrochene Oeffnung in die Umschließung wiederum zum Eintritt in den umschlossenen Raum benutzt, so kann die spätere

Entwendung nicht als eine durch Einbruch verübte angesehen werden. Vergl. Urt. des Obertrib. v. 21/3 78, GA. 26, 210.

4. Falsche Schlüssel u. s. w. Der Begriff der Eröffnung eines Zugangs zu einem umschlossenen Raum mittels falschen Schlüssels erfordert, daß der betr. Zugang durch ein Schloß, nicht durch einen bloßen Riegel oder dergl. verschlossen ist. Das Begriffsmerkmal, welches für die Anwendung des § 20 Nr. 3 den falschen Schlüssel von dem richtigen unterscheidet, besteht darin, daß ersterem die Bestimmung, zur Eröffnung des Schlosses, welches mit ihm behufs Ausführung der Entwendung geöffnet ist, zu dienen, von dem zur Ertheilung solcher Bestimmung berufenen Besitzer des betr. umschlossenen Raumes nicht ertheilt war. Daher liegt eine Entwendung mittelst falschen Schlüssels auch dann vor, wenn zur Eröffnung des Zugangs ein verloren gegangener richtiger, aber bereits durch einen neuen ersetzter Schlüssel benutzt wurde. Ein fremder Schlüssel, welchen der Eigenthümer eines umschlossenen Raumes zeitweise zur Eröffnung desselben benutzt, bleibt trotzdem für jeden Dritten ein falscher Schlüssel, und im Allgemeinen kommt es endlich bei Beantwortung der Frage, ob ein Schlüssel der richtige oder der falsche gewesen ist, ausschließlich auf den Zeitpunkt an, in welchem der betr. Schlüssel zur Ausführung der Entwendung gebraucht ist. Vergl. Urt. 23/9 81, E. 5, 17; 12/4 82, E. 6, 157; R. 4, 312; 21/9 81, E. 4, 414 u. a.

Unter anderen, zur ordnungsmäßigen Eröffnung nicht bestimmten Werkzeugen sind nur solche zu verstehen, welche, wie z. B. Haken, Dietriche u. s. w., zur Bewegung des Verschlußmechanismus angewendet werden. Ein vom Inhaber des umschlossenen Raumes selbst zur Eröffnung desselben verwendetes „anderes Werkzeug" kann übrigens sehr wohl den sonst gebräuchlichen Schlüssel ersetzen und ist dann ebensowenig wie der richtige Schlüssel als ein Diebesinstrument anzusehen, dessen Anwendung die Entwendung zu einer nach § 20 Nr. 3 strafbaren macht. Anders liegt die Sache, wenn die Anwendung solcher „anderen Werkzeuge" (Haken u. dergl.) von dem Besitzer nur zeitweise zum Oeffnen des Zugangs gestattet war, diese Erlaubniß aber zurückgenommen ist oder sonst aufgehört hat. In solchen Fällen würde event. wieder eine Eröffnung mittels eines zur ordnungsmäßigen Eröffnung nicht bestimmten Werkzeuges vorliegen. Vergl. Urt. 28/2 81, E. 3, 360. Urt. 16/2 97, E. 29, 388.

Der Anstifter zu einer nach § 20 Nr. 3 strafbaren Entwendung muß die Eigenschaft des Schlüssels oder Werkzeugs als eines falschen oder zur ordnungsmäßigen Eröffnung nicht bestimmten gekannt haben; und es kann endlich auch nicht zweifelhaft sein, eine Entwendung mittels falschen Schlüssels 2c. auch dann anzunehmen, wenn der Thäter den falschen Schlüssel 2c. durch einen unbetheiligten, gutgläubigen Dritten hat anwenden lassen. Vergl. Urt. 23/9 81, E. 5, 17. Urt. 12/7 82, R. 4, 689.

5. Wegnahme stehender Bäume u. s. w. Die Wegnahme (Entwendung) stehender Bäume, Frucht- oder Ziersträucher ist als Forstdiebstahl strafbar, wenn sie in einem Forst oder auf einem anderen hauptsächlich zur Holznutzung bestimmten Grundstücke geschieht. § 1 Nr. 1 Forstdiebst.Ges.

6. **Aufseher.** Zu den Aufsehern i. S. § 20 Nr. 5 sind auch die Feldhüter und die mit den Befugnissen der Feldhüter ausgestatteten Forstbeamten (§ 63) zu rechnen. Im Uebrigen setzt die Stellung als Aufseher nur eine gewisse selbstständige Thätigkeit voraus; einer besonderen Form für die Bestellung bedarf es ebensowenig, wie etwa einer Verpflichtung oder Beeidigung.

7. **Mildernde Umstände.** Der § 266 Abs. 3 StPO. bestimmt: „Macht das Strafgesetz die Anwendung einer geringeren Strafe von dem Vorhandensein mildernder Umstände im Allgemeinen abhängig, so müssen die Urtheilsgründe die hierüber getroffene Entscheidung ergeben, sofern das Vorhandensein solcher Umstände angenommen, oder einem in der Verhandlung gestellten Antrage entgegen verneint wird."

8. **Strafantrag.** Die nach § 20 strafbaren Entwendungen sind nur auf Antrag zu verfolgen, in den Fällen des § 247 StGB. (s. § 22 d. G.) und wenn die Voraussetzungen des § 370 Nr. 5 StGB. vorliegen. Vergl. hierüber oben Anm. 8 zu § 19 und insbesondere Urt. 13/5 87, E. 16, 63.

9. **Versuch.** Siehe hierüber Anm. 6 zu § 18. Das dort Bemerkte trifft auch hinsichtlich der nach § 20 strafbaren Entwendungen zu.

§ 21.

Auf Gefängnißstrafe von einer Woche bis zu Einem Jahre ist zu erkennen:

1) wenn im Falle einer Entwendung der Schuldige sich im dritten oder ferneren Rückfalle befindet;
2) wenn die Hehlerei gewerbs- oder gewohnheitsmäßig begangen ist.

1. **Rückfall.** Ueber den Begriff des Rückfalls im Sinne dieses Gesetzes vergl. Anm. 1 zu § 3. Bei Feststellung des Thatbestandes des dritten oder ferneren Rückfalls ist zu beachten, daß nach der Vorschrift des § 3 in Beziehung auf den Rückfall die Entwendung, der Versuch einer solchen und die Theilnahme, Begünstigung und Hehlerei in Beziehung auf eine solche Entwendung als gleichartige strafbare Handlungen angesehen werden, so daß also dritter oder fernerer Rückfall auch dann anzunehmen ist, wenn die strafbare Handlung in den früheren oder späteren oder in allen Fällen sich nicht als Entwendung, sondern als Versuch, Theilnahme, Begünstigung oder Hehlerei darstellt.

2. **Gewerbs- oder gewohnheitsmäßige Hehlerei.** Ueber den Begriff der Hehlerei im Allgemeinen vergl. oben Anm. 3 zu § 8. —

Zur Annahme einer Gewerbsmäßigkeit der Hehlerei ist erforderlich, daß die Absicht des Hehlers von vornherein auf fortgesetzte Hehlerei des eigenen Vortheils wegen, d. h. auf einen in Vermögensvortheilen bestehenden fortgesetzten Erwerb gerichtet war. Auch eine einzelne in dieser Absicht begangene Hehlerei kann zur Erfüllung des Thatbestandes gewerbsmäßiger Hehlerei insofern ausreichen, als sie den auf ihre Wiederholung gerichteten Erwerbswillen bethätigt, und ebenso kann in der Thatsache der Wiederholung des Vergehens der einfachen Hehlerei der Thatbestand der gewerbsmäßigen Hehlerei gefunden werden. Daß der erstrebte dauernde Erwerb eingetreten sei, wird nicht erfordert. Vergl. Urt. 2/2 81, R. 3, 4. Urt. 1/11 81, R. 3, 669. Urt. 25/1 83, R. 5, 59 u. a.

Die Gewohnheitsmäßigkeit der Hehlerei ist bedingt durch eine mehrmalige, aus einer allgemeinen Geneigtheit (einem Hange) hervorgegangene Verübung derselben. Gleichgültig ist es, ob einzelne Fälle der Hehlerei schon für sich abgeurtheilt sind oder außerhalb der Verjährungsfrist liegen. Unerheblich ist es auch, ob mehrere konkrete Einzelhandlungen noch förmlich thatsächlich festgestellt werden können. Es genügt vielmehr, wenn der Richter bei Feststellung des einzelnen der Anklage zu Grunde liegenden Falles seine Ueberzeugung dahin ausspricht, daß der Angeklagte sich außerdem auch anderer gleichartiger Handlungen schuldig gemacht habe, aus welchen seine Geneigtheit zur Hehlerei hervorgehe. Vergl. Urt. Obertrib. v. 26/9 66 und Urt. 8/9 70, OR. 7, 494 und 11, 440.

Mit der Annahme gewerbs- oder gewohnheitsmäßiger Hehlerei wird die Anwendbarkeit des § 74 StGB. (reale Konkurrenz) auf die für diese Annahme herangezogenen Einzelfälle ausgeschlossen. Im Uebrigen sind Gewerbs- und Gewohnheitsmäßigkeit persönliche Eigenschaften im Sinne des § 50 StGB. Die härtere Strafe des § 21 Nr. 2 F. u. FPG. trifft daher von zwei Personen, welche sich derselben Hehlerei schuldig gemacht haben, nur diejenige, welche gewerbs- oder gewohnheitsmäßig handelte. Zur Anwendung des § 21 Nr. 2 auf den Gehülfen genügt es also nicht, daß derselbe durch fortgesetzte Thätigkeit die gewerbsmäßige Hehlerei des Thäters fördert, sondern der Gehülfe selbst muß gewerbsmäßig also mit der Absicht handeln, aus seiner Thätigkeit für sich selbst einen dauernden Erwerb zu erzielen. Vergl. Beschl. Ver. Straff. 18/4 94, E. 25, 266.

§ 22.

Bei Entwendungen (§§ 18 bis 21) finden die Bestimmungen des § 247 des Strafgesetzbuchs entsprechende Anwendung.

1. **Allgemeines.** Die Bestimmmungen des § 247 StGB. lauten:

„Wer einen Diebstahl oder eine Unterschlagung gegen Angehörige, Vormünder oder Erzieher begeht, oder wer einer Person zu der er im Lehrlingsverhältnisse steht, oder in deren häuslicher Gemeinschaft er als Gesinde sich befindet, Sachen von unbedeutendem Werthe stiehlt oder unterschlägt, ist nur auf Antrag zu verfolgen. Die Zurücknahme des Antrages ist zulässig.

Ein Diebstahl oder eine Unterschlagung, welche von Verwandten aufsteigender Linie gegen Verwandte absteigender Linie oder von einem Ehegatten gegen den anderen begangen worden ist, bleibt straflos.

Diese Bestimmungen finden auf Theilnehmer oder Begünstiger, welche nicht in einem der vorbezeichneten persönlichen Verhältnisse stehen, keine Anwendung."

Was also in diesen Bestimmungen des § 247 StGB. in Betreff der Verfolgbarkeit des Diebstahls und der Unterschlagung vorgeschrieben ist, gilt auch hinsichtlich der Verfolgbarkeit einer Entwendung. Auch sie ist nur auf Antrag zu verfolgen, wenn sie gegen Angehörige, Vormünder oder Erzieher begangen oder an Gartenfrüchten 2c. von unbedeutendem Werth gegen Personen verübt ist, zu denen der Thäter im Lehrlingsverhältnisse stand, oder in deren häuslicher Gemeinschaft er als Gesinde sich befand. Desgleichen finden die Abs. 2 und 3 des § 247 StGB. auf Entwendungen entsprechende Anwendung, wobei zu bemerken ist, daß die Vorschrift des Abs. 3 sich unzweifelhaft auch auf den Hehler erstreckt, so daß z. B. die aus § 247 Abs. 2 StGB. bezw. § 22 d. G. herzuleitende Straflosigkeit der Ehefrau, welche ihrem Ehemann Gartenfrüchte 2c. entwendet hat, auf die Strafbarkeit des Hehlers der entwendeten Bodenerzeugnisse einflußlos sein würde.

Die Zulässigkeit der Zurücknahme des Strafantrages ergiebt sich übrigens für die Entwendungen auch aus § 61 d. G., der ganz allgemein bestimmt, daß in allen Fällen, wo nach dem F. u. FPG. die Verfolgung nur auf Antrag eintritt, die Zurücknahme des Antrags zulässig sein soll. Hierbei ist jedoch hervorzuheben, daß die Zurücknahme eines nach § 247 Abs. 1 StGB. gestellten Antrags die Strafverfolgung von Betheiligten nicht ausschließt, welche in keinem der im § 247 Abs. 1 bezeichneten Verhältnisse stehen. Vergl. Urt. 19/12 81, E. 5, 274.

Im Allgemeinen ist endlich noch zu bemerken, daß eine Entwendung gegen Angehörige 2c., die Herrschaft oder den Lehrherrn nur dann begangen ist, wenn der Angehörige 2c. allein durch die Entwendung verletzt ist. Nur in diesem Falle bedarf es eines Strafantrages. Wenn dagegen der unmittelbar Verletzte (Inhaber) und der Eigenthümer der entwendeten Sache verschiedene Personen sind, so ist die Entwendung gegen beide Personen begangen, und es bedarf dann, wenn nur einer von ihnen ein Angehöriger 2c. des Thäters ist, keines Strafantrages. Dasselbe gilt, wenn die entwendeten Bodenerzeugnisse in gemeinschaftlichem Gewahrsam und Eigenthum zweier Personen standen, von welchen nur die eine ein Angehöriger rc. des Thäters war. Vergl. Urt. 30/6 94, E. 26, 43 u. a.

2. **Angehörige.** Ueber den Begriff der Angehörigen vergl. Anm. 4 zu § 8. Bei Entwendungen gegen Angehörige tritt die Verfolgung ohne Rücksicht auf den Werth der entwendeten Sachen stets nur auf Antrag ein.

3. **Vormünder und Erzieher.** Vormünder im Sinne des § 247 StGB. sind nur diejenigen Personen, welchen durch Uebertragung des Rechtes und der Pflicht zur Beaufsichtigung der Person und zu persönlicher Pflege und Fürsorge ein Autoritätsverhältniß über den Pflegebefohlenen eingeräumt ist, nicht auch diejenigen, die nur für eine bestimmte Rechtshandlung oder zur Aufsicht über das Vermögen bestellt sind. Urt. 9/12 86, E. 15, 172; R. 8, 737. Vergl. §§ 1773 ff. BGB. — Unter Erziehern sind diejenigen Personen zu verstehen, welchen die ganze Leitung der körperlichen und sittlichen Ausbildung eines Anderen berufsmäßig übertragen ist, ohne daß es sich, wie bei dem Lehrer, nur um Unterweisung in einem bestimmten Fach handelt. Vergl. Urt. 27/4 1882, E. 6, 233; R. 4, 395; GA. 19, 815. Auch eine Person, welche von der Behörde ein Kind in Pflege oder zur Zwangserziehung erhalten hat, ist als Erzieher im Sinne des § 247 StGB. anzusehen. Urt. 19/10 94, GA. 42, 389. Urt. 20/6 98, E. 31, 203. — Auch bei Entwendungen gegen Vormünder und Erzieher tritt die Verfolgung ohne Rücksicht auf den Werth der entwendeten Sachen stets nur auf Antrag ein.

4. **Lehrlinge und Gesinde.** Häusliche Gemeinschaft. Als Lehrling ist Jeder zu betrachten, welcher bei einem Lehrherrn zur Erlernung eines Gewerbes — Handwerks oder Fabrikgewerbes — in Arbeit tritt und dadurch der väterlichen Zucht des Lehrherrn unterworfen wird, ohne Unterschied, ob die Erlernung gegen Lehrgeld oder unentgeltliche Hülfsleistung stattfindet, ob für die Arbeit Lohn oder Kost gewährt wird, oder ob der Lehrling sich in häuslicher Gemeinschaft mit dem Lehrherrn befindet oder nicht. Für den Begriff des Gesindes ist die Gesinde-Ordnung v. 8/11 1810 maßgebend, wonach entscheidend ist die Annahme zur Dienstleistung im Hausstande, d. h. für die Person des Dienstherrn und seiner Familie bezw. bei landwirthschaftlichem Gesinde in der zum Hausstande gehörigen Wirthschaft. Vergl. Urt. 19/10 97, GA. 45, 439. — Häusliche Gemeinschaft liegt vor, wenn das Gesinde mit dem Bestohlenen so zusammenwohnt, wie dies unter Angehörigen einer Familie zu geschehen pflegt.

§ 23.

In den Fällen der §§ 18 bis 21 sind neben der Geldstrafe oder der Freiheitsstrafe die Waffen (§ 20), welche der Thäter bei der Zuwiderhandlung bei sich geführt hat, einzuziehen, ohne Unterschied, ob sie dem Schuldigen gehören oder nicht.

In denselben Fällen können die zur Begehung der strafbaren Zuwiderhandlung geeigneten Werkzeuge, welche der Thäter bei der Zuwiderhandlung bei sich geführt hat, eingezogen werden, ohne Unterschied, ob sie dem Schuldigen gehören oder nicht. Die Thiere und andere zur Wegschaffung des Entwendeten dienenden Gegenstände, welche der Thäter bei sich führt, unterliegen nicht der Einziehung.

1. **Allgemeines.** Das Gesetz hat es für erforderlich erachtet, ausdrückliche Vorschriften über die Einziehung zu geben, weil der § 40 StGB. die Einziehung nur bei Verbrechen und Vergehen, nicht auch bei Uebertretungen gestattet, während auch bei den letzteren auf dem Gebiete der Feld- und Forstfrevel sich dieselbe stets als ein bewährtes Mittel zum Schutze der Felder und Forsten erwiesen hat. Abweichend von den allgemeinen Bestimmungen im § 40 des Strafgesetzbuchs ist die Einziehung ohne Rücksicht darauf zugelassen, ob die betreffenden Gegenstände dem Schuldigen gehören oder nicht. (Mot. S. 33.)

Die Einziehung ist — abgesehen von der Einziehung von Holz im Falle des § 43 — überhaupt nur zulässig in den Fällen der §§ 18 bis 21, des § 33, § 36 Nr. 1 und § 40 Nr. 1 des gegenwärtigen Gesetzes; sie muß ausgesprochen werden in den Fällen der §§ 18 bis 21 in Betreff der Waffen, welche der Thäter bei der Zuwiderhandlung bei sich geführt hat, und in den Fällen des § 33.

Dem allgemeinen Grundsatz des § 42 StGB. entsprechend, kann in denjenigen Fällen, wo die Verfolgung oder Verurtheilung einer bestimmten Person nicht ausführbar ist, die Einziehung auch selbstständig verhängt werden, und zwar ist diese selbstständige Verhängung der Einziehung nicht nur auf Fälle der wegen der Vergehen gegen die §§ 20 und 21 dieses Gesetzes zu erkennenden Einziehung zu beschränken, sondern auch bei den Uebertretungen der §§ 18, 20, 23, 36 Nr. 1 und 40 Nr. 1 d. G. gestattet.

2. **Verfahren bei der Einziehung.** Die Einziehung der betreffenden Gegenstände ist in dem Urtheil, dem amtsrichterlichen Strafbefehl oder in der polizeilichen Strafverfügung auszusprechen. Vergl. § 40 Abs. 2 StGB., § 447 Abs. 2 und § 453 Abs. 2 StPO.

Der einzuziehende Gegenstand ist in dem die Einziehung aussprechenden Urtheil u. s. w. genau zu bezeichnen; ein nur allgemein auf „Einziehung der Waffen, welche der Thäter bei sich geführt hat," lautender Ausspruch würde unwirksam und insbesondere nicht vollstreckbar sein.

In den Fällen, in welchen auf Einziehung selbstständig erkannt werden kann, ist der Antrag, sofern die Entscheidung nicht in Verbindung mit einem Urtheil in der Hauptsache erfolgt, Seitens des Amtsanwalts bei demjenigen Gerichte zu stellen, welches für die Verfolgung einer bestimmten Person zuständig sein würde. (§ 477 StPO.) Die Verhandlung und Entscheidung erfolgt in einem Termine, auf welchen die Bestimmungen der Strafprozeßordnung über die Hauptverhandlung entsprechende Anwendung finden. Personen, welche einen rechtlichen Anspruch auf den Gegenstand der Einziehung haben, sind, soweit dies ausführbar erscheint, zu dem Termine zu laden. Dieselben können alle Befugnisse ausüben, welche einem Angeklagten zustehen, sich auch durch einen mit schriftlicher Vollmacht versehenen Vertheidiger vertreten lassen. Durch ihr Nichterscheinen wird das Verfahren und die Urtheilsfällung nicht aufgehalten. Die Rechtsmittel gegen das Urtheil stehen dem Amtsanwalt und den vorerwähnten Personen zu.

Die Einziehung ist ihrer Natur nach eine Vermögensstrafe. Die Vollstreckung derselben erfolgt in Feld- und Forstpolizeisachen durch das Amtsgericht als der für diese Sachen zuständigen Behörde (Allg. Verf. des J.-Min. v. 14. Aug. 1879 betr. Strafvollstreckungen &c., JMBl. S. 237), und zwar in Gemäßheit der in den §§ 846 ff. der Civilprozeßordnung über die Zwangsvollstreckung zur Erwirkung der Herausgabe von Sachen gegebenen Vorschriften. Vergl. § 495 StPO. Falls also der einzuziehende Gegenstand nicht schon vor Erlaß des Urtheils mit Beschlag belegt war, ist der Gerichtsvollzieher mit der Wegnahme desselben zu beauftragen. Wenn der einzuziehende Gegenstand nicht vorzufinden ist, so kann das Amtsgericht von dem zur Herausgabe der Sache Verpflichteten die Leistung eines Offenbarungseides dahin erfordern: „daß er die Sache nicht besitze, auch nicht wisse, wo sich dieselbe befinde." Zuständig für die Abnahme dieses Eides ist dasjenige Amtsgericht, in dessen Bezirk der zur Eidesleistung Verpflichtete seinen Wohnsitz oder in Ermangelung eines solchen seinen Aufenthalt hat. Das Verfahren regelt sich im Uebrigen nach den Vorschriften der §§ 900 bis 914 CPO. Vergl. auch die Allg. Verf. des J.-Min. v. 28. Nov. 1869, betr. die Vollstreckung der Straferkenntnisse hinsichtl. der Konfiskate in Untersuchungen wegen unberechtigten Jagens. JMBl. S. 435. — Die Vollstreckung der Einziehung kann unbedenklich auch gegen die Erben bezw. gegen den Nachlaß erfolgen. In Betreff der Vollstreckung gegen dritte Personen vergl. die §§ 727, 886 CPO.

3. Verfahren mit den eingezogenen Gegenständen. Ueber die Ausführung der Einziehung in Feld- und Forstpolizeisachen fehlt es an besonderen Bestimmungen. Es erscheint jedoch unbedenklich, die Grundsätze, welche für die Behandlung der in Forstdiebstahlssachen eingezogenen Gegenstände in der Cirkularverf. des Fin.-Min. v. 1. Sept. 1853 und in den Allg. Verfügungen des J.-Min. v. 6. Okt. 1883 bezw. v. 28. Febr. 1860 (JMBl. 1853 S. 370 u. 1860 S. 91) aufgestellt sind, in analoger Anwendung auch für die Konfiskate in Feld- und Forstpolizeisachen für maßgebend zu erachten. Danach wird man auch hier unterscheiden müssen zwischen: A) werthvolleren Gegenständen und solchen, deren Verkauf und Rückkehr in den Gebrauch ohne überwiegende Nachtheile für zulässig zu erachten ist, und B) werthlosen Gegenständen und solchen, deren Verkauf und Rückkehr in den Gebrauch aus polizeilichen Gründen nicht angemessen, deren Vernichtung vielmehr rathsam ist. Zu den letzteren sind nicht nur diejenigen zu rechnen, welche nach ihrer Konstruktion speziell für Feld- und Forstfrevel gefertigt sind, sondern auch solche, welche zur Begehung von Zuwiderhandlungen gegen das F. u. FPG. fernerhin gebraucht werden können (Sägen, Messer, Haken zum Abreißen der Aeste, Beile, Aexte, Hippen, Sicheln, Rechen u. s. w.). In der Allg. Verf. v. 28. Febr. 1860 wird in dieser Beziehung vollkommen zutreffend hervorgehoben, daß der Verlust der zur Begehung der Feld- und Forstfrevel gebrauchten Werkzeuge der Erfahrung nach sehr oft empfindlicher sei und von der Wiederholung mehr abschrecke, als die geringe Geld- oder Freiheitsstrafe. Diese Wirkung der Konfiskation wird aber aufgehoben oder doch erheblich geschwächt, wenn die Verurtheilten bei dem von der Behörde angeordneten Verkauf der ihnen abgenommenen Werkzeuge Gelegenheit finden, dieselben um einen geringen Kostenpreis wieder zu erlangen.

4. Waffen. Die Einziehung der Waffen, welche der Thäter bei der Zuwiderhandlung, d. h. bei der Entwendung in den Fällen der §§ 18 bis 21 bei sich geführt hat, muß erfolgen. Es genügt, daß der Thäter die Waffen bei sich geführt hat; es ist nicht erforderlich, daß von den Waffen Gebrauch gemacht ist.

Ueber den Begriff der Waffe vergl. oben Anm. 1 zu § 20.

5. Werkzeuge. Ob die Einziehung der Werkzeuge nothwendig erscheint, ist der Beurtheilung des einzelnen Falles überlassen. Auch zur Einziehung der Werkzeuge genügt es im Uebrigen, daß der Thäter dieselben bei sich geführt hat, und daß dieselben zur Begehung der strafbaren Zuwiderhandlung, d. h. der Entwendung in den Fällen der §§ 18 bis 21 geeignet sind. Es ist nicht erforderlich, daß die Werkzeuge wirklich gebraucht sind oder daß sie überhaupt zur Begehung der betreffenden Zuwiderhandlung gebraucht zu werden pflegen.

6. Thiere und Transportmittel. Die Thiere und die zur Wegschaffung des Entwendeten dienenden Gegenstände unterliegen niemals der Einziehung. Vergl. die §§ 36 und 40 und die betr. Anmerkungen zu denselben.

§ 24.

Mit Geldstrafe bis zu zehn Mark oder mit Haft bis zu drei Tagen wird bestraft, wer, abgesehen von den Fällen der §§ 18 und 30, unbefugt

1) das auf oder an Grenzrainen, Wegen, Triften oder an oder in Gräben wachsende Gras oder sonstige Viehfutter abschneidet oder abrupft;

2) von Bäumen, Sträuchern oder Hecken Laub abpflückt oder Zweige abbricht, insofern dadurch ein Schaden entsteht.

Die Verfolgung tritt nur auf Antrag ein.

1. **Allgemeines zu den §§ 24 und 25.** Die §§ 24 und 25 stellen Handlungen unter Strafe, die der öffentlichen Ordnung wegen geahndet werden müssen. Als Entwendungen sind dieselben in der Regel nicht anzusehen, da ihr Gegenstand vielfach keinen Werth hat oder von dem Eigenthümer aufgegeben ist. Liegen indeß die Voraussetzungen der Entwendung (Absicht der rechtswidrigen Zueignung) vor, dann müssen die hierüber in den §§ 18 ff. gegebenen Bestimmungen selbstverständlich zur Anwendung kommen. (Mot.)

2. **Abschneiden von Gras u. s. w. auf Wiesen.** Das Abschneiden oder Abrupfen von Gras oder sonstigem Viehfutter auf Wiesen fällt nicht unter § 24 Nr. 1, sondern unter die härtere Strafvorschrift des § 18, wenn sonst die Voraussetzungen der Entwendung in subjektiver Beziehung (Absicht der rechtswidrigen Zueignung und Bewußtsein der Rechtswidrigkeit) vorliegen.

3. **Abpflücken von Laub, Abbrechen von Zweigen.** Nur diejenigen Beschädigungen von Sträuchern und Bäumen, welche durch Abpflücken von Laub oder Abbrechen von Zweigen verursacht werden, sind nach § 24 Nr. 2 strafbar. Alle sonstigen Beschädigungen stehender Bäume, Sträucher oder Hecken, also auch das Abschneiden von Zweigen, unterliegen, falls nicht etwa § 304 StGB. zur Anwendung kommt, der strengeren Strafbestimmung des § 30 Nr. 5. Vergl. v. Bülow u. Sterneberg a. a. O. S. 39.

Das Abpflücken von Laub oder Abbrechen von Zweigen von Bäumen, Sträuchern oder Hecken ist straflos, wenn dadurch kein Schaden entstanden ist. Ob die Entstehung eines Schadens anzunehmen, ist eine Frage thatsächlicher Beurtheilung.

Die Vorschrift des § 24 Nr. 2 bezieht sich auch auf Forstgrundstücke. (Mot.)

4. **Strafantrag.** In Betreff des Strafantrages vergl. Anm. zu § 9 und § 61.

§ 25.

Mit Geldstrafe bis zu dreißig Mark oder mit Haft bis zu einer Woche wird bestraft, wer unbefugt:

1) Dungstoffe von Aeckern, Wiesen, Weiden, Gärten, Obstanlagen oder Weinbergen aufsammelt;

2) Knochen gräbt oder sammelt;

3) Nachlese hält.

1. **Auffammeln von Dungstoffen.** Unter dem Aufsammeln von Dungstoffen ist nur das allmähliche Zusammenbringen des auf Aeckern, Wiesen, Weiden u. s. w. zerstreut liegenden Düngers zu verstehen. Die Wegnahme einer größeren Quantität aufgeschütteten Düngers wird regelmäßig als Diebstahl nach § 242 StGB. zu bestrafen sein. Urt. 16/12 90, E. 21, 245. Als Dungstoff kann übrigens außer dem eigentlichen, natürlichen oder künstlichen Dünger auch Straßenkoth oder Bauschutt, der auf einen Acker gebracht ist, angesehen werden. Vergl. Urt. Obertrib. 3/10 61 und 26/2 68, OR. 1, 567 und 9, 152.

2. **Knochensammeln.** Hierunter ist ebenfalls nur das allmähliche Zusammenlesen von Knochen zu verstehen, nicht die mittels einer einzigen Handlung erfolgende Wegnahme eines bereits aufgestapelten Knochenhaufens. Auch diese letztere würde lediglich unter § 242 StGB. fallen. — Abgeworfene Wildstangen sind unter die im § 25 Ziff. 2 erwähnten Knochen nicht zu subsumiren. Urt. KG. 13/12 97, Joh. 18, 282.

3. **Nachlese.** Im Sinne des § 25 ist eine Nachlese nur dann vorhanden, wenn das Absuchen der Felder nach vollständig beendigter Ernte erfolgt und sich auf solche Früchte erstreckt, welche der Eigenthümer in der Absicht, sie nicht für sich einzusammeln, hat liegen lassen. Das unbefugte Aneignen von Feldfrüchten vor beendeter Ernte, namentlich also während der Ernte, fällt nicht unter die Vorschrift des § 25 Nr. 2; auf solche Handlungen finden vielmehr die Vorschriften über Entwendung in den §§ 18ff. beziehungsweise, wenn der Werth des Entwendeten mehr als 10 M. beträgt, über Diebstahl im Strafgesetzbuch Anwendung. (Mot. S. 34.) — Die Ernte ist nicht eher beendet, als bis die vom Boden getrennten Früchte von demselben entfernt sind. Bei Wiesen ist die Beendigung der Ernte erst nach dem zweiten (Grummet-) Schnitte anzunehmen.

Nur die unbefugte Ausübung der Nachlese ist strafbar. Eine Befugniß zur Nachlese steht nur demjenigen zu, welcher selbst nutzungsberechtigt ist oder eine Erlaubniß vom Nutzungsberechtigten erhalten hat.

Die Frage, ob Jemand auf Grund eines Herkommens oder eines speziellen Rechtstitels nutzungsberechtigt ist, muß eventuell im Civilprozeß entschieden werden.

Es ist in dieser Beziehung die Bestimmung des § 261 StPO. zu beachten, welche lautet: „Hängt die Strafbarkeit einer Handlung von der Beurtheilung eines bürgerlichen Rechtsverhältnisses ab, so entscheidet das Strafgericht auch über dieses nach den für das Verfahren und den Beweis in Strafsachen geltenden Vorschriften. Das Gericht ist jedoch befugt, die Untersuchung auszusetzen und einem der Betheiligten zur Erhebung der Civilklage eine Frist zu bestimmen oder das Urtheil des Civilgerichts abzuwarten."

Die Aussetzung der Untersuchung erfolgt durch Beschluß, welcher auch schon vor Eröffnung der Hauptverhandlung gefaßt werden kann.

Das Gesetz über das Verfahren in Wald-, Feld- und Jagdfrevelsachen bei Civileinreden v. 31. Januar 1845 ist durch § 261 StPO. aufgehoben.

Ueber die Begründung der Berechtigungseinrede vergl. noch Anm. 1 zu § 35.

§ 26.

Mit Geldstrafe bis zu funfzig Mark oder mit Haft bis zu vierzehn Tagen wird bestraft, wer unbefugt:

1) abgesehen von den Fällen des § 366 Nr. 7 des Strafgesetzbuchs, Steine, Scherben, Schutt oder Unrath auf Grundstücke wirft oder in dieselben bringt;
2) Leinwand, Wäsche oder ähnliche Gegenstände zum Bleichen, Trocknen oder anderen derartigen Zwecken ausbreitet oder niederlegt;
3) todte Thiere liegen läßt, vergräbt oder niederlegt;
4) Bienenstöcke aufstellt.

1. **Der § 366 Nr. 7 StGB.** bestimmt: „Mit Geldstrafe bis zu sechszig Mark oder mit Haft bis zu vierzehn Tagen wird bestraft: 7) wer Steine oder andere harte Körper oder Unrath auf Menschen, auf Pferde oder andere Zug- oder Lastthiere, gegen fremde Häuser, Gebäude oder Einschließungen, oder in Gärten oder eingeschlossene Räume wirft."

Der § 26 Nr. 1 dehnt dieses Verbot ganz allgemein auf fremde, auch nicht eingeschlossene, Grundstücke aus. Das Verunreinigen fremder Privatwege ist im § 30 Nr. 1 d. G. besonders mit Strafe bedroht. Besondere Strafvorschriften bestehen übrigens noch gegen das Werfen von Steinen „auf Staats-Chausseen und andere chaussirte öffentliche Wege" (Allerh. Kab.O. v. 31. Aug. 1832. GS. 1832 S. 214) in den §§ 11 bezw. 17 und 21 der zusätzlichen Vorschriften zum Chausseegeld-Tarif v. 29. Februar 1840 (GS. S. 94), welche lauten:

§ 11: „Die Fahrbahn darf nicht durch Anhalten, oder auf irgend eine andere Weise gesperrt oder verengt werden. Weder auf der Fahrbahn, den Brücken oder den Banquets, noch in den Seitengräben dürfen Gegenstände niedergelegt werden, oder liegen bleiben, welche nicht der Chaussee-Verwaltung angehören. Ebensowenig dürfen Scherben, Kehricht, Unkraut oder anderer Unrath hinauf- oder hineingeworfen werden."

§ 17: „Wer den Vorschriften unter 8 bis 16 entgegenhandelt, hat außer dem Schadensersatze eine Strafe von zehn Silbergroschen bis fünf Thaler verwirkt."

§ 21: „Im Unvermögensfalle tritt verhältnißmäßiges Gefängniß (jetzt: Haft: Art. VIII Abs. 3 des Einf.Ges. zum preuß.

StGB. v. 14. April 1851) an die Stelle der vorstehend zu 5 bis 20 angeordneten Geldstrafen."

2. Niederlegen von Wäsche u. s. w. Wenn durch das Ausbreiten oder Niederlegen von Leinwand, Wäsche oder ähnlicher Gegenstände auf öffentlichen Wegen u. s. w. der freie Verkehr gehindert oder die Reinlichkeit, Bequemlichkeit oder Sicherheit dieser Wege u. s. w. gefährdet wird, so treten im geeigneten Fall die Strafbestimmungen des § 366 Nr. 9 und 10 StGB. ein, welche lauten: „Mit Geldstrafe bis zu sechzig Mark oder mit Haft bis zu vierzehn Tagen wird bestraft: 9) wer auf öffentlichen Wegen, Straßen, Plätzen oder Wasserstraßen Gegenstände, durch welche der freie Verkehr gehindert wird, aufstellt, hinlegt oder liegen läßt, — 10) wer die zur Erhaltung der Sicherheit, Bequemlichkeit, Reinlichkeit und Ruhe auf den öffentlichen Wegen, Straßen, Plätzen oder Wasserstraßen erlassenen Polizeiverordnungen übertritt."

3. Liegenlassen todter Thiere. Nur das unbefugte Liegenlassen todter Thiere ist strafbar. Unbefugt läßt aber nur derjenige liegen, der verpflichtet ist, das todte Thier nicht liegen zu lassen. „Die desfallsige Untersuchung kann ebensowohl auf den Eigenthümer des Thieres, wenn es einen gehabt hat, als auf den Eigenthümer des Grundstücks fallen." Günther a. a. O. S. 58. Vergl. v. Bülow u. Sterneberg S. 41.

4. Aufstellen von Bienenstöcken. An und für sich steht das Recht, Bienen auf seinem Eigenthum zu halten, also auch Bienenstöcke aufzustellen, jedem Eigenthümer zu. Trotzdem kann unter Umständen auch die Aufstellung von Bienenstöcken auf eigenem Grund und Boden zu einer unbefugten werden, wenn sie z. B. wegen der Nähe öffentlicher Spielplätze oder sonst im Interesse der öffentlichen Sicherheit gerade an dem betreffenden Orte polizeilich untersagt ist.

Wegen der Bienenschwärme vergl. §§ 961 ff. BGB. und insbesondere wegen des Rechtes des Eigenthümers, bei der Verfolgung seines ausgezogenen Bienenschwarms fremde Grundstücke zu betreten, § 962 ebenda.

§ 27.

Mit Geldstrafe bis zu funfzig Mark oder mit Haft bis zu vierzehn Tagen wird bestraft, wer unbefugt:

1) abgesehen von den Fällen des § 50 Nr. 7 des Fischereigesetzes vom 30. Mai 1874, Flachs oder Hanf rötet;

2) in Gewässern Felle aufweicht oder reinigt oder Schafe wäscht;

3) abgesehen von den Fällen des § 366 Nr. 10 des Strafgesetzbuchs, Gewässer verunreinigt oder ihre Benutzung in anderer Weise erschwert oder verhindert.

1. Röten von Flachs oder Hanf, Reinigen von Fellen u. s. w. Das Röten von Hanf oder Flachs, welches sowohl in Gewässern, als auch auf anderen Grundstücken geschehen kann, das Reinigen der Felle und das Waschen der Schafe, sowie das Verunreinigen u. s. w. der Gewässer ist nicht unbedingt, sondern nur, wenn es unbefugt geschieht, unter Strafe gestellt. Die §§ 43 und 44 des Fischereigesetzes v. 30. Mai 1874 werden durch diese Bestimmungen nicht berührt. (Mot.)

Die §§ 43 und 44 des Fischereigesetzes verordnen:

§ 43: „Es ist verboten, in die Gewässer aus landwirthschaftlichen oder gewerblichen Betrieben Stoffe von solcher Beschaffenheit und in solchen Mengen einzuwerfen, einzuleiten oder einfließen zu lassen, daß dadurch fremde Fischereirechte geschädigt werden können.

Bei überwiegendem Interesse der Landwirthschaft oder der Industrie kann das Einwerfen oder Einleiten solcher Stoffe in die Gewässer gestattet werden [jetzt: im Geltungsbereich des Gesetzes über die Zuständigkeit der Verwaltungs- und Verwaltungsgerichtsbehörden v. 1. Aug. 1883. GS. S. 237, § 99 Nr. 1 durch den Bezirksausschuß.] Soweit es die örtlichen Verhältnisse zulassen, soll dabei dem Inhaber der Anlage die Ausführung solcher Einrichtungen aufgegeben werden, welche geeignet sind, den Schaden für die Fischerei möglichst zu beschränken.

Ergiebt sich, daß durch Ableitungen aus landwirthschaftlichen oder gewerblichen Anlagen, welche bei Erlaß dieses Gesetzes bereits vorhanden waren, oder in Gemäßheit des vorstehenden Absatzes gestattet worden sind, der Fischbestand der Gewässer vernichtet oder erheblich beschädigt wird, so kann dem Inhaber der Anlage auf den Antrag der durch die Ableitung benachtheiligten Fischereiberechtigten im Verwaltungswege [jetzt: im Geltungsbereich des Zust.-Ges. v. 1. Aug. 1883 nach § 99 Nr. 1 d. G. durch den Bezirksausschuß, sofern die betreffende Ableitung nicht Zubehör einer der im § 16 der Gew.-Ordg. als genehmigungspflichtig bezeichneten Anlagen ist,] die Auflage gemacht werden, solche ohne unverhältnißmäßige Belästigung seines Betriebes ausführbaren Vorkehrungen zu treffen, welche geeignet sind, den Schaden zu heben oder doch thunlichst zu verringern.

Die Kosten der Herstellung solcher Vorkehrungen sind dem Inhaber der Anlage von den Antragstellern zu erstatten. Die letzteren sind verpflichtet, auf Verlangen vor der Ausführung Vorschuß oder Sicherheit zu leisten.

Die Entscheidung über die Gestattung von Ableitungen nach Absatz 2, sowie über die in Gemäßheit des Absatz 3 anzuordnenden Vorkehrungen erfolgt, sofern die betreffende Ableitung Zubehör einer der im § 16 der Gew.-Ordg. als genehmigungspflichtig bezeichneten Anlagen ist, in dem für die Zulassung dieser Anlagen angeordneten gesetzlichen Verfahren, in anderen Fällen nach demjenigen Verfahren, welches über die Genehmigung von Stauanlagen für Wassertriebwerke festgesetzt ist." [Die Schlußbestimmung: „in anderen Fällen u. s. w." ist in Betreff der im § 16 Gew.-Ordg. nicht erwähnten Anlagen für den Geltungsbereich des Zust.-Ges. durch § 99 Nr. 1 d. G. aufgehoben.]

§ 44. „Das Röten von Flachs und Hanf in nicht geschlossenen Gewässern ist verboten.

Ausnahmen von diesem Verbote kann die Bezirksregierung (Landdrostei) [jetzt: der Bezirksausschuß: § 99 Nr. 2 Zust.-Ges. v. 1. Aug. 1883], jedoch immer nur widerruflich, für solche Gemeindebezirke oder größere Gebietstheile zulassen, wo die Oertlichkeit für die Anlage zweckdienlicher Rötegruben nicht geeignet ist und die Benutzung nicht geschlossener Gewässer zur Flachs- und Hanfbereitung zur Zeit nicht entbehrt werden kann."

Die Strafbestimmung des § 50 Nr. 7 des Fischereigesetzes, welche neben den Vorschriften des F. u. FPG. ihre Geltung behalten hat, lautet:

„Mit Geldstrafe bis zu hundertundfunfzig Mark Reichsmünze oder mit Haft wird bestraft: 7) wer den Vorschriften des § 43 oder den zur Ausführung desselben getroffenen Anordnungen zuwider den Gewässern schädliche, die Fischerei gefährdende Stoffe zuführt oder verbotswidrig Hanf und Flachs in nicht geschlossenen Gewässern rötet (§ 44)."

2. Gewässer-Verunreinigung. Der § 27 macht keinen Unterschied zwischen öffentlichen und Privatgewässern.

Eine Verunreinigung der Gewässer ist nur dann anzunehmen, wenn durch die eingeführten Stoffe das Wasser derartig verändert wird, daß der gemeingewöhnliche Gebrauch desselben unmöglich gemacht wird, daß also das Wasser zum Waschen und Kochen unbrauchbar gemacht, die darin vorkommende Fauna und Flora geschädigt, die Schiffahrt auf demselben erschwert wird u. s. w. — Im Uebrigen ist durch § 27 Ziff. 3 die Materie der Verunreinigung von Gewässern erschöpfend geregelt, so daß Polizeiverordnungen, soweit sie eine Strafe für die betr. Zuwiderhandlungen festsetzen, daneben nicht mehr bestehen können. Urt. KG. 12/10 93, Joh. 14, 334.

3. Die Strafbestimmungen des § 366 Nr. 10 StGB. siehe in Anm. 2 zu § 26.

§ 28.

Mit Geldstrafe bis zu funfzig Mark oder mit Haft bis zu vierzehn Tagen wird bestraft, wer unbefugt

1) fremde auf dem Felde zurückgelassene Ackergeräthe gebraucht;
2) die zur Sperrung von Wegen oder Eingängen in eingefriedigte Grundstücke dienenden Vorrichtungen öffnet oder offen stehen läßt;
3) Gruben auf fremden Grundstücken anlegt.

1. Gebrauch fremder Ackergeräthe. Die Strafbarkeit des Gebrauches auf dem Felde zurückgelassener Ackergeräthe wird selbstverständlich durch die ausdrückliche oder stillschweigende Einwilligung des Eigenthümers ausgeschlossen; es liegt dann kein unbefugter Gebrauch vor.

2. Oeffnen und Offenstehenlassen von Sperrvorrichtungen. Das unbefugte Oeffnen der zur Sperrung von Wegen oder Eingängen in eingefriedigte Grundstücke dienenden Vorrichtungen (Gatter, Pforten oder dergl.) und das unbefugte Offenstehenlassen derselben sind zwei besondere strafbare Handlungen. Es kann Jemand sehr wohl eine der in Rede stehenden Vorrichtungen befugt öffnen, dieselbe aber, nachdem er hindurchgegangen ist, unbefugt offen stehen lassen. Strafbar nach § 28 Nr. 2 ist auch derjenige, welcher eine derartige Vorrichtung, welche er offen gefunden hat, nach dem Hindurchgehen unbefugt offen stehen läßt.

3. Anlegen von Gruben. Die Motive heben hervor, daß zu den im § 28 Nr. 3 erwähnten Gruben namentlich die nicht selten unbefugter Weise auf fremden Grundstücken angelegten Kartoffelgruben zu rechnen seien. Desgleichen gehören hierher die Gruben und Löcher, welche zum Fangen von Wild, Hamstern, Maulwürfen u. s. w. unbefugt, d. h. ohne Erlaubniß des Eigenthümers 2c. auf fremden Grundstücken gegraben werden. Handelt es sich um Anlegung von Fallen zum Zweck des Einfangens von jagdbaren Thieren, so kommen event. die härteren Strafbestimmungen der §§ 292 ff. StGB., das unberechtigte Jagen betreffend, zur Anwendung. Wenn also Jemand z. B. auf einem fremden Grundstück, auf welchem er zu jagen nicht berechtigt ist, die Jagd dadurch ausübt, daß er dem Wilde durch eine Falle nachstellt, welche in einer von ihm angelegten Grube besteht, so ist er lediglich nach § 293 StGB. zu bestrafen; die Anlegung der Grube als solcher kommt dann als besondere Uebertretung des § 28 Nr. 3 F. u. FPG. nicht in Betracht.

§ 29.

Mit Geldstrafe bis zu einhundertundfunfzig Mark oder mit Haft wird bestraft, wer, abgesehen von den Fällen des § 367 Nr. 12 des Strafgesetzbuchs, den Anordnungen der Behörden zuwider es unterläßt,

1) Steinbrüche, Lehm-, Sand-, Kies-, Mergel-, Kalk- oder Thongruben, Bergwerksschachte, Schürflöcher oder die durch Stockroden entstandenen Löcher, zu deren Einfriedigung oder Zuwerfung er verpflichtet ist, einzufriedigen oder zuzuwerfen;
2) Oeffnungen, welche er in Eisflächen gemacht hat, durch deutliche Zeichen zur Warnung vor Annäherung zu verwahren.

1. **Der § 367 Nr. 12 StGB.** bestimmt: „Mit Geldstrafe bis zu einhundertfunfzig Mark oder mit Haft wird bestraft: 12) wer auf öffentlichen Straßen, Wegen oder Plätzen, auf Höfen, in Häusern und überhaupt an Orten, an welchen Menschen verkehren, Brunnen, Keller, Gruben, Oeffnungen oder Abhänge dergestalt unverdeckt oder unverwahrt läßt, daß daraus Gefahr für Andere entstehen kann."

Der § 29 erweitert diese Bestimmung namentlich zum Schutze des Weideviehes und zur Vermeidung von Unglücksfällen und bestraft das bloße Unterlassen der Einfriedigung, Zuwerfung u. s. w. ohne Rücksicht darauf, ob dadurch eine Beschädigung von Menschen oder Thieren verursacht worden ist. Wenn durch die Verabsäumung eine Körperverletzung verursacht wird, so wird in idealer Konkurrenz auch § 230 StGB. anwendbar, welcher lautet: „Wer durch Fahrlässigkeit die Körperverletzung eines Anderen verursacht, wird mit Geldstrafe bis zu neunhundert Mark oder mit Gefängniß bis zu zwei Jahren bestraft. War der Thäter zu der Aufmerksamkeit, welche er aus den Augen setzte, vermöge seines Amtes, Berufes oder Gewerbes besonders verpflichtet, so kann die Strafe auf drei Jahre Gefängniß erhöht werden." — Die Verfolgung einer fahrlässigen Körperverletzung tritt nur auf Antrag ein, insofern die letztere nicht mit Uebertretung einer Berufs- u. s. w. Pflicht begangen worden ist. (§ 232 StGB.) — Zur Verfolgung der bloßen Zuwiderhandlung gegen § 29 bedarf es eines Strafantrages nicht.

2. **Verpflichtung zur Einfriedigung** **rc.** Die Verpflichtung zur Einfriedigung oder Zuwerfung von Steinbrüchen rc. trifft nicht unbedingt nur den Eigenthümer, sondern unter Umständen auch den Pächter, Verwalter oder Inhaber des Steinbruchs rc., wenn derselbe in der Lage war, die Einfriedigung oder das Zuwerfen zu bewirken. Vergl. Urt. 23/11 86, E. 15, 58. Urt. 23/2 82, E. 6, 64; R. 4, 188.

3. **Bergwerksschachte. Schürflöcher.** Die strafrechtliche Verantwortlichkeit des Bergwerksbesitzers (Repräsentanten) wegen unterlassener Einfriedigung oder Zuwerfung von Bergwerksschachten oder Schürflöchern wird dadurch nicht ausgeschlossen, daß das Bergwerksgesetz v. 24. Juni 1865 (GS. S. 705) den Bergbau auch in Betreff des Schutzes der Oberfläche im Interesse der persönlichen Sicherheit und des öffentlichen Verkehrs unter die polizeiliche Aufsicht der Bergbehörden stellt (§§ 196 ff. Berg-Ges.) und im § 76 die Betriebsführer u. s. w. für die Befolgung aller im Gesetze enthaltenen oder auf Grund desselben ergangenen Vorschriften und Anordnungen verantwortlich macht (vergl. Urt. Obertrib. v. 1/7 75, OR. 16, 508). Die strafrechtliche Verantwortlichkeit ist außerdem nicht auf rein bergpolizeiliche Uebertretungen zu beschränken, sondern erstreckt sich auf alle aus der verantwortlichen Leitung und Beaufsichtigung des Bergwerkseigenthums sich ergebenden strafbaren Verschuldungen. Urt. 26/11 81, E. 5, 182. Vergl. Oppenhoff, Allg. Berg-Ges. S. 113 Anm. 473, 474.

4. Anordnungen der Behörden. Die im § 29 vorausgesetzten Anordnungen der Behörden (polizeiliche Anordnungen: § 46) sind mit den nach dem Ges. v. 11. März 1850 bezw. der Verordg. v. 20. Sept. 1867 erlassenen Polizeiverordnungen (s. oben Anm. 3 zu § 11) nicht zu identifiziren. Beide Begriffe sind keineswegs gleichbedeutend. Die §§ 5 ff. des Ges. v. 11. März 1850 bezw. der Verordg. v. 20. Sept. 1867 beziehen sich nur auf allgemeine Polizeivorschriften, und nur solche polizeilichen Vorschriften werden als „Polizeiverordnungen" bezeichnet. Das Gebiet der polizeilichen Thätigkeit wird nun aber durch den Erlaß solcher Polizeiverordnungen nicht erschöpft und kann, selbst wenn von dem Polizeiverordnungsrecht der ausgedehnteste Gebrauch gemacht wird, nicht darin aufgehen. Die polizeiliche Thätigkeit äußert sich vielmehr außerdem in Geboten und Verboten an einzelne Personen und für einzelne Fälle, welche technisch im Gegensatze zu den Polizeiverordnungen als „polizeiliche Verfügungen" („Anordnungen") bezeichnet werden. Vergl. § 20 Ges. v. 11. März 1850 bezw. § 18 der Verordg. v. 20 Sept. 1867 und insbesondere die §§ 127 ff. des Ges. über die allgem. Landesverwaltung v. 30. Juli 1883 (GS. S. 195). Zu diesen polizeilichen Verfügungen gehören die in den §§ 29 und 46 F. u. FPG. gedachten Anordnungen. Die zur Durchsetzung der polizeilichen Anordnungen gesetzlich gewährten Zwangsbefugnisse der Polizeibehörden (§ 132 Land.-V.-Ges.) erleiden bezüglich derjenigen Anordnungen, deren Uebertretung — wie in den §§ 29 und 46 F. u. FPG. — mit allgemeinen Strafen bedroht ist, insofern eine Modifikation, als daneben wegen des Grundsatzes: „ne bis in idem" Exekutivstrafen als Zwangsmittel nicht angewendet werden dürfen. In solchen Fällen dürfen daher als Zwangsmittel nur die im § 132 Nr. 1 und Nr. 3 Land.-V.-Ges. bezeichneten Maßregeln (Ausführung der zu erzwingenden Handlung durch einen Dritten auf Kosten des Verpflichteten und unmittelbarer Zwang) zur Anwendung kommen. Vergl. Entsch. OVG. 8, 363; 9, 280 und 7, 378, wo ausgeführt wird, daß eine besondere polizeiliche Verfügung mit Strafandrohung, wodurch das Betreten fremden Ackers verhindert werden soll, sich neben den gesetzlichen Vorschriften des § 369 Nr. 9 StGB. und des § 10 F. u. FPG. nur in dem Falle rechtfertigen lassen würde, wo besondere, polizeilich zu schützende Interessen in Frage ständen, welche nicht im ordentlichen, gesetzlich geregelten Strafverfahren zu wahren wären.

§ 30.

Mit Geldstrafe bis zu einhundertundfunfzig Mark oder mit Haft wird bestraft, wer unbefugt:

1) abgesehen von den Fällen des § 305 des Strafgesetzbuchs, fremde Privatwege oder deren Zu-

behörungen beschädigt oder verunreinigt oder ihre Benutzung in anderer Weise erschwert;

2) auf ausgebauten öffentlichen oder Privatwegen die Banquette befährt, ohne dazu genöthigt zu sein (§ 10 Abs. 2), oder die zur Bezeichnung der Fahrbahn gelegten Steine, Faschinen oder sonstigen Zeichen entfernt oder in Unordnung bringt;

3) abgesehen von den Fällen des § 274 Nr. 2 des Strafgesetzbuchs, Steine, Pfähle, Tafeln, Stroh- oder Hege-Wische, Hügel, Gräben oder ähnliche zur Abgrenzung, Absperrung oder Vermessung von Grundstücken oder Wegen dienende Merk- oder Warnungszeichen, desgleichen Merkmale, die zur Bezeichnung eines Wasserstandes bestimmt sind, sowie Wegweiser fortnimmt, vernichtet, umwirft, beschädigt oder unkenntlich macht;

4) Einfriedigungen, Geländer oder die zur Sperrung von Wegen oder Eingängen in eingefriedigte Grundstücke dienenden Vorrichtungen beschädigt oder vernichtet;

5) abgesehen von den Fällen des § 304 des Strafgesetzbuchs, stehende Bäume, Sträucher, Pflanzen oder Feldfrüchte, die zum Schutze von Bäumen dienenden Pfähle oder sonstigen Vorrichtungen beschädigt. Sind junge stehende Bäume, Frucht- oder Zierbäume oder Ziersträucher beschädigt, so darf die Geldstrafe nicht unter zehn Mark betragen.

1. Der § 305 StGB. bestimmt: „Wer vorsätzlich und rechtswidrig ein Gebäude, ein Schiff, eine Brücke, einen Damm, eine gebaute Straße, eine Eisenbahn oder ein anderes Bauwerk, welche fremdes Eigenthum sind, ganz oder theilweise zerstört, wird mit Gefängniß nicht unter Einem Monat bestraft. Der Versuch ist strafbar."

2. Beschädigung ꝛc. fremder Privatwege. Die im § 30 Nr. 1 mit Strafe bedrohten Beschädigungen fremder Privatwege oder deren Zubehörungen sind nicht nur dann, wenn sie vorsätzlich, sondern auch, wenn sie durch Fahrlässigkeit verursacht sind, strafbar. Beschädigungen von Chausseen und der ihnen gleichgestellten öffentlichen Straßen oder deren Zubehörungen, insbesondere der Chausseebäume sind — und zwar ebenfalls ohne Unterschied, ob sie vorsätzlich oder durch fahrlässiges Verschulden verursacht sind (Urt. KG. 20/6 81,

Joh. 2, 251) — nach Nr. 18, 19 der zusätzlichen Vorschriften zum Chausseegeld-Tarif v. 29. Febr. 1840 (GS. S. 94) zu bestrafen. Beschädigungen anderer öffentlicher Wege oder deren Zubehörungen, insbesondere der zu denselben gehörigen Bäume sind strafbar nach den Bestimmungen der Cirk.Verf. des Fin.Min. und des Min. d. Inn. an sämmtliche Königl. Regierungen, ausschließlich der Rheinischen, betr. die Bestrafung der Beschädigungen an Chausseen, Landstraßen, öffentlichen Wegen rc. v. 8. April 1846, MBl. f. d. i. V. S. 125. (Abgedruckt bei Borchert, Codex des deutsch-preuß. Strafrechts und Strafprozesses I S. 118.) Diese Strafbestimmungen der Nr. 18, 19 der zusätzlichen Vorschriften zum Chausseegeld-Tarif bezw. der Cirk.Verf. v. 8. April 1846 finden jedoch auch nur dann Anwendung, wenn die allgemeinen Strafgesetze nicht eine härtere Strafe bestimmen, wenn also z. B. die Fälle des § 305 StGB. nicht vorliegen.

3. Verunreinigung und Erschwerung der Benutzung. Besondere Vorschriften bestehen betr. der Verunreinigung von Chausseen und anderen öffentlichen Wegen in Nr. 11 der zusätzlichen Vorschriften zum Chausseegeld-Tarif v. 29. Febr. 1840. Siehe oben Anm. 1 zu § 26.

4. Befahren rc. der Banquette. Das Befahren der Banquette auf ausgebauten öffentlichen oder Privatwegen bleibt straflos, wenn Jemand dazu durch die schlechte Beschaffenheit des zum gemeinen Gebrauch bestimmten Weges oder durch ein anderes auf dem Wege befindliches Hinderniß genöthigt worden ist (§ 10 Abs. 2 d. G.). Im Uebrigen ist die Strafe wegen unbefugten Fahrens auf den Banquetten ohne Rücksicht darauf, ob durch die Handlung ein Schaden verursacht ist, zu verhängen, und das Fahren bleibt endlich auch dann strafbar, wenn der Fahrende sich in dem guten Glauben befindet, daß der Besitzer des Fuhrwerks dazu berechtigt sei. Urt. KG. 9/12 95, Joh. 17, 400.

Zu den ausgebauten öffentlichen Wegen gehören unbedenklich auch die Chausseen und die ihnen gleichgestellten Straßen; die besondere, das Fahren auf den Banquetten der Chausseen betreffende Strafvorschrift der Nr. 12 der zusätzlichen Vorschriften zum Chausseegeld-Tarif kann deßhalb nicht mehr zur Anwendung kommen. Vergl. Urt. KG. 9/12 95, Joh. 17, 400. Dagegen sind die Bestimmungen der letztgedachten Nr. 12 der zusätzlichen Vorschriften in soweit in Kraft geblieben, als sie auch das Fahren auf den Böschungen und in den Gräben der Chausseen, das Reiten auf den Banquetten, Böschungen und in den Gräben derselben und das Gehen auf den Böschungen und in den Gräben der Chausseen bei Strafe verbieten.

Das Reiten auf den Banquetten ausgebauter öffentlicher oder Privatwege ist — wenn es sich nicht um eigentliche Chausseen handelt — nicht strafbar. Das Gehen auf den Banquetten ist ebenfalls nicht mit Strafe bedroht.

5. In Unordnung bringen. Eine besondere Strafvorschrift besteht betr. der Chaussee-Materialien. Das „In Unordnung bringen“ derselben wird in Nr. 18 der zusätzlichen Vorschriften zum Chausseegeld-Tarif v. 29. Febr. 1840, sofern nicht nach den allgemeinen Strafvorschriften eine härtere Strafe verwirkt wird, mit einer Geldstrafe von 3 bis 15 Mark bedroht.

6. Der § 274 Nr. 2 StGB. bestimmt: „Mit Gefängniß, neben welchem auf Geldstrafe bis zu dreitausend Mark erkannt werden kann, wird bestraft, wer: 2) einen Grenzstein oder ein anderes zur Bezeichnung einer Grenze oder eines Wasserstandes bestimmtes Merkmal in der Absicht, einem Anderen Nachtheil zuzufügen, wegnimmt, vernichtet, unkenntlich macht, verrückt oder fälschlich setzt."

7. Fortnahme, Vernichtung, Beschädigungen u. s. w. von Grenz- und Warnungszeichen zc. Das Gesetz gewährt den im § 30 Nr. 3 aufgeführten Grenz- und Warnungszeichen im öffentlichen Interesse dadurch einen besonderen Schutz, daß es das bloße unbefugte Fortnehmen, Beschädigen u. s. w. derselben unter Strafe stellt. Es wird hierbei als selbstverständlich vorausgesetzt, daß dem Thäter die Eigenschaft der Steine, Pfähle zc. als zur Abgrenzung zc. dienender Gegenstände bekannt war oder bei gehöriger Aufmerksamkeit bekannt sein mußte. Vergl. § 59 StGB. und Urt. RG. 12/2 94, Joh. 15, 310.

Die Verletzung von Grenzzeichen in der Absicht, einem Anderen Nachtheil zuzufügen, wird als Vergehen nach dem in Anm. 6 citirten § 274 Nr. 2 StGB. und die Verletzung der Grenze durch Abgraben oder Abpflügen als Uebertretung nach § 370 Nr. 1 StGB. bestraft, welcher lautet:

„Mit Geldstrafe bis zu einhundertfunfzig Mark oder mit Haft wird bestraft: 1) wer unbefugt ein fremdes Grundstück, einen öffentlichen oder Privatweg oder einen Grenzrain durch Abgraben oder Abpflügen verringert."

Die Wegnahme von Steinen, Pfählen, Wegweisern u. s. w. in der Absicht rechtswidriger Zueignung ist als Diebstahl nach § 242 StGB. zu bestrafen.

Die vorsätzliche Beschädigung oder Vernichtung von Grenz- Vermessungs-Zeichen u. s. w. ist nach den Vorschriften des StGB. (§§ 303, 304) zu bestrafen, wenn der angerichtete Schaden den Betrag von 10 Mark übersteigt. (§ 6 F. u. FPG.)

8. Vermessungszeichen. Als solche sind die zur Legung eines trigonometrischen Netzes über das Land nach den Gesetzen v. 7/10 1865 (GS. S. 1033) bezw. 7/4 1869 (GS. S. 729) errichteten Marksteine besonders hervorzuheben. Vorsätzliche Beschädigungen dieser Marksteine unterliegen der Bestrafung nach § 304 StGB. jedenfalls dann, wenn der angerichtete Schaden den Betrag von 10 Mark übersteigt. Vergl. § 6 Ges. v. 7/4 1869 und § 6 F. u. FPG.

9. Wasserstandsmerkmale. Als Merkmale, die zur Bezeichnung eines Wasserstandes bestimmt sind, sind auch die nach dem Gesetz wegen des Wasserstaues bei Mühlen und wegen Verschaffung der Vorfluth v. 15/11 1811 (GS. S. 352) bezw. nach dem Vorfluthsgesetz für Neuvorpommern und Rügen v. 3/2 1867

(GS. S. 220) zur Vergleichung des Wasserstandes bestimmten sog. Fixpunkte anzusehen. Vergl. Erk. Obertrib. 28/3 67. OR. 8, 213. Gegenstände, welche nur die künftige Bezeichnung eines Wasserstandes vorbereiten oder ermöglichen sollen, sind keine Wasserstandsmerkmale i. S. § 30 Nr. 3. Urt. 10/5 98, E. 31, 143.

10. Wegweiser. Das Obertribunal hatte bereits im Erk. 8/10 62 (OR. 2, 59) ausgesprochen, daß das Umstürzen eines aufgestellten Wegweisers, selbst ohne sonstige Verletzung, als Beschädigung (Zerstörung) desselben anzusehen sei. Durch die Bestimmung des § 30 Nr. 3 d. G. ist jetzt das bloße Umwerfen eines Wegweisers besonders unter Strafe gestellt.

11. Beschädigung und Vernichtung von Einfriedigungen ꝛc. Die vorsätzliche Beschädigung und Vernichtung fremder Einfriedigungen ꝛc. ist nach den §§ 303, 304 StGB. zu bestrafen, wenn der angerichtete Schaden den Betrag von 10 Mark übersteigt. (§ 6 d. G.) — Die Entwendung losgelöster oder losgebrochener Theile einer Einfriedigung ist als Diebstahl nach § 242 StGB. zu bestrafen. Urt. 11/1 95, E. 26, 367.

12. Der § 304 StGB. — soweit derselbe hier interessirt — lautet: „Wer vorsätzlich und rechtswidrig — — — Gegenstände, welche zum öffentlichen Nutzen oder zur Verschönerung öffentlicher Wege, Plätze oder Anlagen dienen, beschädigt oder zerstört, wird mit Gefängniß bis zu drei Jahren oder mit Geldstrafe bis zu eintausendfünfhundert Mark bestraft. Neben der Gefängnißstrafe kann auf Verlust der bürgerlichen Ehrenrechte erkannt werden. Der Versuch ist strafbar."

Beschädigungen von Bäumen, Sträuchern und Pflanzen, welche zum öffentlichen Nutzen oder zur Verschönerung öffentlicher Wege, Plätze oder Anlagen dienen, sowie Beschädigungen der zum Schutze der vorerwähnten Bäume ꝛc. dienenden Pfähle oder sonstigen Vorrichtungen sind demnach nach § 304 StGB. zu bestrafen, vorausgesetzt allerdings, daß dieselben vorsätzlich und rechtswidrig begangen sind, und daß es sich wirklich um Beschädigungen handelt, durch welche die Bäume ꝛc. zur Erfüllung ihres im § 304 besonders geschützten Zweckes minder tauglich werden. Ein bloßes muthwilliges Abpflücken von Laub oder Zweigen von Bäumen, die zum öffentl. Nutzen ꝛc. dienen, wird deßhalb stets nur nach § 24 Nr. 2 bezw. § 30 Nr. 5 F. u. FPG. und nicht nach der schwereren Strafbestimmung des § 304 zu ahnden sein. — Für die Frage, ob die Bäume ꝛc. zur „Verschönerung" dienen, sind im Allgemeinen die lokalen Verhältnisse entscheidend, und unter dem „Dienen zum öffentlichen Nutzen" ist nur ein Dienen zum Nutzen des Publikums oder zum gemeinen (z. B. nicht bloß militärischen oder dergl.) Gebrauch zu verstehen. Im Uebrigen sind die Begriffe des Dienens zur Verschönerung und des Dienens zum öffentlichen Nutzen nicht grundsätzlich auf den Fall zu beschränken, wenn in dem öffentlichen Nutzen oder der Verschönerung die den Bäumen ꝛc. ursprünglich beiwohnende oder beigelegte Zweckbestimmung besteht; es genügt vielmehr ein den Dienst des öffentlichen Nutzens oder der Verschönerung leistender thatsächlicher Zustand. Vergl. Urt. 17/9 81, E. 4, 288.

13. Beschädigungen von jungen stehenden Bäumen, von Frucht- oder Zierbäumen oder Ziersträuchern — bei welchen letzteren drei Arten es nicht darauf ankommt, ob sie jung oder alt sind — müssen in allen Fällen mindestens mit einer Geldstrafe von zehn Mark bestraft werden, wenn nicht, was bei dem landeskulturschädlichen Charakter derartiger Beschädigungen in der Regel geschehen wird, sofort auf Haft erkannt wird.

14. Beschädigung von Chausseebäumen. Die Nr. 19 der zusätzlichen Vorschriften zum Chausseegeld-Tarif v. 29/2 40, betreffend die Beschädigung der Chausseebäume, ist durch § 30 Nr. 5 nicht aufgehoben. Urt. KG. 27/2 96, Joh. 17, 401.

§ 31.

Mit Geldstrafe bis zu einhundertundfunfzig Mark oder mit Haft wird bestraft, wer, abgesehen von den Fällen der §§ 321 und 326 des Strafgesetzbuchs, unbefugt das zur Bewässerung von Grundstücken dienende Wasser ableitet, oder Gräben, Wälle, Rinnen oder andere zur Ab- und Zuleitung des Wassers dienende Anlagen herstellt, verändert, beschädigt oder beseitigt.

1. Der § 321 StGB. bestimmt: „Wer vorsätzlich Wasserleitungen, Schleusen, Wehre, Deiche, Dämme oder andere Wasserbauten oder Brücken, Fähren, Wege oder Schutzwehre oder dem Bergwerksbetriebe dienende Vorrichtungen zur Wasserhaltung, zur Wetterführung oder zum Ein- und Ausfahren der Arbeiter zerstört oder beschädigt, oder in schiffbaren Strömen, Flüssen oder Kanälen das Fahrwasser stört und durch eine dieser Handlungen Gefahr für das Leben oder die Gesundheit Anderer herbeiführt, wird mit Gefängniß nicht unter drei Monaten bestraft. Ist durch eine dieser Handlungen eine schwere Körperverletzung verursacht worden, so tritt Zuchthausstrafe bis zu fünf Jahren und, wenn der Tod eines Menschen verursacht worden ist, Zuchthausstrafe nicht unter fünf Jahren ein."

2. Der § 326 StGB. bestimmt: „Ist eine der im § 321 bezeichneten Handlungen aus Fahrlässigkeit begangen worden, so ist, wenn durch die Handlung ein Schaden verursacht worden ist, auf Gefängniß bis zu Einem Jahre und, wenn der Tod eines Menschen verursacht worden ist, auf Gefängniß von Einem Monat bis zu drei Jahren zu erkennen."

3. Die Strafbarkeit nach § 31 ist durch die Entstehung eines Schadens oder gar einer Gefahr für das Leben oder die Gesundheit Anderer nicht bedingt.

§ 32.

Mit Geldstrafe bis zu einhundertundfunfzig Mark oder mit Haft wird bestraft, wer, abgesehen von den Fällen des § 308 des Strafgesetzbuchs, eigene Torfmoore, Haidekraut oder Bülten im Freien ohne vorgängige Anzeige bei der Ortspolizeibehörde oder bei dem Ortsvorstande in Brand setzt, oder die bezüglich dieses Brennens polizeilich angeordneten Vorsichtsmaßregeln außer Acht läßt.

1. **Der § 308 StGB.** bestimmt: „Wegen Brandstiftung wird mit Zuchthaus bis zu zehn Jahren bestraft, wer vorsätzlich — — — Vorräthe von landwirthschaftlichen Erzeugnissen oder von Bau- oder Brennmaterialien, Früchte auf dem Felde, Waldungen oder Torfmoore in Brand setzt, wenn diese Gegenstände entweder fremdes Eigenthum sind, oder zwar dem Brandstifter eigenthümlich gehören, jedoch ihrer Beschaffenheit und Lage nach geeignet sind, das Feuer einer der in § 306 Nr. 1 bis 3 bezeichneten Räumlichkeiten (Kirchen, Gebäude, Schiffe, Hütten und sonstige zum Aufenthalt von Menschen dienende Räumlichkeiten) oder einem der vorstehend bezeichneten fremden Gegenstände mitzutheilen. Sind mildernde Umstände vorhanden, so tritt Gefängnißstrafe nicht unter sechs Monaten ein."

2. **Unterschied von § 368 Nr. 6 StGB.** Abweichend von der Bestimmung des § 43 Nr. 5 der früheren Feldpolizeiordnung v. 1. Nov. 1847, welche das unbefugte Anzünden der Torfmoore überhaupt unter Strafe stellte, bezieht sich der § 32 nur auf die eigenen Torfmoore, da das vorsätzliche Abbrennen fremder Torfmoore nach den Vorschriften des StGB. (§ 308) zu bestrafen ist. Die Bestimmung des § 368 Nr. 6 StGB. unterscheidet sich von der Vorschrift des § 32 dadurch, daß sie die gefährliche Nähe von Wäldern, Gebäuden oder feuerfangenden Sachen voraussetzt, während § 32 im Interesse des Feld- und Forstschutzes das unbefugte Abbrennen von eigenen Torfmooren, von eigenem Haidekraut und dergl. auch ohne eine solche Voraussetzung unter Strafe stellt.

3. **Eigene Torfmoore.** Unter eigenen Torfmooren sind auch gepachtete zu verstehen.

4. **Bülten und Haidekraut.** Bülten sind die besonders auf nassen Wiesen und Mooren an kleinen Plätzen durch üppigeren, meist stark verfilzten Graswuchs entstehenden trockeneren und festeren Bodenerhöhungen, die zur Feuerung oder als Streu benutzt werden. Nur das unbefugte Abbrennen von eigenem Haidekraut und von eigenen Bülten ist nach § 32 strafbar. Das vorsätzliche Abbrennen von fremdem Haidekraut oder von fremden Bülten ist nach den Bestimmungen des § 303 StGB.

(§ 308 StGB. erwähnt Bülten und Haidekraut nicht) unter der Voraussetzung, daß ein Strafantrag Seitens des Verletzten gestellt wird, zu bestrafen.

Eine Ausdehnung der Strafbestimmung des § 32 auf das Abbrennen ähnlicher Gegenstände, z. B. Kartoffelkraut, Quecken u. dergl. ist nicht zulässig.

III **5. Ortspolizeibehörde.** Abgesehen von denjenigen Städten, in welchen die Ortspolizei von Königlichen Behörden verwaltet wird (Berlin, Magdeburg, Danzig, Breslau u. s. w.), ist die Ortspolizeibehörde:

I. in den Provinzen Ostpreußen, Westpreußen, Pommern, Brandenburg, Schlesien, Sachsen und Posen:
 1) in denjenigen Städten, für welche die Städteordnung für die 6 östlichen Provinzen der preuß. Monarchie v. 30. Mai 1850 bezw. das Gesetz v. 31. Mai 1853, betreffend die Verfassung der Städte in Neuvorpommern und Rügen gilt: der Bürgermeister;
 2) in den Landgemeinden und in denjenigen Städten, für welche die Städteordnung nicht gilt: der Amtsvorsteher.

 In der Provinz Posen ist der Polizei-Distriktskommissarius bezw. der gutsherrliche Polizeiverwalter die Ortspolizeibehörde. Vergl. für die Fälle der §§ 75, 82 und 83 des F.- und FPG. die Bestimmung des § 92 d. G.;

II. in der Rheinprovinz: in den Städten und in den Landgemeinden: der Bürgermeister;

III. in der Provinz Hannover:
 1) in denjenigen 43 Städten, auf welche die Hannoversche revidirte Städteordnung vom 24. Juni 1858 Anwendung findet: der Magistrat (oder eine besondere städtische Polizeidirektion);
 2) in den Landgemeinden (Kirchspielen) des Kreises Hadeln: der Gemeindevorstand (das Kirchspielgericht), abgesehen von gewissen, hier nicht näher zu berührenden Funktionen;
 3) in allen übrigen Gemeinden und Gutsbezirken: der Landrath oder — für die Ostfriesischen Inseln, das Jadegebiet, Theile der Kreise Ilfeld, Blekede, Geestemünde, Osterholz und Grafschaft Bentheim — ein Hülfsbeamter des Landraths, insofern ein solcher bestellt ist;

IV. in der Provinz Westfalen:
 1) in denjenigen Städten, für welche die Städteordnung vom 19. März 1856 gilt: der Bürgermeister;
 2) in allen übrigen Städten und in den Landgemeinden: der Amtmann;

V. in der Provinz Schleswig-Holstein:
 1) in den Städten: der Bürgermeister;

2) in den Landgemeinden: der Hardesvogt bezw. Kirchspielsvogt und in den selbstständigen Gutsbezirken: der gutsherrliche Polizeiverwalter;

VI. in dem vormaligen Kurfürstenthum Hessen, dem vormaligen Herzogthum Nassau, in den Hohenzollernschen Landen, in den vormals Großherzogl. Hessischen Landestheilen, in dem vormals Hessen-Homburg'schen Amte Homburg und in den vormals Bayrischen Landestheilen: der Bürgermeister bezw. Gemeinde- oder Gutsvorsteher;

VII. in der Stadt Frankfurt a. M. und den zum Stadtkreise Frankfurt a. M. gehörigen Landgemeinden: der Polizeipräsident.

6. **In Brand setzen.** Ein Torfmoor ꝛc. ist erst dann in Brand gesetzt, wenn das Feuer von dem Zündstoffe dem Torfmoor ꝛc. selbst in der Art mitgetheilt ist, daß es aus eigener Kraft, auch nach Entfernung des Zündstoffs, sich selbst fortzuentwickeln vermag. Urt. 30/4 94, E. 25, 326. Ein bloßes Ankohlen genügt nicht; im Uebrigen ist es aber gleichgültig, in welcher Weise das Brennen sich kundgiebt, ob das Feuer in eine Flamme ausgebrochen ist oder nur fortglimmt (schwehlt). Vergl. Urt. Obertrib. 4/3 58. JMBl. S. 172 und Urt. RG. 20/10 82, E. 7, 131; R. 4, 752. Urt. 3/1 89, E. 18, 355. Urt. 17/1 89, E. 18, 362.

7. **Polizeilich angeordnete Vorsichtsmaßregeln.** Als „polizeilich angeordnete" Vorsichtsmaßregeln können hier sowohl allgemeine Polizeiverordnungen, welche hinsichtlich des Abrennens von Bülten ꝛc. gegeben sind, als auch spezielle, an einzelne Personen gerichtete bezw. für das einzelne Brennen erlassene polizeiliche Verfügungen in Betracht kommen. Vergl. oben Anm. 3 zu § 29.

§ 33.

Mit Geldstrafe bis zu dreißig Mark oder mit Haft bis zu einer Woche wird bestraft, wer, abgesehen von den Fällen des § 368 Nr. 11 des Strafgesetzbuchs, auf fremden Grundstücken unbefugt nicht jagdbare Vögel fängt, Sprenkel oder ähnliche Vorrichtungen zum Fangen von Singvögeln aufstellt, Vogelnester zerstört oder Eier oder Junge von Vögeln ausnimmt.

Die Sprenkel oder ähnliche Vorrichtungen sind einzuziehen.

Das Reichsgesetz, betr. den Schutz von Vögeln v. 22. März 1888 (RGBl. S. 111) hat die Vorschrift des § 368 Nr. 11 StGB., welche lautet:

„Mit Geldstrafe bis zu sechzig Mark oder mit Haft bis zu vierzehn Tagen wird bestraft:

11. wer unbefugt Eier oder Junge von jagdbarem Federwild oder von Singvögeln ausnimmt"

in Betreff der Singvögel und auch § 33 F. u. FPG. beseitigt. Das Gesetz v. 22. März 1888 ist im Anhang I abgedruckt und erläutert.

§ 34.

Mit Geldstrafe bis zu einhundertundfunfzig Mark oder mit Haft wird bestraft, wer, abgesehen von den Fällen des § 368 Nr. 2 des Strafgesetzbuchs, den zum Schutze nützlicher oder zur Vernichtung schädlicher Thiere oder Pflanzen erlassenen Polizeiverordnungen zuwiderhandelt.

1. **Der § 368 Nr. 2 StGB.** bestimmt: „Mit Geldstrafe bis zu sechzig Mark oder mit Haft bis zu vierzehn Tagen wird bestraft: 2. wer das durch gesetzliche oder polizeiliche Anordnungen gebotene Raupen unterläßt."

Unter Aufrechterhaltung dieser Strafbestimmung bedroht der § 34 ganz allgemein denjenigen mit Strafe, welcher den zum Schutze nützlicher oder zur Vernichtung schädlicher Thiere oder Pflanzen erlassenen Polizeiverordnungen zuwiderhandelt.

2. **Polizeiverordnungen.** Wer zum Erlasse der im § 34 d. G. bezw. im Art. 27 Ausf.Ges. z. BGB. gedachten Polizeiverordnungen befugt ist und welche Strafen angedroht werden können, wird durch das Gesetz über die allgemeine Landesverwaltung vom 30. Juli 83 (GS. S. 195) und durch die Kreisordnungen bestimmt (vergl. Landesverwaltungsges. (§§ 137 ff., 142, 144 und Kreisordg. für die östl. Provinzen in der Fassung v. 19/3 81, GS. S. 180 § 62). Vergl. oben Anm. 3 zu § 11 und Anm. 3 zu § 29. — Die in den einzelnen Landestheilen der preuß. Monarchie ergangenen Polizeiverordnungen zum Schutze oder zur Vernichtung schädlicher Thiere oder Pflanzen s. bei Sterneberg, die zum F. u. FPG. erlassenen Polizeiverordnungen. Berlin 1890. Vergl. Urt. KG. 25/6 94, Joh. 15, 341 (Hannov. Min.Verordg. v. 2/7 62 betr. Verbot des Auslegens von Gift 2c.).

§ 35.

Mit Geldstrafe bis zu einhundert Mark oder mit Haft bis zu vier Wochen wird bestraft, wer unbefugt

1) an stehenden Bäumen, an Schlaghölzern, an gefällten Stämmen, an aufgeschichteten Stößen von Torf, Holz oder anderen Walderzeugnissen das

Zeichen des Waldhammers oder Rissers, die Stamm- oder Stoßnummer oder die Loosnummer vernichtet, unkenntlich macht, nachahmt oder verändert;

2) gefällte Stämme oder aufgeschichtete Stöße von Holz, Torf oder Lohrinde beschädigt, umstößt oder der Stützen beraubt.

1. Allgemeines. Die Bestimmungen der §§ 35 bis 39 bezwecken, wie die Motive (S. 36) hervorheben, die Ordnung im Walde aufrecht zu erhalten und den Wald mit seinen Erzeugnissen, sowie die mit dem Walde häufig in Verbindung stehenden großen Torfmoore zu schützen. Die einzelnen Bestimmungen sind allgemeiner, für alle Landestheile mehr oder weniger zutreffender Natur. Ist es nothwendig, in dieser Beziehung für einzelne Gegenden wegen obwaltender besonderer Verhältnisse speziellere Strafbestimmungen zu erlassen, so werden sie ihren Platz in Polizeiverordnungen zu finden haben.

Der Regel nach wird der § 35 nur für Forstgrundstücke von Bedeutung sein, es steht aber nichts im Wege, ihn auch auf andere Grundstücke, z. B. auf die außerhalb der Forsten liegenden Holzablageplätze, zur Anwendung zu bringen.

Im Allgemeinen soll übrigens hier noch bemerkt werden, daß auch bei der Berechtigungs- (Civil-) Einrede in Forstfrevelsachen die Bestimmung des § 261 StPO. zur Anwendung kommt. Vergl. oben Anm. 2 zu § 25. Wegen der vorherrschend polizeilichen Natur der Bestimmungen der §§ 35 ff. kommt es bei der Entscheidung über die Berechtigungseinrede nicht darauf an, ob der Zuwiderhandelnde sich in dem guten Glauben eines ihm vermeintlich zustehenden Rechts befunden hat; die subjektive Meinung über sein Recht kann ihm vielmehr nur dann zu Statten kommen, wenn ihm das Recht auch objektiv wirklich zur Seite steht. Vergl. Erk. Obertrib. 5/9 55 und 4/12 63, OR. 4, 241.

2. Schlaghölzer sind stehende, aber zum Einschlag bestimmte, bezw. schon bezeichnete Hölzer auf den Schlagflächen. Daß unter Schlaghölzern nicht die in den Holzschlägen aufgearbeiteten Hölzer verstanden werden können, ergiebt sich schon aus der gesonderten Anführung der „gefällten Stämme" im § 35 Ziff. 1. Ausschläge d. h. Stockausschläge, die das Unterholz im Mittel- und Niederwalde bilden, werden wohl oft kurzweg als „Schlagholz" bezeichnet, doch dürfte die Bezeichnung „Schlaghölzer" nicht auf dieselben auszudehnen sein, zumal bei ihnen eine Bezeichnung mit dem Waldhammer oder Risser nicht erfolgt.

3. Waldhammer. Risser. Waldhammer ist ein mit einem Stempel versehener Hammer, welcher zum Anschlagen des aufgearbeiteten, zu fällenden oder entwendeten und mit Beschlag belegten Holzes dient und hierdurch die Besitzergreifung bezw. eine Kontrole des Eigenthümers oder dessen Vertreters anzeigen soll.

Als Risser wird ein Instrument bezeichnet, welches von den Forstbeamten zum Auszeichnen von Schlaghölzern oder zur Bezeichnung der zurückgebliebenen Erdstöcke gestohlenen Holzes benutzt wird.

Nach § 41 Abs. 9 der Dienst-Instruktion für die Königl. Preuß. Förster v. 23. Okt. 1868 sind die Stöcke (Stubben, Stucken) entwendeter Stämme von den Forstbeamten mit dem im Walde stets mitzuführenden Reißhaken (Risser) zu bezeichnen, und wird in Ermangelung solcher Bezeichnung angenommen, daß die Entwendung unbemerkt geblieben ist.

4. **Stamm- oder Stoßnummer. Loosnummer.** Stamm- oder Stoßnummern sind die an den aufgearbeiteten Holzstämmen oder Holzstößen zur Bezeichnung derselben angebrachten Nummern. Unter Loosnummer ist diejenige Nummer zu verstehen, welche mehreren zu einem Verkaufsloose vereinigten Stämmen oder Stößen zu deren Bezeichnung gegeben wird. Vergl. über die Nummerirung des Holzes § 53 der Dienst-Instruktion für d. Kgl. Pr. Förster v. 23. Oktober 1868 und die von den einzelnen Regierungen den Lokalverhältnissen entsprechend gegebenen speziellen Vorschriften.

5. **Betrügerische Absicht.** Wenn die im § 35 Nr. 1 erwähnten strafbaren Handlungen in betrügerischer Absicht vorgenommen werden, so kommen selbstverständlich die einschlagenden Bestimmungen des Strafgesetzbuchs über Betrug oder Urkundenfälschung zur Anwendung. So hat z. B. das Obertrib. im Urt. 13/12 72, OR. 13, 662 ausdrücklich ausgesprochen, daß der Waldhammeranschlag an einem Baum als Urkunde im Sinne des § 267 StGB. anzusehen sei, und somit der Gebrauch eines in rechtswidriger (betrügerischer) Absicht gefälschten Waldhammeranschlags als Urkundenfälschung bestraft werden könne, und auch das Reichsgericht hat im Urt. 12 4 94, E. 25, 244 den Anschlag mit dem Waldhammer für eine Urkunde erklärt, wenn durch denselben nach Vereinbarung der Parteien Besitzübertragung, bezw. Eigenthumsübergang des angeschlagenen Holzes von dem einen auf den anderen Kontrahenten beurkundet werden sollte. Ein nach § 263 StGB. strafbarer Betrug würde ferner z. B. vorliegen, wenn Jemand, um sich rechtswidrig einen werthvolleren, als den von ihm in Wirklichkeit gekauften Holzstamm zu verschaffen, den werthvolleren, nicht von ihm gekauften Stamm mit der Stammnummer des von ihm gekauften Holzstammes versieht und dadurch den Forstbeamten täuscht.

6. **Lohrinde.** Unter Lohrinde versteht man die in der Saftzeit verschiedener Holzarten, namentlich der Eichen, geschälte Rinde, welche zum Gerben des Leders dient.

§ 36

Mit Geldstrafe bis zu funfzig Mark oder mit Haft bis zu vierzehn Tagen wird bestraft, wer unbefugt auf Forstgrundstücken

1) außerhalb der öffentlichen oder solcher Wege, zu deren Benutzung er berechtigt ist, mit einem Werkzeuge, welches zum Fällen von Holz, oder mit einem Geräthe, welches zum Sammeln oder Wegschaffen von Holz, Gras, Streu oder Harz seiner Beschaffenheit nach bestimmt erscheint, sich aufhält;
2) Holz ablagert, bearbeitet, beschlägt oder bewaldrechtet;
3) Einfriedigungen übersteigt;
4) Forstkulturen betritt;
5) solche Schläge betritt, in welchen die Holzhauer mit dem Einschlagen oder Aufarbeiten der Hölzer beschäftigt, oder welche zur Entnahme des Abraums nicht freigegeben sind.

In den Fällen der Nr. 1 können neben der Geldstrafe oder der Haft die Werkzeuge eingezogen werden, ohne Unterschied, ob sie dem Schuldigen gehören oder nicht.

1. Bloßes Betreten der Forstgrundstücke außerhalb der Wege. Der § 37 stellt das unbefugte Betreten von Forstgrundstücken außerhalb der öffentlichen oder solcher Wege, zu deren Benutzung der Betreffende berechtigt ist, nur für den Fall unter Strafe, daß der Betretende im Besitze eines Werkzeuges zum Holzfällen oder eines Geräthes zum Sammeln von Holz oder Waldprodukten ist. Das bloße Betreten der Forstgrundstücke außerhalb der Wege ist — wenn es sich nicht um eine Forstkultur handelt (siehe § 36 Nr. 4) — nicht strafbar und kann auch durch besondere Polizeiverordnungen nicht verboten werden. Entgegenstehende Polizeiverordnungen sind für aufgehoben zu erachten. Vergl. Urt. KG. 5/6 82. Joh. 3, 358 (Pol.-Verord. der Kgl. Regier. zu Merseburg v. 26. Aug. 1868 betr. das Betreten der Forsten außerhalb erlaubter Wege, Amtsbl. 1868 S. 233).

2. Werkzeuge 2c. Die im § 36 Nr. 1 erwähnten Werkzeuge und Geräthe müssen zum Fällen von Holz oder zum Sammeln oder Wegschaffen von Holz u. s. w. ihrer Beschaffenheit nach bestimmt erscheinen; es genügt nicht, daß dieselben zu den angegebenen Zwecken an und für sich geeignet sind. Ob das betreffende Werkzeug seiner Beschaffenheit nach zum Fällen, Sammeln 2c. von Holz u. s. w. bestimmt ist, muß der Beurtheilung des Einzelfalles überlassen bleiben. Bei der Berathung des F. u. FPG. im Abgeordnetenhause wurde in dieser Beziehung hervorgehoben, daß man z. B. eine Schultasche, welche ein Schüler im Walde bei sich führe, nicht ohne Weiteres als ein zum Sammeln und Wegschaffen bestimmtes Geräth werde ansehen können, obwohl dieselbe an und für sich zu solchem Zweck geeignet sei.

3. Ablagern von Holz. Der Begriff des Ablagerns von Holz im Sinne des § 36 Nr. 2 setzt eine positive Handlung des Thäters voraus. Auf denjenigen, welcher angekauftes Holz über den bestimmten Abfuhrtermin hinaus auf Forstgrundstücken liegen läßt, findet § 36 Nr. 2 keine Anwendung. In dem Regierungsentwurf war allerdings auch dieses bloße Liegenlassen besonders unter Strafe gestellt. Eine derartige Strafbestimmung ist aber in das Gesetz nicht aufgenommen. Vergl. Urt. RG. 9/5 81, Joh. 2, 276.

4. Bewaldrechten (Berappen) von Holz ist das leichte, nicht scharfkantige (waldkantige) Beschlagen von Holz, um dasselbe geeigneter zum Austrocknen und transportfähiger zu machen und zugleich das Saftstocken, Aufreißen und Beschädigen durch Insekten zu verhüten.

5. Einfriedigungen. Unter Einfriedigungen sind hier die besonderen Vorrichtungen zu verstehen, durch welche der Zugang zu Anpflanzungen oder Forstgrundstücken überhaupt verwehrt oder erschwert wird. Die Beschädigung der Einfriedigungen ist nach § 30 d. G. strafbar.

6. Forstkulturen. Ueber den Begriff der Forstkulturen s. oben Anm. 7 zu § 15 d. G.

7. Abraum. Unter Abraum versteht man die auf den Schlägen zurückgelassenen geringen Aeste, Zweige, Hauspäne, Rindentheile 2c., soweit dieselben nicht zur Aufarbeitung gelangt sind. Vergl. § 1 Nr. 3 Forstdiebst.Ges.

8. Betreten von Forstkulturen und Holzschlägen. Die mangelnde Bezeichnung von Forstkulturen als solcher kann an und für sich vor der Strafe des § 36 nicht schützen. Wenn das Betreten von Schonungen durch besondere Warnungszeichen untersagt ist, so wird dasselbe nach § 368 Nr. 9 StGB. (Geldstrafe bis 60 Mark oder Haft bis zu 14 Tagen) zu bestrafen sein.

Jedenfalls muß jedoch das Betreten der in § 36 Nr. 4 und 5 bezeichneten Forstkulturen und Holzschläge absichtlich und bewußt geschehen. Wer durch einen entschuldbaren Irrthum in eine Forstkultur oder in einen der im § 36 Nr. 5 bezeichneten Holzschläge geräth, bleibt straflos. Vergl. § 59 StGB.

Nach § 11 des Naturalleistungs-Gesetzes v. 13. Febr. 1875 (RGBl. S. 52) sollen Holzschonungen von jeder Benutzung bei Truppenübungen ausgeschlossen bleiben. Da diese Schonungen bei niedrigem Holzstande nicht immer zu erkennen sind, so sollen die Landräthe, sobald ihnen von einer bevorstehenden Truppenübung durch die Militärbehörde Mittheilung gemacht ist, die Vorsteher der Gemeinde- und Gutsbezirke zur kenntlichen Bezeichnung solcher Schonungen auffordern. (Cirk.-Reskript des Min. des Innern v. 4. Mai 1881).

9. Einziehungen. Nach dem Wortlaut des § 36 Abs. 2 können nur die in Nr. 1 erwähnten Werkzeuge eingezogen werden. Die zum Sammeln oder Wegschaffen von Holz u. s. w. bestimmten Geräthe dürfen niemals eingezogen werden. Vergl. § 23 Abs. 2 und § 40 Abs. 2 d. G. Trotz der das Gegentheil andeutenden Fassung der Motive muß diese Auslegung unbedenklich erscheinen. So auch: Günther a. a. O. S. 71 und v. Bülow u. Sterneberg a. a. O. S. 52. In Betreff der Einziehung und deren Ausführung vergl. oben die Anmerkungen zu § 23 d. G.

§ 37.

Mit Geldstrafe bis zu einhundert Mark oder mit Haft bis zu vier Wochen wird bestraft, wer unbefugt auf Forstgrundstücken

1) zum Wiederausschlagen bestimmte Laubholzstöcke aushaut, abspänt oder zur Verhinderung des Lohdentriebes (Stockausschlages) mit Steinen belegt;
2) Ameisen oder deren Puppen (Ameiseneier) einsammelt oder Ameisenhaufen zerstört oder zerstreut.

1. Zu Nr. 1. Zum Wiederausschlage bestimmte Laubholzstöcke sind die bei dem Niederwald- oder Schlagholzbetrieb nach dem Abhieb des Holzes stehen gebliebenen Stöcke, welche neue Ausschläge entwickeln und hierdurch den Bestand verjüngen. — Aushauen, d. h. in der Wurzel so entfernen, daß kein Wiederausschlag erfolgen kann. — Abspänen, d. h. den oberirdischen Theil des Stockes absplittern. — Zur Verhinderung des Lohdentriebes (Stockausschlages) mit Steinen belegen, d. h. Abhiebe der Stöcke mit Steinen bedecken, so daß die hervorbrechenden Knospen erstickt werden.

2. Ameisen. Durch die Strafbestimmung des § 37 Nr. 2 ist der Schutz der Waldameisen neu und vollständig geregelt. Damit sind die in älteren Polizeiverordnungen enthaltenen, dieselbe Materie betreffenden Vorschriften (z. B. § 21 d. Verord. der Kgl. Reg. zu Merseburg v. 19. Febr. 1853 oder die Verord. der Kgl. Reg. zu Bromberg v. 17. April 1867 betr. das Verbot des Einsammelns von Ameiseneiern) für aufgehoben zu erachten. Vergl. die Gründe des Urt. RG. 5/6 82, Joh. 3, 358.

§ 38.

Mit Geldstrafe bis zu funfzig Mark wird bestraft, wer aus einem fremden Walde Holz, welches er erworben hat, oder zu dessen Bezuge in bestimmten Maßen er berechtigt ist, unbefugt ohne Genehmigung des Grundeigenthümers vor Rückgabe des Verabfolgezettels, oder an anderen als den bestimmten Tagen oder Tageszeiten, oder auf anderen als den bestimmten Wegen fortschafft.

Die Verfolgung tritt nur auf Antrag ein.

1. **Allgemeines.** Die Vorschriften des § 38 sind auf das unbefugte oder nicht rechtzeitige Fortschaffen von Torf nicht auszudehnen.

2. **Genehmigung des Grundeigenthümers.** In fiskalischen oder Kommunal-Waldungen ist die Genehmigung des verwaltenden Forstbeamten (Oberförsters) erforderlich.

3. **Verabfolgezettel.** Darunter sind die von dem Waldbesitzer oder dessen Beauftragten ausgestellten Zettel zu verstehen, auf Grund deren das Holz im Walde dem Käufer oder Berechtigten von den Lokalbeamten überwiesen und verabfolgt wird. — Vergl. über die Holzanweisung, Holzabgabe und die Holzverabfolgezettel in den Kgl. preußischen Staatsforsten die §§ 56 ff. der Dienst-Instr. für die Förster vom 23. Oktober 1868 und § 22 der Geschäftsanweisung für die Oberförster vom 4. Juni 1870, welcher lautet: „Zu jeder Holzabgabe muß ausgestellt werden 1. ein Holzverabfolgezettel, welcher a) der Forstkasse ...., b) dem Holzempfänger als Legitimation zum Holzempfange, c) dem Forstschutzbeamten als unbedingt nothwendige und allein vollgültige Autorisation zur Anweisung und Verabfolgung des darauf bezeichneten Holzes dient." — Ueber die Urkundenqualität der in vorschriftsmäßiger Form von einer Kgl. Forstkasse ausgestellten Holzverabfolgezettel vergl. Erk. des Obertrib. v. 20. Mai 1871, JMBl. S. 198.

4. **Holzversteigerungsbestimmungen.** Die Pos. 7 der für die Kgl. preußischen Staatsforsten geltenden Holzversteigerungsbestimmungen, wie solche in dem Schema L der Gesch.-Anw. f. d. Oberförster formulirt sind, hat in Folge der Bestimmung des § 38 jetzt folgende Fassung erhalten: „Ueber das zugeschlagene Holz erhält der Käufer nach Bezahlung des Steigerpreises einen Holzverabfolgezettel vom Rendanten oder Untererheber. Nur nach Abgabe dieses Zettels an den betreffenden Förster darf das Aufladen und die Abfuhre, und zwar nur auf den dazu angewiesenen Wegen, und nur an den Wochentagen .... aber niemals vor Aufgang oder nach Untergang der Sonne erfolgen. Zuwiderhandlungen werden nach § 38 des Feld- und Forstpolizeigesetzes vom 1. April 1880 bestraft." Verf. d. Min. für Landw. u. s. w. v. 29. Mai 1880.

5. **Geldstrafe.** Zu beachten ist, daß die Uebertretung des § 38 ausschließlich mit Geldstrafe, nicht auch wahlweise mit Haft bedroht ist. Für den Fall des Unvermögens ist jedoch auch hier die Geldstrafe in Haft umzuwandeln und zwar unter Beobachtung der Vorschrift des § 29 StGB., welcher, soweit er hier interessirt, lautet: „Bei Umwandlung einer wegen .... einer Uebertretung erkannten Geldstrafe ist der Betrag von Einer bis zu

funfzehn Mark einer eintägigen Freiheitsstrafe gleichzuachten. Der Mindestbetrag der an Stelle einer Geldstrafe tretenden Freiheitsstrafe ist Ein Tag ..." Vergl. auch § 54 d. G.

6. **Strafantrag.** Vergl. hierüber Anm. 4 zu § 9 und § 61. Antragsberechtigter ist im Falle des § 38 der Grundeigenthümer; bei fiskalischen oder Kommunal-Waldungen der zuständige verwaltende Forstbeamte (Oberförster).

§ 39.

Mit Geldstrafe bis zu einhundert Mark oder mit Haft bis zu vier Wochen wird bestraft, wer aus einem fremden Torfmoore oder Walde an Stelle der ihm vom Eigenthümer durch Verabfolgezettel zugewiesenen Posten von Torf, Holz oder anderen Walderzeugnissen aus Fahrlässigkeit andere als die auf dem Verabfolgezettel bezeichneten Posten oder Theile derselben fortschafft.

Die Verfolgung tritt nur auf Antrag ein.

1. **Allgemeines.** Für die Anwendbarkeit der Strafbestimmungen des § 39 wird vorausgesetzt, daß der Torf, das Holz u. s. w. durch Verabfolgezettel zugewiesen wird. Wo solche Verabfolgezettel (vergl. Anm. 2 zu § 38) überhaupt nicht ausgetheilt werden, kommt § 39 nicht zur Anwendung.

2. **Holzversteigerungsbestimmungen.** Die Pos. 9 der für die Kgl. preußischen Staatsforsten geltenden Holzversteigerungen, wie solche in dem Schema L der Gesch.-Anw. f. d. Oberförster formulirt sind, hat in Folge der Bestimmung des § 39 jetzt folgende Fassung erhalten: „Bei der Abfuhre muß der Käufer oder der von ihm beauftragte Fuhrmann sich der Mitnahme von Holz, welches er nicht gekauft hat, und der Verwechselung der Nummern enthalten, widrigenfalls Bestrafung nach § 39 des Feld- und Forstpolizeigesetzes vom 1. April 1880 eintritt."

Die Position 10 der qu. Holzversteigerungsbestimmungen, wonach jeder Käufer für die mit der Abfuhr beauftragten Personen als Selbstschuldner haften sollte, ist jetzt vollständig weggefallen. Verf. d. Min. für Landw. u. s. w. v. 29. Mai 1880.

3. **Fahrlässigkeit.** Nur das fahrlässige Fortschaffen anderer als der auf dem Verabfolgezettel bezeichneten Posten von Holz u. s. w. ist nach § 39 zu bestrafen. Ob eine strafbare Fahrlässigkeit vorliegt, wird nach den besonderen Umständen des einzelnen Falles zu beurtheilen sein; jedenfalls muß das Fortschaffen, wenn es strafbar sein soll, auf einem nicht entschuldbaren Irrthum beruhen.

Die vorsätzliche, in der Absicht rechtswidriger Zueignung bewirkte Fortschaffung anderer als der auf dem Verabfolgezettel bezeichneten Posten von Torf, Holz oder anderen Walderzeugnissen ist selbstverständlich nach den Bestimmungen des Strafgesetzbuchs als Diebstahl zu bestrafen.

4. Strafantrag. Vergl. hierüber Anm. 4 zu § 9 und § 61. Antragsberechtigter ist im Falle des § 39 der Eigenthümer des Torfmoores oder des Waldes, im Falle des Eigenthums des Staates oder einer Kommune der zuständige verwaltende Forstbeamte (Oberförster).

§ 40.

Mit Geldstrafe bis zu einhundert Mark oder mit Haft bis zu vier Wochen wird bestraft, wer auf Forstgrundstücken oder Torfmooren als Dienstbarkeits- oder Nutzungsberechtigter oder als Pächter

1) unbefugt seine Berechtigung in nicht geöffneten Distrikten oder in einer Jahreszeit, in welcher die Berechtigung auszuüben nicht gestattet ist, oder an anderen als den bestimmten Tagen oder Tageszeiten ausübt, oder sich anderer als der gestatteten Werbungswerkzeuge oder Fortschaffungsgeräthe bedient;
2) den gesetzlichen Vorschriften, oder Polizeiverordnungen, oder dem Herkommen, oder dem Inhalte der Berechtigung zuwider ohne Legitimationsschein, oder ohne Ueberweisung von Seiten der Forstbehörde oder des Grundeigenthümers die Gegenstände der Berechtigung sich aneignet;
3) die zur Aufrechterhaltung der Ordnung und Sicherheit bei Ausübung von Berechtigungen erlassenen Gesetze oder Polizeiverordnungen übertritt.

In den Fällen der Nr. 1 können neben der Geldstrafe oder der Haft die Werbungswerkzeuge eingezogen werden, ohne Unterschied, ob sie dem Schuldigen gehören oder nicht.

Die Verfolgung tritt nur auf Antrag ein.

1. Allgemeines. Das Gesetz hat sich bei Aufstellung allgemeiner Strafbestimmungen bezüglich solcher unerlaubter Handlungen, welche bei Ausübung der Forstberechtigungen — mögen solche auf einer Dienstbarkeit oder auf einem anderen privat- oder öffentlich-rechtlichen Titel beruhen — begangen werden, auf das geringste im Interesse des Forstschutzes erforderliche Maß beschränkt und für einzelne Gegenden, in welchen sich die Nothwendigkeit besonderer, weitergehender Strafbestimmungen ergeben sollte, den Weg der Polizeiverordnung offen gelassen. (Mot.)

2. **Unbefugte Ausübung der Berechtigung im Falle der Nr. 1.** Die Strafbestimmung des § 40 Nr. 1 wird namentlich bei Ausübung der Waldstreuberechtigung Anwendung finden. Nach § 4 der vorläufigen Verordnung über die Ausübung der Waldstreuberechtigung v. 5. März 1843 (Anhang VII) darf die gedachte Berechtigung nur:

a) in den vom Waldeigenthümer nach Maßgabe einer zweckmäßigen Bewirthschaftung des Forstes geöffneten Distrikten,
b) in den sechs Wintermonaten vom 1. Oktober bis zum 1. April,
c) an bestimmten vom Waldeigenthümer mit Rücksicht auf die bisherige Observanz festzusetzenden, jedoch auf höchstens zwei Tage in der Woche zu beschränkenden und von den Raff- und Leseholztagen verschiedenen Wochentagen,
d) mit den in den Zetteln bezeichneten, nach der bisherigen Observanz zu bestimmenden Transportmitteln, und
e) nicht mit eisernen, sondern nur mit hölzernen unbeschlagenen Rechen oder Harken, deren Zinken ebenfalls nur von Holz sein dürfen und mindestens $2^1/_2$ Zoll von einander abstehen müssen,

ausgeübt werden.

3. **Werbungswerkzeuge** sind diejenigen Geräthe, welche zur Entnahme und zum Einsammeln (nicht aber zum Fortschaffen) von Waldprodukten dienen (Aexte, Beile, Sägen, Messer, Harken, Hacken u. s. w.). Welche Werbungswerkzeuge und Fortschaffungsgeräthe zu den gestatteten gehören, ergiebt sich theils aus der Natur und dem Inhalt der Berechtigung, theils aus den gesetzlichen oder polizeilichen Bestimmungen (vergl. Anm. 2), theils aus dem Ortsgebrauche und dem Herkommen.

4. **Polizeiverordnungen.** Vergl. Anm. 3 zu § 11. Die Unkenntniß von dem Vorhandensein oder dem Inhalt der im § 40 Nr. 2 und 3 erwähnten gesetzlichen Vorschriften oder Polizeiverordnungen bewirkt keine Straflosigkeit.

5. **Herkommen.** Als Herkommen im Sinne des Feld- und Forstpolizeigesetzes läßt sich im Allgemeinen jede Rechtsnorm (Berechtigung) bezeichnen, welche durch die stillschweigende Anerkennung und Befolgung einer gewissen Klasse von Personen der Bevölkerung eine bindende Kraft für ähnliche Fälle erhalten hat. Vergl. auch Dernburg, Pandekten, Bd. I (1894) S. 59 ff. Ob ein solches Herkommen vorliegt, wird der Richter im einzelnen Fall auf Grund der Notorietät oder der sonst dafür sprechenden Thatsachen oder Beweise nach seiner freien Ueberzeugung beurtheilen müssen. (Vergl. Sten. Ber. A. S. 1213 ff.)

6. **Ohne Legitimationsschein.** Zur Strafbarkeit nach § 40 Nr. 2 wird vorausgesetzt, daß der Dienstbarkeits- oder Nutzungsberechtigte oder Pächter den gesetzlichen Vorschriften u. s. w. zuwider einen Legitimationsschein (Zettel u. s. w.) überhaupt nicht gelöst hat. Der § 41 bestraft dagegen das Nichtbeisichführen des Legitimationsscheins. — Fälschliche Anfer-

tigung oder Verfälschung eines Legitimationsscheines ist nach § 267 oder § 363 StGB. strafbar. Urt. 4/2 90, E. 20, 229.

7. Forstbehörde. In fiskalischen Forsten ist der Oberförster als Forstbehörde im Sinne des § 40 Nr. 2 anzusehen. Vergl. über die Ueberweisung der Forstnebennutzungen durch die Oberförster die §§ 48 ff. der Gesch.-Anweisung für dieselben v. 4. Juni 1870.

8. Einziehung. Nur die im § 40 Nr. 1 erwähnten Werbungswerkzeuge können eingezogen werden. Die Fortschaffungsgeräthe unterliegen niemals der Einziehung. Vergl. § 23 Abs. 2 und § 36 Abs. 2 d. G. In Betreff der Einziehung und deren Ausführung vergl. oben Anm. 1 u. 2 zu § 23.

9. Strafantrag. In dieser Beziehung gelten die Bemerkungen in Anm. 4 zu § 39 auch für die Fälle des § 40.

§ 41.

Mit Geldstrafe bis zu zehn Mark oder mit Haft bis zu drei Tagen wird bestraft, wer auf Forstgrundstücken bei Ausübung einer Waldnutzung den Legitimationsschein, den er nach den gesetzlichen Vorschriften oder Polizeiverordnungen, nach dem Herkommen oder nach dem Inhalt der Berechtigung lösen muß, nicht bei sich führt.

Die Verfolgung tritt nur auf Antrag ein.

1. Allgemeines. Der § 41 handelt von einer an sich erlaubten Ausübung der Waldnutzung auf Forstgrundstücken. Im Interesse der Durchführung einer wirksamen Kontrole ordnet derselbe an, daß, wo die Verpflichtung zur Lösung eines Legitimationsscheins besteht, der Nutzungsberechtigte sich strafbar macht, wenn er den Schein bei Ausübung der Berechtigung nicht bei sich führt. (Mot. S. 37.)

2. Waldnutzung. Die Waldnutzung begreift nicht nur die Nutzung von Holz und anderen Erzeugnissen, die der Wald produzirt (Kräuter, Beeren, Pilze, Streu ꝛc.), sondern auch die Nutzung dessen, was der Wald sonst darbietet (Nebennutzungen), also auch von Stein- und Torflagern, Kies-, Sand- und Lehmgruben ꝛc. Neben der Holztaxe ist für die preußischen Staatsforsten eine besondere Nebennutzungs-Taxe eingeführt, in welcher auch die Einnahmen aus der Nebennutzung von Torf, Steinen und Erden besonders hervorgehoben werden.

3. Herkommen. Strafantrag. Vergl. Anm. 5 zu § 40 und Anm. 4 zu § 9 und § 61. Antragsberechtigter ist der Waldeigenthümer, bei Staats- und Kommunalwaldungen der zuständige verwaltende Forstbeamte (Oberförster).

4. Nicht bei sich Führen. Vergl. Anm. 6 zu § 40. Der § 41 bestraft denjenigen, welcher den gelösten Legitimationsschein nicht bei sich führt. Hat der Thäter einen Legitimationsschein überhaupt nicht gelöst, so findet die strengere Strafbestimmung des § 40 Nr. 2 d. G. Anwendung.

5. Sammeln von Kräutern, Beeren und Pilzen. In Bezug hierauf ist in der Allg. Verf. des Min. für Landw. u. s. w. v. 12. Mai 1880 Folgendes hervorgehoben: „Nach dem für die ganze Monarchie geltenden Holzdiebstahlsgesetze vom 2. Juni 1852 war die Entwendung jener Walderzeugnisse als Holzdiebstahl strafbar. Durch das mit dem 1. Oktober 1879 in Kraft getretene Forstdiebstahlsgesetz v. 15. April 1878 ist dies geändert, indem dasselbe im letzten Absatz des § 1 bestimmt, daß das unbefugte Sammeln von Kräutern, Beeren und Pilzen forstpolizeilichen Bestimmungen unterliegen sollte. In Ausführung dieser Bestimmung enthielt der Entwurf des vorliegenden Gesetzes eine Vorschrift, wonach derjenige mit Geldstrafe bis zu 10 Mark oder mit Haft bis zu drei Tagen bestraft werden solle, wer unbefugt auf Forstgrundstücken ohne Erlaubniß des Waldeigenthümers Kräuter, Beeren oder Pilze sammelt, oder, falls er einen Erlaubnißschein erhalten hat, denselben beim Sammeln nicht bei sich führt. Nach eingehenden und lebhaften Verhandlungen wurde jedoch diese Bestimmung, weil nicht für alle Theile passend, gestrichen und damit der durch das Forstdiebstahlsgesetz v. 15. April 1878 geschaffene Zustand beibehalten, wonach diese Materie der Regelung durch Polizeiverordnungen überwiesen ist.

Durch die oben erwähnten Polizeiverordnungen kann nun für diejenigen Landestheile, in welchen das Sammeln von Kräutern, Beeren und Pilzen nach der früheren Gesetzgebung und Praxis unzweifelhaft bereits verboten oder doch nur unter gewissen Voraussetzungen gestattet war, dieses Sammeln unbedenklich entsprechend den jetzigen Verhältnissen geregelt werden. Für diejenigen Landestheile aber, in welchen solches nicht der Fall war, werden bezüglich dieser Materien, insbesondere für fiskalische Domänen- und Forstgrundstücke, Polizeiverordnungen überhaupt nicht zu erlassen sein, ohne daß vorher über die einschlagenden Verhältnisse bei Einreichung von Entwürfen solcher Verordnungen besonders Bericht erstattet wird."

In der Verfügung betr. die Ausführung des F. und FPG. in fiskalischen Forsten v. 29. Mai 1880 hat der Minister für Landw. u. s. w. sodann mit Bezug hierauf bemerkt, daß es seine Absicht sei, an den Grundsätzen nichts zu ändern, welche in der Cirkularverfügung v. 12. November 1858 (II, 14417) ausgesprochen sind, also insbesondere nach wie vor aus dem für die Ausgabe von Erlaubnißscheinen zum Sammeln von Beeren und Pilzen zu erhebenden Entgelt in den fiskalischen Forsten eine Einnahmequelle nicht zu machen. Die fragliche Abgabe habe vielmehr nur den Zweck, eine Rekognitionsgebühr, bezw. eine Entschädigung für die Kosten des Druckes u. s. w. der Erlaubnißscheine darzustellen. Die Ausgabe der letzteren soll lediglich geschehen, um die Ordnung und die Kontrole im Walde aufrecht zu erhalten, um vorzeitigem

Sammeln unreifer Beeren vorzubeugen und um die den Forsten zunächst wohnenden Eingesessenen gegen übermäßigen Zudrang oder Verdrängung durch Einwohner entfernter Ortschaften zu schützen. Ich bestimme deshalb hiermit, daß vom laufenden Jahre einschließlich ab der Preis für einen Erlaubnißschein zum Sammeln von Beeren oder Pilzen, soweit nicht etwa für einzelne Bezirke besondere Umstände zur ganz unentgeltlichen Abgabe veranlassen, durchweg auf nur 5 Pf. auch dort festgesetzt werde, wo bisher nach der Cirkularverfügung v. 12. November 1858 (II, 14417) der höhere Satz bis zu 25 Pf. erhoben worden ist.

Sofern nach Maßgabe der besonderen Verhältnisse Veranlassung vorliegt, von der Erhebung eines Entgeltes oder der Ausgabe von Erlaubnißscheinen und einer Kontrole der Beeren- und Pilznutzung ganz abzusehen, ist dieserhalb von der Königl. Regierung u. s. w. Bericht zu erstatten.

Eine Ausnahme von den vorstehenden Bestimmungen findet nur in Betreff der Trüffeln statt. Bei der Verwerthung derselben ist auch fernerhin so zu verfahren, wie bisher."

§ 42.

Mit Geldstrafe bis zu einhundert Mark oder mit Haft bis zu vier Wochen wird bestraft, wer als Dienstbarkeits- oder Nutzungsberechtigter Walderzeugnisse, die er, ohne auf ein bestimmtes Maß beschränkt zu sein, lediglich zum eigenen Bedarf zu entnehmen berechtigt ist, veräußert.

1. **Allgemeines.** Der § 42 ist aus der Erwägung hervorgegangen, daß der Waldeigenthümer gegen die Veräußerung von Walderzeugnissen, welche nur zum eigenen Bedarf des Berechtigten verwendet werden dürfen, durch das Civilrecht nicht ausreichend geschützt ist. Vergl. § 1038 BGB. Eines Antrages bedarf es zur Strafverfolgung nach § 42 nicht.

2. **Walderzeugnisse.** Unter Walderzeugnissen ist Alles zu verstehen, was der Wald an Holz- und Nebennutzungen (s. Anm. 2 zu § 41) darbietet. So sind z. B. sehr häufig die Berechtigungen zur Nutzung der im Walde befindlichen Kies-, Sand- oder Lehmgruben auf den eigenen wirthschaftlichen Bedarf des Berechtigten beschränkt. Eine Veräußerung derartiger Walderzeugnisse (im weiteren Sinne) würde ebenfalls nach § 42 zu bestrafen sein.

3. **Beschränkung auf ein bestimmtes Maß.** Wenn die Berechtigung zur Entnahme von Walderzeugnissen auf eine bestimmte Quantität beschränkt ist, so können die zu dieser bestimmten Quantität gehörigen Walderzeugnisse frei und unbeschränkt veräußert werden. Der Waldeigenthümer hat in diesem Fall kein rechtliches Interesse mehr daran, wie der Dienstbarkeits- oder Nutzungsberechtigte über die ihm zustehenden Walderzeugnisse verfügt.

Die Entnahme von Walderzeugnissen über ein bestimmt gewährtes Maß hinaus ist, wenn sie in der Absicht und mit dem Bewußtsein rechtswidriger Zueignung geschieht, als Diebstahl bezw. Forstdiebstahl strafbar.

4. **Veräußerung.** Unter Veräußerung im Sinne des § 42 ist nicht nur die gegen Entgelt erfolgende, sondern auch die unentgeltliche Ueberlassung der Walderzeugnisse an Andere zu verstehen.

§ 43.

Mit Geldstrafe bis zu funfzig Mark oder mit Haft bis zu vierzehn Tagen wird bestraft, wer den Gesetzen oder Polizeiverordnungen über den Transport von Brennholz oder unverarbeitetem Bau- oder Nutzholz zuwiderhandelt, oder den Gesetzen oder Polizeiverordnungen zuwider Brennholz oder unverarbeitetes Bau- oder Nutzholz in Ortschaften einbringt. Dies gilt insbesondere auch von Bandstöcken (Reifstäben) jeder Holzart, birkenen Reisern, Korbruthen, Faschinen und jungen Nadelhölzern.

Das Holz ist einzuziehen, wenn nicht der rechtmäßige Erwerb desselben nachgewiesen wird.

1. **Allgemeines.** Der § 43 hat in erster Linie die über den Transport und die Einbringung von Brennholz und unverarbeitetem Bau- und Nutzholz bestehenden Gesetze und Polizeiverordnungen (Verordnung vom 30. Juni 1839 für Sachsen, Westfalen und Rheinprovinz — siehe Anhang —; § 24 Pomm. Forstordnung vom 24. Dezember 1777; § 14 der Forstordnung v. 3. Dezember 1775 für Ostpreußen und Litthauen und Publikandum v. 1. März 1794 sowie die zahlreichen von den einzelnen Regierungen erlassenen diesbezüglichen Polizeiverordnungen) mit der Maßgabe aufrecht erhalten, daß etwaige abweichende Bestimmungen über die Höhe der Strafe oder über die Einziehung in Einklang mit den Bestimmungen des § 43 gebracht werden müssen. (Vergl. § 96 und die Motive.)

2. **Einziehung.** Bezüglich der Einziehung ist in den vorerwähnten älteren Gesetzen und Polizeiverordnungen vielfach die Bestimmung getroffen, daß dieselbe verwirkt sein soll, wenn das vorschriftsmäßige Legitimationsattest nicht beigebracht ist, oder der Nachweis des redlichen Erwerbes nicht auf der Stelle geführt werden kann. Der § 43 hat diese Bestimmungen dahin abgeändert, daß die Einziehung fortan nur dann erfolgen soll, wenn der rechtmäßige Erwerb überhaupt nicht nachgewiesen werden kann. Dieser Nachweis kann deshalb jetzt auch nicht allein

durch Legitimations- und Ursprungs-Atteste, sondern auch auf jede andere Art und Weise und selbstverständlich bis zur rechtskräftig entschiedenen Sache geführt werden. — In Betreff der Einziehung und deren Ausführung vergl. im Uebrigen die Anm. 1 und 2 zu § 23.

3. **Birkene Reiser. Junge Nadelhölzer.** Zu den birkenen Reisern gehört insbesondere das Besenreisig und zu den jungen Nadelhölzern sind namentlich die Weihnachtsbäume zu rechnen.

4. **Einbringen von Wildpret.** Auf das legitimationslose Einbringen von Wildpret in die Städte findet § 43 keine unmittelbare Anwendung. Urt. KG. 24/9 91, Joh. 12, 230.

§ 44.

Mit Geldstrafe bis zu funfzig Mark oder mit Haft bis zu vierzehn Tagen wird bestraft, wer

1) mit unverwahrtem Feuer oder Licht den Wald betritt oder sich demselben in gefahrbringender Weise nähert;
2) im Walde brennende oder glimmende Gegenstände fallen läßt, fortwirft oder unvorsichtig handhabt;
3) abgesehen von den Fällen des § 368 Nr. 6 des Strafgesetzbuchs, im Walde oder in gefährlicher Nähe desselben im Freien ohne Erlaubniß des Ortsvorstehers, in dessen Bezirk der Wald liegt, in Königlichen Forsten ohne Erlaubniß des zuständigen Forstbeamten Feuer anzündet oder das gestatteter Maßen angezündete Feuer gehörig zu beaufsichtigen oder auszulöschen unterläßt;
4) abgesehen von den Fällen des § 360 Nr. 10 des Strafgesetzbuchs, bei Waldbränden, von der Polizeibehörde, dem Ortsvorsteher oder deren Stellvertreter oder dem Forstbesitzer oder Forstbeamten zur Hülfe aufgefordert, keine Folge leistet, obgleich er der Aufforderung ohne erhebliche eigene Nachtheile genügen konnte.

1. **Unverwahrtes Feuer oder Licht. Betreten des Waldes. Gefahrbringendes Nähern.** Ob im Einzelfalle das hingebrachte Feuer ꝛc. (z. B. eine brennende, aber mit einem Deckel versehene Pfeife) ein verwahrtes, d. h. gegen die Mittheilung und Verbreitung nach Außen sicher gestelltes, oder ein unverwahrtes sei, wird, wie der Rhein. Kassationshof im Urt. 22/12 52, RA. 48, II, 16 und das Reichsgericht im Urt. 2/11 82,

E. 7, 201 angenommen haben, wesentlich Thatfrage sein. Jedenfalls wird eine brennende Cigarre nicht ohne Weiteres als „unverwahrtes Feuer" anzusehen sein, und deßhalb das bloße Betreten des Waldes mit einer solchen nicht nach § 44 Nr. 1 bestraft werden können. Anders liegt die Sache, wenn die noch brennende Cigarre im Walde fortgeworfen wird. Vergl. Anm. 3. — Ein Betreten des Waldes mit unverwahrtem Feuer oder Licht ist übrigens nach Urt. 4/5 97, E. 30, 108 auch dann anzunehmen, wenn Jemand erst in dem Walde unverwahrtes Feuer oder Licht entzündet, mag auch der Eintritt in den Wald noch nicht mit solchem Feuer oder Licht erfolgt sein. Es ist danach also jeder Aufenthalt im Walde mit unverwahrtem Feuer oder Licht nach § 44 Nr. 1 strafbar. — Ob ein gefahrbringendes Nähern vorliegt, muß im Einzelfall nach den Terrainverhältnissen, der Bodenbeschaffenheit, der Witterung, Windrichtung 2c. beurtheilt werden.

2. **Wald.** Unter einem Wald ist hier, ebenso wie im § 308 StGB., eine umfangreichere, mit Bäumen oder sonstigen Walderzeugnissen bewachsene, in sich zusammenhängende Grundfläche zu verstehen. Von welchem Umfange diese Grundfläche sein müsse, um einen Wald darstellen zu können, läßt sich nach Rechtsregeln nicht bestimmen; es kann eine geringere, mit dichtem Waldwuchs bedeckte Grundfläche als ein Wald bezeichnet werden, während eine größere, nur spärlich bewachsene Grundfläche unter Umständen diese Bezeichnung nicht verdient. Jedenfalls genügt eine Mehrzahl einzeln stehender Waldbäume noch nicht zur Annahme eines Waldes, und andererseits kann es auch nicht für absolut erforderlich erachtet werden, daß die betr. Waldfläche zur Holznutzung bestimmt ist. Vergl. Urt. 3/1 84, E. 9, 381.

3. **Brennende oder glimmende Gegenstände.** Zu den glimmenden Gegenständen sind insbesondere glimmender Taback, glimmende Cigarren, angebrannte Zündhölzer u. dergl. zu rechnen.

4. **Der § 368 Nr. 6 StGB.** bestimmt: „Mit Geldstrafe bis zu sechzig Mark oder mit Haft bis zu vierzehn Tagen wird bestraft: 6) wer an gefährlichen Stellen in Wäldern oder Haiden — — Feuer anzündet."

5. **Im Walde.** Der § 44 Nr. 3 bestraft das ohne Erlaubniß vorgenommene Anzünden von Feuer im Walde überhaupt, ohne Rücksicht darauf, ob das Feueranzünden an einer gefährlichen Stelle des Waldes stattgefunden hat. Ist letzteres der Fall, d. h. wird das Feuer an einer Stelle angezündet, an welcher die Möglichkeit einer weiteren Verbreitung desselben durch die Bodenbedeckung (Gräser, Laub u. dergl.) gegeben ist, so findet die strengere Strafbestimmung des § 368 Nr. 6 StGB. Anwendung.

Das Anzünden von Feuer außerhalb des Waldes ist nur dann nach § 44 Nr. 3 strafbar, wenn dasselbe in gefährlicher Nähe des Waldes geschieht. Ob eine gefährliche Nähe vorliegt, ist auch hier wesentlich Thatfrage. Vergl. oben Anm. 1 S. 83.

6. Anzünden eines Feuers. Forstlich angeordnetes Feueranzünden. Das Anzünden eines Feuers fällt nicht nur dem zur Last, der zuerst ein Feuer zur Entstehung bringt, sondern auch dem, welcher irgendwie für das Weiterbrennen eines schon entstandenen Feuers thätig wird. Urt. 14/1 98, GA. 46, 114. Eine von den Forstbehörden im Interesse des Forstschutzes oder der Forstkultur angeordnete, mit entsprechenden Vorsichtsmaßregeln vorgenommene Verbrennung von Holztheilen in dem Forst kann selbstverständlich der Strafbestimmung des § 44 nicht unterliegen. Vergl. Urt. des Gerichtshofes zur Entsch. der Kompetenzkonfl. 11/3 76 (VMBl. 1876 S. 128). Dagegen werden sich auch Forstbeamte, welche bei der solchergestalt angeordneten Verbrennung das Feuer gehörig zu beaufsichtigen oder auszulöschen unterlassen, nach § 44 strafbar machen können.

7. Zuständiger Forstbeamter in den Fällen des § 44 Nr. 3. Als zuständiger Forstbeamter ist jeder Förster innerhalb des ihm anvertrauten Schutzbezirks anzusehen. Die Königlichen Förster sind durch § 43 ihrer Dienstinstruktion vom 23. Oktober 1868 angewiesen, vor Allem das Feueranmachen ohne Erlaubniß nicht zu dulden, vielmehr stets zur Bestrafung anzuzeigen, insbesondere auch darauf zu achten, daß die Holzhauer und Kulturarbeiter und sonstigen Arbeiter, namentlich wenn ihnen etwa zur Speisebereitung das Anmachen von Feuer gestattet werden mußte, stets die nöthige Vorsicht beobachten. Desgleichen ist durch Cirk.-Reskr. des Min. für Landwirthschaft 2c. v. 27. Mai 1882 auf die energische Handhabung der forstpolizeilichen Bestimmungen zur Verhütung von Waldbränden Seitens der Forstbeamten besonders hingewiesen.

8. Der § 360 Nr. 10 StGB. bestimmt: „Mit Geldstrafe bis zu einhundertfunfzig Mark oder mit Haft wird bestraft: 10. wer bei Unglücksfällen oder gemeiner Gefahr oder Noth, von der Polizeibehörde oder deren Stellvertreter zur Hülfe aufgefordert, keine Folge leistet, obgleich er der Aufforderung ohne erhebliche eigene Gefahr genügen konnte."

9. Verweigerung der Hülfe bei Waldbränden. Durch die Bestimmung des § 44 Nr. 4 ist die Vorschrift des § 360 Nr. 10 StGB. nach zwei Seiten hin erweitert. Es soll zunächst nicht nur die Polizeibehörde (Amtsvorsteher), sondern auch der Ortsvorsteher, der Forstbesitzer und der Forstbeamte das Recht haben, bei Waldbränden Jedermanns Hülfe zu beanspruchen. Es soll alsdann aber auch die Hülfeleistung nicht an die Bedingung „Noth oder gemeine Gefahr" (§ 360 Nr. 10 StGB.), sondern an einen Waldbrand schlechthin geknüpft werden. Bei jedem Waldbrand, selbst wenn derselbe eine gemeine Gefahr an sich noch nicht bedingen würde, sind also die Polizeibehörde, der Ortsvorsteher, der Forstbesitzer und die Forstbeamten berechtigt, einen Jeden zur unentgeltlichen Hülfe heranzuziehen. Wer die Hülfe nicht leistet, obgleich er der an ihn gerichteten Aufforderung ohne erhebliche eigene Nachtheile genügen konnte, verfällt der Strafe des § 44 Nr. 4 d. G. Der Richter hat nicht zu prüfen, ob die Seitens der Polizeibehörde rc. geforderte Hülfe zweckmäßig oder nothwendig war, vielmehr nur über die Frage nach der Erheblichkeit der zur Entschuldigung der Hülfeverweigerung angegebenen eigenen Nachtheile zu entscheiden. Was als ein erheblicher eigener Nachtheil anzusehen sei, bleibt lediglich dem richterlichen Ermessen überlassen.

10. Forstbeamter in den Fällen des § 44 Nr. 4. Als Forstbeamter im Sinne des § 44 Nr. 4 sind alle Forstschutzbeamten (Revierförster, Hegemeister, Forstaufseher, Waldwärter u. s. w.), der Oberförster und event. auch die höheren Forstbeamten, soweit denselben im einzelnen Fall pflichtmäßig die Fürsorge für den gefährdeten Waldtheil obliegt, anzusehen.

Die Leitung der Löschanstalten ist in den Provinzen der Kreis- und Provinzialordnung für die Königlichen Forsten nicht der Polizeibehörde (Amtsvorsteher), sondern dem Oberförster übertragen. Vergl. Erlaß des Min. des Inn. u. d. Min. für Landwirthschaft rc. v. 22. März 1882.

11. Posthalter. Die im § 22 des Reichs-Postgesetzes vom 28. Oktober 1871 ausgesprochene Befreiung der Postillone und Postpferde von Spanndiensten bezieht sich lediglich auf solche Spanndienste, welche behufs der Staats- und Kommunalbedürfnisse zu leisten sind. Deshalb können die Postpferde auch unbedenklich zur Hülfeleistung bei Waldbränden herangezogen werden. Ein Posthalter, welcher bei einem Waldbrand die Gestellung der Pferde verweigert, ohne erhebliche eigene Nachtheile nachweisen zu können, ist deshalb auch nach § 44 Nr. 4 zu bestrafen. Vergl. Urt. Obertrib. 2/3 60, JMBl. 1860 S. 267 und Dambach, Postgesetz, Anm. 1 zu § 22.

§ 45.

Mit Geldstrafe bis zu einhundertundfunfzig Mark oder mit Haft wird bestraft, wer im Walde oder in gefährlicher Nähe desselben

1) ohne Erlaubniß des Ortsvorstehers, in dessen Bezirk der Wald liegt, in Königlichen Forsten ohne Erlaubniß des zuständigen Forstbeamten Kohlenmeiler errichtet;
2) Kohlenmeiler anzündet, ohne dem Ortsvorsteher oder in Königlichen Forsten dem Forstbeamten Anzeige gemacht zu haben;
3) brennende Kohlenmeiler zu beaufsichtigen unterläßt;
4) aus Meilern Kohlen auszieht oder abfährt, ohne dieselben gelöscht zu haben.

1. **Wald. Gefährliche Nähe.** Vergl. die Anm. 1 und 5 zu § 44.

2. **Zuständiger Forstbeamter.** In den Königlichen Forsten ist als zuständiger Forstbeamter im Sinne des § 45 in erster Linie der verwaltende Forstbeamte, d. h. der Oberförster anzusehen. Derselbe ist allerdings für befugt zu erachten, im speziellen Fall den Belaufsförster zur Ertheilung der im § 45 Nr. 1 erwähnten Erlaubniß zu autorisiren. Zur Errichtung von Kohlenmeilern in Kommunal- und Privatforsten hat der Ortsvorsteher die Erlaubniß zu ertheilen, an welchen auch die im § 45 Nr. 2 gedachte Anzeige zu erstatten ist. Eine s. Z. vom Herrenhause beschlossene Bestimmung, wonach den Kommunal- und Privat-Forstbeamten auf Antrag eine solche Befugniß durch den Landrath ertheilt werden könne, ist in das Gesetz nicht aufgenommen.

§ 46.

Mit Geldstrafe von zehn bis zu einhundertundfunfzig Mark oder mit Haft wird bestraft, wer den über das Brennen einer Waldfläche, das Abbrennen von liegenden oder zusammengebrachten Bodendecken und das Sengen von Rotthecken erlassenen polizeilichen Anordnungen zuwiderhandelt.

1. **Abbrennen von liegenden oder zusammengebrachten Bodendecken.** Darunter versteht man ein Verfahren, welches bei dem periodischen Fruchtbau behufs Zerstörung der obersten Bodendecke und gleichzeitiger Düngung des Bodens stattfindet.

2. **Sengen von Rotthecken,** d. h. das Zerstören des Bodenüberzuges in den zeitweise zur landwirthschaftlichen Benutzung gezogenen Niederwaldschlägen durch Feuer.

3. **Polizeiliche Anordnungen.** Vergl. hierüber Anm. 3 zu § 29.

§ 47.

Wer in der Umgebung einer Waldung, welche mehr als einhundert Hektare in räumlichem Zusammenhange umfaßt, innerhalb einer Entfernung von fünfundsiebzig Metern eine Feuerstelle errichten will, bedarf einer Genehmigung derjenigen Behörde, welche für die Ertheilung der Genehmigung zur Errichtung von Feuerstellen zuständig ist. Vor der Aushändigung der Genehmigung darf die polizeiliche Bauerlaubniß nicht ertheilt werden.

1. **Allgemeines.** Das Gesetz v. 25. August 1876, betr. die Vertheilung der öffentl. Lasten bei Grundstückstheilungen und die Gründung neuer Ansiedelungen in den Prov. Preußen, Brandenburg, Pommern, Posen, Schlesien, Sachsen u. Westfalen (GS. S. 405), hat die bereits bestehenden Bestimmungen, welche die Errichtung von Feuerstellen in der Nähe von Forsten polizeilichen Beschränkungen unterwerfen, nicht berührt, die Revision dieser Vorschriften vielmehr einem später zu erlassenden Forstpolizeigesetz überlassen. Die §§ 47 bis 52 des F. u. FPG. bezwecken, diese Revision für den ganzen Umfang der Monarchie zu bewirken.

Zu beachten ist, daß nach § 47 die Genehmigung zur Errichtung einer Feuerstelle nur dann erforderlich ist, wenn die Feuerstelle in der Umgebung einer Waldung angelegt werden soll. Deßhalb bedarf der Waldeigenthümer, welcher innerhalb einer ihm gehörigen Waldung eine Feuerstelle errichten will, der in den §§ 47, 48 vorgeschriebenen Genehmigung nicht, wodurch allerdings nicht ausgeschlossen wird, daß er die sonst vorgeschriebene Bauerlaubniß oder Ansiedelungsgenehmigung nachsuchen muß. Die besonderen baupolizeilichen Vorschriften, wie solche in den verschiedenen Baupolizeiordnungen sich vorfinden, werden durch die §§ 47 ff. d. G. überhaupt nicht berührt. Wenn demnach die Anlage der Feuerstelle — wie dies der Regel nach der Fall ist — noch besonderen baupolizeilichen Beschränkungen unterworfen ist, so sind auch diese letzteren bei Vermeidung der im § 367 Nr. 15 StGB. angedrohten Strafen zu beachten. Der § 367 Nr. 15 StGB. lautet: „Mit Geldstrafe bis zu einhundertfunfzig Mark oder mit Haft wird bestraft: 15) wer als Bauherr, Baumeister oder Bauhandwerker einen Bau oder eine Ausbesserung, wozu die polizeiliche Genehmigung erforderlich ist, ohne diese Genehmigung oder mit eigenmächtiger Abweichung von dem durch die Behörde genehmigten Bauplane ausführt oder ausführen läßt."

2. **Waldung.** Ueber den Begriff einer Waldung vergl. im Allgemeinen Anm. 2 zu § 44. Hier tritt noch als weiteres Erforderniß hinzu, daß die Waldung mehr als einhundert Hektare im räumlichen Zusammenhange umfassen muß.

Im Uebrigen finden die Bestimmungen der §§ 47 ff. nicht nur bei Staats- und Gemeindewaldungen, sondern auch bei Privatwaldungen Anwendung.

3. **Feuerstelle.** Als Feuerstellen sind alle mit einer Feuerung verbundenen Anlagen, also auch Theeröfen, Back- und Kalköfen, Schornsteine, Lokomobilen u. s. w. anzusehen. Daß die Feuerungseinrichtungen auf eine längere Dauer berechnet und zu diesem Zwecke mit dem Grund und Boden, unmittelbar oder mittelbar, in eine dauernde Verbindung gebracht sind, (so: Günther a. a. O. S. 84) kann nicht als Voraussetzung des § 47 angesehen werden, und ebensowenig ist es erforderlich, daß die Feuerstelle sich in einem Wohngebäude befindet.

4. **Zuständige Behörde.** Für die Ertheilung der Genehmigung zur Errichtung von Feuerstellen ist im größten Theile

der Monarchie die Ortspolizeibehörde (s. oben Anm. 5 zu § 32) zuständig. Nur in einzelnen Landestheilen liegt dieser Zweig der Polizeiverwaltung anderen Behörden ob, und zwar: in den Hohenzollernschen Landen dem Oberamtmann, in dem vormaligen Kurfürstenthum Hessen, in den vormals Großherzoglich Hessischen Landestheilen, im vormaligen Großherzogthum Nassau, in den vormals Landgräfl. Hessen-Homburgischen Landestheilen und in den vormals Bayerischen Landestheilen dem Landrath.

§ 48.

Die Genehmigung der Behörde (§ 47) darf versagt oder an Bedingungen, welche die Verhütung von Feuersgefahr bezwecken, geknüpft werden, wenn aus der Errichtung der Feuerstelle eine Feuersgefahr für die Waldung zu besorgen ist.

Die Genehmigung darf nicht versagt werden, wenn die Feuerstelle innerhalb einer im Zusammenhange gebauten Ortschaft, oder vom Waldeigenthümer, oder in der Ausführung eines Enteignungsrechts errichtet werden soll; jedoch darf die Genehmigung an Bedingungen geknüpft werden, welche die Verhütung von Feuersgefahr bezwecken.

Bedingungen. Die Bedingungen, an welche nach § 48 die Genehmigung der Behörde zur Errichtung einer Feuerstelle (§ 47) geknüpft werden kann, dürfen lediglich zu dem Zweck gestellt werden, um eine aus der Errichtung der Feuerstelle zu besorgende Feuersgefahr für die betreffende Waldung zu verhüten. Vergl. Entsch. des OVG. Bd. 10 S. 322.

§ 49.

Der Antrag auf Ertheilung der Genehmigung ist dem Waldeigenthümer, falls dieser nicht der Bauherr ist, mit dem Bemerken bekannt zu machen, daß er innerhalb einer Frist von einundzwanzig Tagen bei der Behörde (§ 47) Einspruch erheben könne.

Der erhobene Einspruch ist von der Behörde (§ 47), geeignetenfalls nach Anhörung des Antragstellers und des Waldeigenthümers, sowie nach Aufnahme des Beweises zu prüfen.

1. **Die Bestimmungen der §§ 49 und 50** entsprechen den §§ 16 und 17 des Gesetzes vom 25. August 1876 mit der sich von selbst ergebenden Aenderung, daß die Mittheilung des Antrages auf Ertheilung der Genehmigung an den Waldeigenthümer nicht erfolgt, falls dieser der Bauherr ist und den Antrag also selbst gestellt hat.

2. **Einspruchsfrist.** Die einundzwanzigtägige Frist des § 49 ist im Geltungsbereich des Gesetzes über die allgemeine Landesverwaltung vom 30. Juli 1883 durch § 51 des letzteren nicht geändert worden. Die Frist ist präklusivisch. (§ 88 d. G.) Nach Ablauf derselben kann also ein Einspruch gegen die Ertheilung der Genehmigung nicht mehr erhoben werden. Thatsächliche Hindernisse, welche dem Waldeigenthümer die Innehaltung der Frist unmöglich machen, begründen keine Restitution. Die Betheiligten können die Frist auch nicht durch Uebereinkunft verlängern.

In Betreff des Beginns und der Berechnung der Frist ist im Geltungsbereich des Ges. über die allgem. Landesverwaltung der § 52 Abs. 1 dieses letzteren Gesetzes maßgebend, welcher lautet: „Die Fristen für die Anbringung der Beschwerde und der Klage beziehungsweise des Antrags auf mündliche Verhandlung im Verwaltungsstreitverfahren, sowie alle Fristen im Verwaltungsstreitverfahren sind präklusivisch und beginnen, sofern nicht die Gesetze Anderes vorschreiben, mit der Zustellung. Für die Berechnung der Fristen sind die bürgerlichen Prozeßgesetze maßgebend." In letzterer Beziehung sind hervorzuheben der § 222 CPO., welcher lautet:

„Für die Berechnung der Fristen gelten die Vorschriften des Bürgerlichen Gesetzbuchs.

Fällt das Ende einer Frist auf einen Sonntag oder allgemeinen Feiertag, so endigt die Frist mit Ablauf des nächstfolgenden Werktages.

Bei der Berechnung einer Frist, welche nach Stunden bestimmt ist, werden Sonntage und allgemeine Feiertage nicht mitgerechnet."

und die §§ 187—192 BGB., welche lauten:

§ 187: Ist für den Anfang einer Frist ein Ereigniß oder ein in den Lauf eines Tages fallender Zeitpunkt maßgebend, so wird bei der Berechnung der Frist der Tag nicht mitgerechnet, in welchen das Ereigniß oder der Zeitpunkt fällt.

Ist der Beginn eines Tages der für den Anfang einer Frist maßgebende Zeitpunkt, so wird dieser Tag bei der Berechnung der Frist mitgerechnet. Das Gleiche gilt von dem Tage der Geburt bei der Berechnung des Lebensalters.

§ 188: Eine nach Tagen bestimmte Frist endigt mit dem Ablaufe des letzten Tages der Frist.

Eine Frist, die nach Wochen, nach Monaten oder nach einem mehrere Monate umfassenden Zeitraume — Jahr, halbes Jahr, Vierteljahr — bestimmt ist, endigt im Falle des § 187 Abs. 1 mit dem Ablaufe desjenigen Tages der letzten Woche oder des letzten Monats, welcher durch seine Benennung oder seine Zahl dem Tage entspricht, in den das Ereigniß oder der Zeitpunkt fällt, im Falle des § 187 Abs. 2 mit dem Ablaufe desjenigen Tages der letzten Woche oder des letzten Monats, welcher dem Tage vorhergeht, der durch seine Benennung oder seine Zahl dem Anfangstage der Frist entspricht.

Fehlt bei einer nach Monaten bestimmten Frist in dem letzten Monate der für ihren Ablauf maßgebende Tag, so endigt die Frist mit dem Ablaufe des letzten Tages dieses Monats.

§ 189: Unter einem halben Jahre wird eine Frist von sechs Monaten, unter einem Vierteljahre eine Frist von drei Monaten, unter einem halben Monat eine Frist von fünfzehn Tagen verstanden.

Ist eine Frist auf einen oder mehrere ganze Monate und einen halben Monat gestellt, so sind die fünfzehn Tage zuletzt zu zählen.

§ 190: Im Falle der Verlängerung einer Frist wird die neue Frist von dem Ablaufe der vorigen Frist an berechnet.

§ 191: Ist ein Zeitraum nach Monaten oder nach Jahren in dem Sinne bestimmt, daß er nicht zusammenhängend zu verlaufen braucht, so wird der Monat zu dreißig, das Jahr zu dreihundertfünfundsechzig Tagen gerechnet.

§ 192: Unter Anfang des Monats wird der erste, unter Mitte des Monats der fünfzehnte, unter Ende des Monats der letzte Tag des Monats verstanden.

Die allgemeinen Feiertage in Preußen s. in Anm. 2 zu § 2 d. G. Andere besondere Feiertage einzelner Konfessionen werden hier nicht berücksichtigt.

Ueber die Unterbrechung der Fristen vergl. §§ 239 ff. CPO.

§ 50.

Die Versagung der Genehmigung, die Ertheilung der Genehmigung unter Bedingungen, sowie die Zurückweisung des erhobenen Einspruchs erfolgt durch einen Bescheid der Behörde, welcher mit Gründen zu versehen und dem Antragsteller, sowie dem Waldeigenthümer zu eröffnen ist.

Gegen den Bescheid steht dem Antragsteller, sowie dem Waldeigenthümer innerhalb einer Frist von [zehn Tagen] zwei Wochen die Klage im Verwaltungsstreitverfahren offen. Zuständig ist

a) der Kreisausschuß, wenn der Bescheid von der Ortspolizeibehörde eines Landkreises, oder in der

Provinz Hessen-Nassau von dem Amtmann ertheilt worden ist;

b) [das Bezirksverwaltungsgericht] der Bezirksausschuß, wenn der Bescheid vom Landrath (Amtshauptmann, Oberamtmann) oder von der Ortspolizeibehörde eines Stadtkreises, in der Provinz Hannover von der Polizeibehörde einer selbstständigen Stadt ertheilt worden ist.

1. **Bescheid der Behörde.** Der im § 50 erwähnte Bescheid der Behörde bezw. die im Verwaltungsstreitverfahren ergangenen Entscheidungen des Kreisausschusses u. s. w. machen die Ertheilung der im § 47 erwähnten Genehmigung zur Errichtung der Feuerstelle nicht entbehrlich, diese Genehmigung ist vielmehr nach Beendigung des Verwaltungsstreitverfahrens von der im § 47 bezeichneten Behörde noch besonders auszufertigen.

2. **Eröffnung des Bescheides.** Eine bestimmte Form für die Eröffnung des Bescheides ist nicht vorgeschrieben. Es kann deshalb an und für sich auch eine mündliche Eröffnung genügen. Jedenfalls muß aber Tag und Ort der Eröffnung (Zustellung) aktenmäßig vermerkt werden, um im Streitfall darüber amtliche Auskunft geben zu können.

3. **Klagefrist.** An die Stelle der im § 50 bestimmten zehntägigen Klagefrist ist jetzt nach § 51 des Ges. über die allgem. Landesverw. v. 30. Juli 1883 eine Frist von zwei Wochen getreten. Auch diese Frist ist präklusivisch (§ 88 d. G.). Nach Ablauf derselben kann eine Klage nicht mehr erhoben werden. Die Frist beginnt mit der Eröffnung (Zustellung) des im § 50 Abs. 1 erwähnten Bescheides. Im Uebrigen vergl. hierüber sowie über die Berechnung der Frist die Anm. 2 zu § 49.

4. **Bezirksausschuß.** Durch § 153 des Ges. über die allgem. Landesverw. v. 30. Juli 1883 sind die Bezirksräthe und die Bezirksverwaltungsgerichte aufgehoben und an deren Stelle die Bezirksausschüsse getreten.

5. **Verwaltungsstreitverfahren.** Das Verfahren vor dem Kreisausschuß und dem Bezirksausschuß regelt sich nach den Vorschriften der §§ 63 ff. des Ges. über die allgem. Landesverwaltung v. 30. Juli 1883, von denen hier insbesondere hervorzuheben sind:

§ 63: Die Klage ist bei dem zuständigen Gericht schriftlich einzureichen. Die Klage beim Kreisausschusse kann zu Protokoll erklärt werden. In der Klage ist ein bestimmter Antrag zu stellen, und sind die Person des Beklagten, der Gegenstand des Anspruchs, sowie die den Antrag begründenden Thatsachen genau zu bezeichnen.

§ 65: .... Die Klage ist [wenn sie nicht nach § 64 sofort wegen rechtlicher Unzulässigkeit oder mangelnder Begründung durch

Bescheid zurückgewiesen ist] dem Beklagten mit der Aufforderung zuzufertigen, seine Gegenerklärung innerhalb einer bestimmten, von einer bis zu vier Wochen 'zu bemessenden Frist schriftlich einzureichen. Wenn das Verfahren bei dem Kreisausschusse anhängig ist, so kann die Gegenerklärung auch zu Protokoll erklärt werden.

Die Frist kann in nicht schleunigen Sachen der Regel nach nicht über zwei Wochen verlängert werden. Die Gegenerklärung des Beklagten wird dem Kläger zugefertigt.

§ 66: Allen Schriftstücken sind die als Beweismittel in Bezug genommenen Urkunden im Original oder in Abschrift beizufügen. Von allen Schriftstücken und deren Anlagen sind Duplikate einzureichen.

Das Gericht kann geeigneten Falls gestatten, daß statt der Einreichung von Duplikaten die Anlagen selbst zur Einsicht der Betheiligten in seinem Geschäftslokale offen gelegt werden.

§ 73: Die Parteien sind in der Wahl der von ihnen zu bestellenden Bevollmächtigten nicht beschränkt.

Das Gericht kann Vertreter, welche, ohne Rechtsanwälte zu sein, die Vertretung vor dem Gerichte geschäftsmäßig betreiben, zurückweisen. Eine Anfechtung dieser Anordnung findet nicht statt.

Gemeindevorsteher, welche als solche legitimirt sind, bedürfen zur Vertretung ihrer Gemeinden einer besonderen Vollmacht nicht.

§ 76: Das Gericht ist befugt — geeigneten Falls schon vor Anberaumung der mündlichen Verhandlung — Untersuchungen an Ort und Stelle zu veranlassen, Zeugen und Sachverständige zu laden und eidlich zu vernehmen, überhaupt den angetretenen oder nach dem Ermessen des Gerichts erforderlichen Beweis in vollem Umfange zu erheben.

§ 79: Das Gericht hat nach seiner freien, aus dem ganzen Inbegriffe der Verhandlungen und Beweise geschöpften Ueberzeugung zu entscheiden. Beim Ausbleiben der betreffenden Partei oder in Ermangelung einer Erklärung derselben können die von der Gegenpartei vorgebrachten Thatsachen für zugestanden erachtet werden. Die Entscheidungen dürfen nur die zum Streitverfahren vorgeladenen Parteien und die in demselben erhobenen Ansprüche betreffen.

§ 80: Die Entscheidung kann ohne vorgängige Anberaumung einer mündlichen Verhandlung erlassen werden, wenn beide Theile auf eine solche ausdrücklich verzichtet haben.

§ 81: Die Verkündigung der Entscheidung erfolgt der Regel nach in öffentlicher Sitzung des Gerichts. Eine mit Gründen versehene Ausfertigung der Entscheidung ist den Parteien und, sofern ein besonderer Kommissar zur Wahrnehmung des öffentlichen Interesses bestellt war (§ 74 Abs. 2), gleichzeitig auch diesem zuzustellen. Die Zustellung genügt, wenn die Verkündigung in öffentlicher Sitzung nicht erfolgt ist.

6. Hohenzollernsche Lande. Landestheile außerhalb des Geltungsbereichs der Provinzialordnung. In den Hohenzollernschen Landen werden nach § 90 d. G.

die dem Kreisausschuß im § 50 beigelegten Befugnisse von Amtsausschuß wahrgenommen.

Für die Landestheile außerhalb des Geltungsbereiches der Provinzialordnung vom 29. Juni 1875 sind im § 91 d. G. die Behörden, welche die im § 50 bezeichneten Verrichtungen des Kreisausschusses und des Bezirksausschusses wahrzunehmen haben, festgestellt. Vergl. Allgem. Verf. des Min. f. Landwirthschaft 2c. v. 12. Mai 1880 Nr. 7.

§ 51.

Wer vor Ertheilung der vorgeschriebenen Genehmigung mit der Errichtung einer Feuerstelle beginnt, wird mit Geldstrafe bis zu einhundertundfunfzig Mark oder mit Haft bestraft. Auch kann die Behörde (§ 47) die Weiterführung der Anlage verhindern und die Wegschaffung der errichteten Anlage anordnen.

1. Verhältniß des § 51 zu § 368 Nr. 3 StGB. Der § 368 Nr. 3 StGB. bestimmt: „Mit Geldstrafe bis zu sechzig Mark oder mit Haft bis zu vierzehn Tagen wird bestraft: 3) wer ohne polizeiliche Erlaubniß eine neue Feuerstätte errichtet oder eine bereits vorhandene an einen anderen Ort verlegt.“ Wie auch die Motive hervorheben, kann diese Strafvorschrift mit der Strafbestimmung des § 51 d. G. nicht kollidiren, da die letztere einen besonders qualifizirten Thatbestand enthält. Nur derjenige, welcher in der Umgebung einer Waldung, welche mehr als 100 Hektare in räumlichem Zusammenhange umfaßt, innerhalb einer Entfernung von 75 Metern eine Feuerstelle, ohne die vorgeschriebene Genehmigung (§ 47) erhalten zu haben, errichtet, wird nach der strengeren Strafvorschrift des § 51 bestraft. Die gleichzeitige Anwendung des § 368 Nr. 3 StGB. ist dann selbstverständlich ausgeschlossen.

Wenn zur Errichtung der Feuerstelle, z. B. wenn sie mit einem Wohngebäude verbunden werden soll, auch eine Ansiedelungsgenehmigung erforderlich ist, so kann allerdings event. auch § 20 Ges. v. 25. Aug. 1876 zur Anwendung kommen, welcher lautet: „Wer vor Ertheilung der vorgeschriebenen Genehmigung mit einer neuen Ansiedelung oder der Anlegung einer Kolonie beginnt, wird mit Geldstrafe bis Einhundert und funfzig Mark oder Haft bestraft. Auch kann die Ortspolizeibehörde die Weiterführung der Ansiedelung oder Kolonie verhindern und die Wegschaffung der errichteten Anlagen anordnen.“

2. Verhinderung der Weiterführung 2c. Zur Durchführung der gegen die Weiterführung bezw. die Wegschaffung der Anlage gerichteten Verfügung stehen der Behörde (§ 47) die im § 132 Nr. 1—3 des Ges. über die allgem. Landesverwaltung v. 30. Juli 1883 bezeichneten Zwangsmittel zu Gebote. Um den

Beginn der Errichtung zu verhindern, kann nöthigenfalls nur das unter Nr. 3 a. a. O. bezeichnete Zwangsmittel (unmittelbarer Zwang) zur Anwendung kommen, da Nr. 1 a. a. O. sich nur auf Unterlassungen bezieht und die unter Nr. 2 vorgesehenen Exekutivstrafen wegen der allgemeinen Strafvorschrift des § 51 d. G. nicht Platz greifen können.

In Betreff der gegen die polizeilichen, die Weiterführung rc. betreffenden Anordnungen der Behörde zulässigen Rechtsmittel sind die Vorschriften der §§ 127, 133 Ges. v. 30. Juli 1883 zu beachten.

§ 52.

Die Bestimmungen des Gesetzes vom 25. August 1876, betreffend die Vertheilung der öffentlichen Lasten bei Grundstückstheilungen und die Gründung neuer Ansiedelungen u. s. w. (Gesetzsamml. S. 405), werden durch das gegenwärtige Gesetz nicht berührt.

Ist zu der Errichtung der Feuerstelle (§ 47) eine Ansiedelungsgenehmigung erforderlich, so ist in dem Geltungsbereiche des vorstehend genannten Gesetzes das Verfahren nach den §§ 48 bis 50 des gegenwärtigen Gesetzes mit dem Verfahren nach den §§ 13 bis 17 des Gesetzes vom 25. August 1876 zu verbinden.

1. Die §§ 13 bis 17 des Gesetzes vom 15. August 1876 lauten:

§ 13: Wer außerhalb einer im Zusammenhange gebauten Ortschaft ein Wohnhaus errichten oder ein schon vorhandenes Gebäude zum Wohnhause einrichten will, bedarf einer von der Ortspolizeibehörde zu ertheilenden Ansiedelungsgenehmigung. Vor deren Aushändigung darf die polizeiliche Bauerlaubniß nicht ertheilt werden. Die Ansiedelungsgenehmigung ist nicht erforderlich für Wohnhäuser, welche in den Grenzen eines nach dem Gesetz vom 2. Juli 1875 festgestellten Bebauungsplans, oder welche auf einem bereits bebauten Grundstücke im Zusammenhange mit bewohnten Gebäuden errichtet oder eingerichtet werden sollen.

§ 14: Die Ansiedelungsgenehmigung ist zu versagen, wenn nicht nachgewiesen ist, daß der Platz, auf welchem die Ansiedelung gegründet werden soll, durch einen jederzeit offenen Weg zugänglich, oder daß die Beschaffung eines solchen Weges gesichert ist. Wenn nur der letztere Nachweis erbracht werden kann, so ist bei Ertheilung der Ansiedelungsgenehmigung für die Beschaffung des Weges eine Frist zu bestimmen, nach deren fruchtlosem Ablaufe das polizeiliche Zwangsverfahren eintritt.

§ 15: Die Ansiedelungsgenehmigung kann versagt werden, wenn gegen die Ansiedelung von dem Eigenthümer, dem Nutzungs- oder Gebrauchsberechtigten oder dem Pächter eines benachbarten

Grundstücks oder von dem Vorsteher des Gemeinde- (Guts-) Bezirks, zu welchem das zu besiedelnde Grundstück gehört, oder von einem der Vorsteher derjenigen Gemeinde- (Guts-) Bezirke, an welche dasselbe grenzt, Einspruch erhoben und der Einspruch durch Thatsachen begründet wird, welche die Annahme rechtfertigen, daß die Ansiedelung den Schutz der Nutzungen benachbarter Grundstücke aus dem Feld- oder Gartenbau, aus der Forstwirthschaft, der Jagd oder der Fischerei gefährden werde.

§ 16: Vor Ertheilung der Ansiedelungsgenehmigung sind die betheiligten Gemeinde- (Guts-) Vorsteher (§ 15) von dem Antrage in Kenntniß zu setzen. Diese haben den Antrag innerhalb ihrer Gemeinden (Gutsbezirke) auf ortsübliche Art mit dem Bemerken bekannt zu machen, daß gegen den Antrag von den Eigenthümern, Nutzungs-, Gebrauchsberechtigten und Pächtern der benachbarten Grundstücke innerhalb einer Präklusivfrist von einundzwanzig Tagen bei der Ortspolizeibehörde Einspruch erhoben werden könne, wenn der Einspruch sich durch Thatsachen der im § 15 bezeichneten Art begründen lasse.

Die erhobenen Einsprüche sind von der Ortspolizeibehörde, geeignetenfalls nach Anhörung des Antragstellers und derjenigen, welche Einspruch erhoben haben, sowie nach Aufnahme des Beweises zu prüfen.

§ 17. Die Versagung der Genehmigung auf Grund des § 14 oder auf Grund erhobener Einsprüche (§ 15), sowie die Zurückweisung der gegen die Ansiedelungsgenehmigung erhobenen Einsprüche erfolgt durch einen Bescheid der Ortspolizeibehörde, welcher mit Gründen zu versehen und dem Antragsteller, sowie denjenigen, welche Einspruch erhoben haben, zu eröffnen ist.

Gegen den Bescheid steht dem Antragsteller, sowie denjenigen, welche Einspruch erhoben haben, innerhalb einer Präklusivfrist von [zehn Tagen] zwei Wochen (§ 51 Ges. v. 30. Juli 1883) nach Zustellung des Bescheides, den Tag der Zustellung ungerechnet, die Klage im Verwaltungsstreitverfahren offen.

Zuständig ist der Kreisausschuß, in Stadtkreisen (das Bezirksverwaltungsgericht) der Bezirksausschuß (§ 153 Ges. v. 30. Juli 1883).

1. **Verbindung des Verfahrens.** In dem Geltungsbereich des Ansiedelungsgesetzes vom 25. August 1876, d. h. in den Provinzen Ostpreußen, Westpreußen, Brandenburg, Pommern, Posen, Schlesien, Sachsen und Westfalen muß das für die Erlangung der Ansiedelungsgenehmigung vorgeschriebene Verfahren mit dem in den §§ 48 bis 50 des F. u. FPG. für die Errichtung einer Feuerstelle vorgeschriebenen verbunden werden. Auch in denjenigen Landestheilen, in welchen das Gesetz vom 25. August 1876 keine Geltung hat, kann jedoch aus Zweckmäßigkeitsgründen eine Verbindung mit dem dort bezüglich der Ansiedelungsgenehmigung vorgeschriebenen Verfahren vorgenommen werden. — Für den Geltungsbereich des Lauenburgischen Gesetzes v. 22. Januar 1876, betr. die Vertheilung der öffentlichen Lasten bei Grundstückszerstückelungen (off. Wochenbl. S. 11) vergl. übrigens noch § 149 Nr. 2 des Zuständigkeitsges. v. 1. Aug. 1883.

Zweiter Titel.

Strafverfahren.

§ 53.

Für die Zuwiderhandlungen gegen dieses Gesetz sind die Schöffengerichte zuständig.

Die gesetzliche Befugniß der Ortspolizeibehörden zur vorläufigen Straffestsetzung beziehungsweise zur Verhängung einer etwa verwirkten Einziehung wird hierdurch nicht berührt.

Das Amt des Amtsanwalts kann verwaltenden Forstbeamten übertragen werden.

1. Allgemeines. Der § 3 des Einführungsgesetzes zur Strafprozeßordnung vom 1. Februar 1877 überläßt es den Landesgesetzen, die Anordnung zu treffen, daß Forst- und Feldrügesachen durch die Amtsgerichte in einem besonderen Verfahren, sowie ohne Zuziehung von Schöffen verhandelt und entschieden werden. Im Interesse der Rechtseinheit hat jedoch das Feld- und Forstpolizeigesetz abweichende Vorschriften über das Verfahren nur in soweit getroffen, als die Feld- und Forstpolizeisachen wegen ihrer eigenthümlichen Natur dies dringend erfordern. Hiervon ausgehend und da gerade die Feld- und Forstpolizeisachen zur Verhandlung und Entscheidung durch sach- und ortskundige Laien sich vorzugsweise eignen, hat das Feld- und Forstpolizeigesetz die Zuwiderhandlungen gegen seine Bestimmungen ausnahmslos, d. h. auch die Vergehen gegen §§ 20 und 21 d. G. der Zuständigkeit der Schöffengerichte überwiesen und für das gerichtliche Verfahren mit geringen, in den §§ 56 bis 60 enthaltenen Abweichungen die Vorschriften der Strafprozeßordnung über das Verfahren vor den Schöffengerichten für anwendbar erklärt. (§ 55.) Das Nähere über dieses Verfahren siehe in Anm. 2 zu § 55.

2. Vorläufige Straffestsetzung der Ortspolizeibehörden. Lediglich um mögliche Zweifel bei denjenigen Unterbehörden (Amtsvorstehern u. s. w.), denen die Handhabung des Feld- und Forstpolizeigesetzes hauptsächlich obliegt, zu beseitigen, hat der Gesetzgeber es für erforderlich erachtet, auf die an und für sich zweifellose Fortdauer der Befugniß der Ortspolizeibehörden hinzuweisen, innerhalb der jetzt durch das Gesetz vom 23. April 1883, betreffend den Erlaß polizeilicher Strafverfügungen wegen Uebertretungen (GesS. S. 65 ff.) und der §§ 453 ff. StPO. bestimmten Grenzen vorläufige Straffestsetzungen zu erlassen.

Bei der Einfachheit der hier in Frage kommenden Uebertretungen — die Vergehen gegen die §§ 20 und 21 d. G. scheiden selbstverständlich aus — wird es sich, wie auch in der Allgem. Verf. des landw. Ministers v. 12. Mai 1880 (siehe unten Anhang) hervorgehoben ist, zur Abkürzung des Verfahrens empfehlen, die nach den Bestimmungen des F. u. FPG. zu ahndenden Straffälle, so viel als möglich, im Wege polizeilicher Strafverfügung zu erledigen. Um dieses zu erreichen, sind die Feld- und Forsthüter, sowie die sonstigen Sicherheitsbeamten (Gensdarmen, Polizeidiener u. s. w.) angewiesen, ihre desfallsigen Anzeigen nicht dem Amtsanwalt, sondern der Ortspolizeibehörde (Amtsvorsteher u. s. w.) zu machen. Diese hat sodann in der Regel die Strafverfügung zu erlassen und nur ausnahmsweise, z. B. wenn sie eine ihre Zuständigkeit übersteigende Strafe (d. h. Geldstrafe über 30 M. oder Haft über 3 Tage) für angemessen hält, eine umfassende Ermittelung des Thatbestandes etwa durch Vernehmung von Zeugen oder sonst erforderlich ist 2c., die Akten an den Amtsanwalt zur weiteren Verfolgung der Sache abzugeben.

Für den Erlaß der polizeilichen Strafverfügung sind von dem Minister des Innern und dem Justizminister in der Anweisung vom 8. Juni 1883 zur Ausführung des Gesetzes vom 23. April 1883 spezielle Vorschriften, auch bezüglich der anzuwendenden Formulare, gegeben, welche zugleich mit den Bestimmungen des Gesetzes vom 23. April 1883 im Anhang abgedruckt sind.

3. Amtsanwälte. Verwaltende Forstbeamte. Auf Grund der im § 19 Abs. 2 des Forstdiebstahlsgesetzes v. 15. April 1878 getroffenen Bestimmung, daß die Forstamtsanwaltschaft verwaltenden Forstbeamten übertragen werden könne, hat die Ernennung der Oberförster zu Forstamtsanwälten im Bereich ihrer Reviere und, wo es die lokalen Verhältnisse wünschenswerth erscheinen ließen, auch für benachbarte Forstreviere bezüglich der nach dem Forstdiebstahlsgesetz zu bestrafenden Vergehen und Uebertretungen stattgefunden. Nach der Bestimmung des § 53 Abs. 3 F. u. FPG. soll nun auch für Feld- und Forstpolizeisachen, d. h. für die Zuwiderhandlungen gegen das F. u. FPG., verwaltenden Forstbeamten das Amt eines Amtsanwalts übertragen werden können. Die Uebertragung dieses Amtes erfolgt nach eingeholter Genehmigung des Justizministers (Cirk.-Verf. des Just.-Min. v. 5. Juni 1880. I, 2649) durch den Ober-Staatsanwalt. In Betreff der Geschäftsführung vergl. die Geschäftsanweisung für Amtsanwälte v. 28. August 1879 und insbesondere die im Artikel 129 für die zu Amtsanwälten bestellten verwaltenden Forstbeamten gegebenen besonderen Vorschriften.

§ 54.

Die an die Stelle einer nicht beizutreibenden Geldstrafe eintretende Haft kann vollstreckt werden, ohne daß der Versuch der Beitreibung der Geldstrafe gegen

den für haftbar Erklärten gemacht worden ist, sofern die Zahlungsunfähigkeit desselben gerichtskundig ist.

1. **Allgemeines.** Die Vollstreckung der an die Stelle einer nicht beizutreibenden Geldstrafe eintretenden Haft hat zur nothwendigen Voraussetzung, daß sowohl bei dem Verurtheilten, als auch bei dem für haftbar Erklärten Zahlungsunfähigkeit vorhanden und festgestellt ist. Zur Feststellung der Zahlungsunfähigkeit des Verurtheilten ist es unerläßlich, daß der Versuch der Beitreibung der erkannten Geldstrafe vergeblich gemacht worden ist. Zur Feststellung der Zahlungsunfähigkeit des für haftbar Erklärten genügt die Gerichtskundigkeit der Uneinziehbarkeit der Geldstrafe. Von einem Versuch der Beitreibung der Geldstrafe gegen den für haftbar Erklärten kann Abstand genommen werden. Vergl. § 13 Forstdiebst.Ges. v. 15. April 1878.

2. **Umwandlung der Geldstrafen in Haftstrafen.** Für die Umwandlung der in Feld- und Forstpolizeisachen erkannten Geldstrafen in Haftstrafen hat das Gesetz — abweichend von dem Forstdiebstahlsgesetz v. 15. April 1878 — einen besonderen Maßstab nicht aufgestellt. Es bewendet demnach bei der allgemeinen Bestimmung des § 29 StGB., welche lautet: „Bei Umwandlung einer wegen — — — einer Uebertretung erkannten Geldstrafe ist der Betrag von Einer bis zu funfzehn Mark einer eintägigen Freiheitsstrafe gleich zu achten. Der Mindestbetrag der an Stelle einer Geldstrafe tretenden Freiheitsstrafe ist Ein Tag, ihr Höchstbetrag bei Haft sechs Wochen."

§ 55.

Für das gerichtliche Verfahren gelten, soweit nicht in diesem Gesetze abändernde Bestimmungen getroffen sind, die Vorschriften der Strafprozeßordnung über das Verfahren vor den Schöffengerichten.

1. **Allgemeines.** Das gerichtliche Verfahren in Feld- und Forstpolizeisachen auf Grund des Feld- und Forstpolizeigesetzes ist nach § 55 folgendermaßen geregelt:

Das Verfahren bestimmt sich zunächst nach den in den §§ 56, 57, 58, 59, 60 und 66 dieses Gesetzes gegebenen Vorschriften. Insoweit diese Vorschriften das in der Strafprozeßordnung besonders geregelte Verfahren vor den Schöffengerichten nicht abändern, kommen diese besonderen Vorschriften der Strafprozeßordnung über das schöffengerichtliche Verfahren zur Anwendung. Wo endlich auch diese Vorschriften keine Besonderheiten des Verfahrens konstituiren, regelt sich das letztere nach den allgemeinen Bestimmungen der Strafprozeßordnung.

2. **Die besonderen Bestimmungen der Strafprozeßordnung** über das Verfahren vor den Schöffengerichten finden sich in den §§ 140, 176, 198, 199, 207, 211, 244, 264, 270, 271,

273, 275, 354 bis 373, 380, 399, 447 bis 452 und 483. Die Bestimmungen der vorbezeichneten Paragraphen enthalten im Wesentlichen Folgendes:

§ 140. In den Sachen, welche vor das Schöffengericht gehören, findet eine nothwendige Vertheidigung nicht statt.

§ 176. In den zur Zuständigkeit der Schöffengerichte gehörigen Sachen ist, außer dem Falle der Verbindung in Folge eines Zusammenhanges mit Sachen, in denen eine Voruntersuchung nothwendig ist, die Voruntersuchung unzulässig.

§ 198. Die Anklageschrift in Schöffensachen hat lediglich die dem Angeschuldigten zur Last gelegte That unter Hervorhebung ihrer gesetzlichen Merkmale und des anzuwendenden Strafgesetzes zu bezeichnen, sowie die Beweismittel und das Gericht, vor welchem die Hauptverhandlung stattfinden soll, anzugeben. Der Aufnahme der wesentlichen Ergebnisse der stattgehabten Ermittelungen bedarf es nicht.

§ 199. In Schöffensachen wird dem Angeschuldigten bei Zustellung der Anklageschrift die sonst vorgeschriebene Vertheidigungsfrist nicht gewährt.

§ 207. Der Amtsrichter hat, wenn er findet, daß eine bei ihm eingereichte Sache die Zuständigkeit des Schöffengerichts übersteigt, die Akten durch Vermittelung der Staatsanwaltschaft (Amtsanwalt) dem Landgerichte zur Entscheidung vorzulegen.

§ 211. Im schöffengerichtlichen Verfahren kann in gewissen Fällen (freiwillige Gestellung, Vorführung des Angeschuldigten und Verfolgung desselben wegen einer Uebertretung — also nicht in den Fällen der §§ 20 und 21 dieses Gesetzes –) die Einreichung einer Anklageschrift und eine Entscheidung über die Eröffnung des Hauptverfahrens unterbleiben.

§ 244. In den Verhandlungen vor den Schöffengerichten bestimmt das Gericht den Umfang der Beweisaufnahme, ohne hierbei durch Anträge, Verzichte oder frühere Beschlüsse gebunden zu sein.

§ 264. In den Verhandlungen vor den Schöffengerichten kann der Angeklagte wegen einer nachträglich hervorgetretenen Aenderung der Sache die Aussetzung der Hauptverhandlung nicht beantragen.

§ 270. Wenn das Schöffengericht durch Beschluß seine Unzuständigkeit ausspricht und die Sache an das zuständige Gericht verweist, so kann der Angeklagte innerhalb einer bei der Bekanntmachung des Beschlusses zu bestimmenden Frist die Vornahme einzelner Beweiserhebungen vor der Hauptverhandlung beantragen.

§ 271. Das Protokoll über die Hauptverhandlung in Schöffensachen braucht im Falle der Verhinderung des Amtsrichters nur vom Gerichtsschreiber unterschrieben zu werden.

§ 273. In das Protokoll sind auch die wesentlichen Ergebnisse der Vernehmungen aufzunehmen.

§ 275. Das Urtheil braucht von den Schöffen nicht unterschrieben zu werden.

§§ 354 bis 373 enthalten die Vorschriften über die gegen die Urtheile der Schöffengerichte stattfindende Berufung. (Vergl. § 58 d. G.)

§ 380. Gegen die in der Berufungsinstanz erlassenen Urtheile der Landgerichte kann die Revision wegen Verletzung einer Rechtsnorm über das Verfahren nur auf Verletzung der Vorschrift des § 398 gestützt werden.

§ 399. In Schöffensachen findet die Wiederaufnahme eines durch rechtskräftiges Urtheil geschlossenen Verfahrens zu Gunsten des Verurtheilten wegen beigebrachter neuer Thatsachen oder Beweismittel nur insoweit statt, als der Verurtheilte die letzteren in dem früheren Verfahren einschließlich der Berufungsinstanz nicht gekannt hatte oder ohne Verschulden nicht geltend machen konnte.

§§ 447 bis 452 enthalten die Vorschriften über das nur in Schöffensachen zulässige Verfahren bei amtsrichterlichen Strafbefehlen.

§ 483. Für die zur Zuständigkeit der Schöffengerichte gehörigen Sachen kann durch Anordnung der Landesjustizverwaltung die Strafvollstreckung den Amtsrichtern übertragen werden. Vergl. die Allgem. Verf. des Justizministers v. 14. August 1879 betr. Strafvollstreckungen 2c., welche sub I bestimmt: „Für diejenigen Sachen, in welchen das Amtsgericht (Schöffengericht) in erster Instanz erkannt hat, wird, in Gemäßheit des § 483 Abs. 3 der Strafprozeßordnung, die Strafvollstreckung dem Amtsrichter übertragen.“ (JMBl. 1879 S. 237.)

3. Gerichtsstand. Das Feld- und Forstpolizeigesetz hat — abweichend von dem Forstdiebstahlsgesetz vom 15. April 1878 (§ 21) — über den Gerichtsstand in Feld- und Forstpolizeisachen keine besonderen Bestimmungen getroffen. Es bewendet deshalb in dieser Beziehung bei den allgemeinen Vorschriften der Strafprozeßordnung. Nach den §§ 7 bis 9 und 477 StPO. gilt in Betreff des Gerichtstandes Folgendes:

1. Der Gerichtsstand ist begründet bei demjenigen Amtsgericht, in dessen Bezirk die strafbare Handlung begangen ist.

2. In gleicher Weise ist der Gerichtsstand bei demjenigen Amtsgericht begründet, in dessen Bezirk der Angeschuldigte zur Zeit der Erhebung der Klage seinen Wohnsitz hat. Wenn er einen solchen im Deutschen Reich nicht hat, so wird der Gerichtsstand auch durch den gewöhnlichen Aufenthaltsort und, wenn ein solcher nicht bekannt ist, durch den letzten Wohnsitz bestimmt.

3. Ist ein Gerichtsstand der begangenen That oder des Wohnsitzes (Aufenthaltsorts, letzten Wohnsitzes) nicht vorhanden oder nicht zu ermitteln, so ist der Gerichtsstand bei demjenigen Amtsgericht begründet, in dessen Bezirk die Ergreifung erfolgt. Hat auch eine Ergreifung nicht stattgefunden, so wird das zuständige Gericht vom Reichsgericht bestimmt.

4. In den Fällen, in welchen auf Einziehung von Gegenständen selbstständig erkannt werden kann, ist dasjenige Amtsgericht zuständig, welches für den Fall der Verfolgung einer bestimmten Person zuständig sein würde.

4. Verjährung. Das F. u. FPG. hat auch über die Verjährung der Strafverfolgung von Zuwiderhandlungen gegen seine Strafvorschriften — wiederum abweichend von dem Forstdiebstahlsgesetz (§ 18) — keine besonderen Bestimmungen getroffen. Es bewendet daher bei den allgemeinen Vorschriften des Strafgesetzbuchs. Nach § 67 StGB. verjährt demnach:

1. die Strafverfolgung der Zuwiderhandlungen gegen das Feld- und Forstpolizeigesetz, soweit sich dieselben als Uebertretungen im Sinne des § 1 StGB. (Haft oder Geldstrafe bis 150 Mark) darstellen, in drei Monaten;

2. die Strafverfolgung der im § 20 des F. u. FPG. mit Strafe bedrohten Handlungen, welche sich als Vergehen im Sinne des § 1 StGB. (Gefängniß) darstellen und im Höchstbetrage nur mit einer dreimonatlichen Gefängnißstrafe bedroht sind, in drei Jahren;

3. die Strafverfolgung der im § 21 des F. u. FPG. mit Strafe bedrohten Handlungen, welche als Vergehen im Höchstbetrage mit einer längeren als dreimonatlichen Gefängnißstrafe bedroht sind, in fünf Jahren.

Die Verjährung der Strafverfolgung beginnt mit dem Tage, an welchem die Handlung begangen ist, ohne Rücksicht auf den Zeitpunkt des eingetretenen Erfolges. Bei denjenigen Zuwiderhandlungen, welche durch Unterlassungen begangen werden, beginnt die Verjährung erst mit dem Aufhören der Verpflichtung, bei strafbaren Handlungen, welche in der Fortsetzung eines gewissen gesetzwidrigen Zustandes bestehen, erst mit dem Aufgeben des rechtswidrigen Verhaltens.

Jede Handlung des Richters (nicht auch des Amtsanwalts), welche wegen der begangenen That gegen den Thäter gerichtet ist, unterbricht die Verjährung. Eine polizeiliche Strafverfügung wirkt in Betreff der Unterbrechung der Verjährung wie eine richterliche Handlung.

Die Unterbrechung findet nur rücksichtlich desjenigen statt, auf welchen die Handlung sich bezieht. Nach der Unterbrechung beginnt eine neue Verjährung. Ist der Beginn oder die Fortsetzung eines Strafverfahrens von einer Vorfrage abhängig, deren Entscheidung in einem anderen Verfahren erfolgen muß (Berechtigungseinrede, z. B. im Fall des § 25 Nr. 3), so ruht die Verjährung bis zu dessen Beendigung. (§§ 68, 69 StGB.)

In Betreff der Verjährung der Strafvollstreckung bewendet es bei den Vorschriften der §§ 70ff. StGB.

§ 56.

Mehrere Strafsachen können, auch wenn ein Zusammenhang (§§ 3 und 236 der Strafprozeßordnung) nicht vorhanden ist, zum Zwecke gleichzeitiger Verhandlung und Entscheidung verbunden werden.

Nach § 3 der Strafprozeßordnung ist ein Zusammenhang, welcher die Verbindung mehrerer Strafsachen zum Zwecke gleichzeitiger Verhandlung und Entscheidung gestattet, vorhanden, wenn eine Person mehrerer strafbarer Handlungen beschuldigt wird, oder wenn bei einer strafbaren Handlung mehrere Personen als Thäter, Theilnehmer, Begünstiger oder Hehler beschuldigt werden. Nach § 236 StPO. kann das Gericht im Falle eines Zusammenhanges die Verbindung mehrerer Sachen beschließen, auch wenn dieser Zusammenhang nicht der im § 3 bezeichnete ist. Mit Rücksicht auf die Gleichartigkeit der hier in Betracht kommenden Uebertretungen und im Interesse der Vereinfachung des Verfahrens gestattet nun der § 55, die Verhandlung und Entscheidung bezüglich mehrerer strafbarer Feld- und Forstfrevel selbst dann in einem sogenannten Gesammtprozesse zusammenzufassen, wenn ein Zusammenhang im Sinne der §§ 3 und 236 StPO. überhaupt nicht vorhanden ist. Daraus ergiebt sich, daß mehrere strafbare Feld- und Forstfrevel von vornherein von Seiten der Anklagebehörde verbunden bei dem Gericht anhängig gemacht werden können.

Von dem Erlaß besonderer Bestimmungen über die in tabellarischer Form aufzustellenden Anklageschriften, Zustellungsurkunden, Urtheilsformeln u. s. w. hat das Gesetz vorläufig Abstand genommen. Die erforderlichen Bestimmungen können im Verwaltungswege getroffen werden. (Vergl. Mot.)

§ 57.

Die Hauptverhandlung kann auch in den Fällen der §§ 20 und 21 dieses Gesetzes ohne Anwesenheit des Angeklagten erfolgen.

Nach den Vorschriften der §§ 229, 231 und 232 der Strafprozeßordnung darf in Schöffensachen ohne Anwesenheit des Angeklagten zur Hauptverhandlung nur geschritten werden:

1. im Falle unentschuldigten, oder nicht genügend entschuldigten Ausbleibens, wenn die den Gegenstand der Untersuchung bildende That nur mit Geldstrafe, Haft oder Einziehung, allein oder in Verbindung mit einander, bedroht und der Angeklagte unter ausdrücklichem Hinweis auf die Zulässigkeit dieses Verfahrens geladen ist;

2. wenn der Angeklagte auf seinen Antrag wegen großer Entfernung seines Aufenthaltsorts von der Verpflichtung zum Erscheinen in der Hauptverhandlung Seitens des Amtsrichters entbunden ist.

In Erweiterung dieser Bestimmungen schreibt § 57 vor, daß auch in den mit *Gefängnißstrafe* bedrohten Fällen der §§ 20 und 21 die Hauptverhandlung in Feld- und Forstpolizeisachen ohne Anwesenheit des Angeklagten erfolgen kann.

§ 58.

Für die Verhandlung und Entscheidung über das Rechtsmittel der Berufung sind die Strafkammern zuständig; dieselben entscheiden in der Besetzung mit drei Mitgliedern einschließlich des Vorsitzenden.

1. **Strafkammern,** d. h. sowohl die Strafkammern der Landgerichte, als auch die bei den Amtsgerichten in Gemäßheit des § 78 Ger.Verf.Ges. bezw. der Verfügung des Justizministers vom 25. Juli 1879 (JMBl. S. 207) gebildeten sog. detachirten Strafkammern.

2. **Besetzung der Strafkammern.** Nach § 77 des Ger.Verf.Ges. sind die Strafkammern nur in der Berufungsinstanz bei Uebertretungen und in den Fällen der Privatklage mit drei Mitgliedern einschließlich des Vorsitzenden zu besetzen. Nach der Bestimmung des § 58 entscheiden die Berufungskammern in Feld- und Forstpolizeisachen stets in dieser Besetzung ohne Rücksicht darauf, ob eine Uebertretung oder ein Vergehen (§§ 20 und 21) vorliegt.

§ 59.

Die Revision gegen die in der Berufungsinstanz erlassenen Urtheile findet nur statt, wenn eine der durch die §§ 20 und 21 dieses Gesetzes vorgesehenen strafbaren Handlungen den Gegenstand der Untersuchung bildet.

Das Rechtsmittel der Revision läßt das Gesetz in den Feld- und Forstpolizeisachen der Regel nach nicht zu. Dasselbe findet nur dann statt, wenn eines der in den §§ 20 und 21 vorgesehenen Vergehen den Gegenstand der Untersuchung bildet. Vergl. Urt. KG. 5/12 87, Joh. 8, 139. Urt. KG. 14/9 93, Joh. 14, 337. Urt. KG. 4/1 94, Joh. 15, 306 u. a. In Betreff des Verfahrens bei der Revision bewendet es bei den allgemeinen Bestimmungen der §§ 375 bis 398 StPO. Vergl. insbesondere § 380 oben Anm. 2 zu § 55.

Für die Verhandlung und Entscheidung über das Rechtsmittel der Revision ist der Straf-Senat des Kammergerichts in Berlin in der Besetzung von fünf Mitgliedern zuständig. (Ger.Verf.Ges. §§ 120, 123 Nr. 2, 124 und Pr. Ausf.Ges. z. Ger.Verf.Ges. v. 24. April 1878 § 50.)

§ 60.

Auf Zuwiderhandlungen gegen die im Interesse des Feld- und Forstschutzes erlassenen Polizeiverordnungen findet das in diesem Gesetze vorgeschriebene Verfahren Anwendung.

Steht mit einer der vorbezeichneten Zuwiderhandlungen oder mit einer Zuwiderhandlung gegen dieses Gesetz ein nach § 361 Nr. 9 des Strafgesetzbuchs strafbares Nichtabhalten von der Begehung strafbarer Verletzungen der Gesetze zum Schutze der Feldfrüchte und Forsten im Zusammenhange, so findet auch auf diese Uebertretung das in diesem Gesetze vorgeschriebene Verfahren Anwendung.

Die Bestimmung des § 60 ist in das Gesetz aufgenommen, weil die Zuwiderhandlungen gegen die im Interesse des Feld- und Forstschutzes erlassenen Polizeiverordnungen und die Uebertretungen des § 361 Nr. 9 StGB. häufig in so engem Zusammenhang mit den Zuwiderhandlungen gegen das F. u. FPG. stehen, daß ein getrenntes Verfahren nur zu besonderen Schwierigkeiten Veranlassung geben würde. (Vergl. Mot.) — Die Strafbestimmung des § 361 Nr. 9 siehe in Anm. 1 zu § 5.

§ 61.

In Fällen, wo nach diesem Gesetze die Verfolgung nur auf Antrag eintritt, ist die Zurücknahme des Antrags zulässig.

1. Allgemeines. Die Verfolgung tritt nach dem F. u. FPG. nur auf Antrag ein in den Fällen der §§ 9, 10, 18 Abs. 2, 24, 38, 39, 40, 41 und, falls die Voraussetzungen des § 370 Nr. 5 StGB. vorliegen, auch in den Fällen der §§ 19, 20 und 21. In Betreff der Stellung des Strafantrages vergl. im Allgemeinen Anm. 4 zu § 9.

2. Zurücknahme des Strafantrages. In Betreff der Zurücknahme des Strafantrages kommen die allgemeinen Vorschriften des § 64 StGB. zur Anwendung. Danach ist zunächst die Zurücknahme des Strafantrages nur zulässig bis zur Verkündung eines auf Strafe lautenden Urtheils. Die Verkündung eines Strafurtheils erfolgt nach § 267 StPO. durch Vorlesung der Urtheilsformel und Eröffnung der Urtheilsgründe. Die amtsgerichtlichen Strafbefehle und polizeilichen Strafverfügungen stehen dem gerichtlichen, auf Strafe lautenden Urtheil gleich, wenn sie durch Ablauf der für den Antrag auf richterliche Entscheidung gegebenen Frist bezw. der Einspruchsfrist rechtskräftig bezw. vollstreckbar geworden sind.

Das Recht auf Zurücknahme des Strafantrages erlischt durch die Urtheilsverkündung vollständig, d. h. es lebt nicht wieder auf, wenn das Urtheil in der höheren Instanz aufgehoben und die Sache zur anderweiten Entscheidung in die Instanz zurückgewiesen wird; der § 64 StGB. erfordert nicht ein rechtsbeständiges Urtheil. Vergl. Urt. 12/11 80, E. 2, 420; R. 2, 503.

Die rechtzeitige Zurücknahme des Strafantrages gegen einen der an einer Zuwiderhandlung gegen das F. u. FPG. Betheiligten (Thäter oder Theilnehmer, Begünstiger) hat ferner nach § 64 Abs. 2 StGB. die Einstellung des Verfahrens auch gegen die anderen Betheiligten zur Folge, wobei jedoch zu bemerken ist, daß die Zurücknahme eines nach § 247 Abs. 1 StGB. (vergl. § 22 d. G.) gestellten Antrages nur die Straflosigkeit derjenigen bei der Zuwiderhandlung Betheiligten nach sich zieht, welche in einem der dort bezeichneten Verhältnisse stehen, alle sonstigen Betheiligten dagegen von Amtswegen zu bestrafen sind. Urt. 19/12 81, E. 5, 274.

Die Zurücknahme des Strafantrages ist endlich an eine bestimmte Form nicht gebunden; sie kann insbesondere auch mündlich bei derjenigen Behörde erfolgen, bei welcher die That zur Anzeige gebracht und der Strafantrag gestellt war. Immer aber muß die Zurücknahmeerklärung erkennen lassen, daß der zum Strafantrag Berechtigte die Verfolgung nicht mehr wolle, und außerdem muß sie rechtzeitig zur Kenntniß des Gerichts (bei polizeilichen Strafverfügungen: der verfügenden Behörde) gelangen.

Privatabkommen zwischen dem Verletzten und dem Angeschuldigten sind an und für sich unwirksam.

Eine ordnungsmäßig erfolgte Zurücknahme des Strafantrages kann nicht widerrufen werden. Demgemäß kann ein einmal zurückgenommener Antrag auch nicht mehr (d. h. auch nicht innerhalb der dreimonatlichen Antragsfrist) erneuert werden. Vergl. Urt. Obertrib. 3/10 73, OR. 14, 548 und Urt. ROHG. 11/9 73, Entsch. 11, 114.

Dritter Titel.

Feld- und Forsthüter.

§ 62.

Feldhüter (Forsthüter) im Sinne dieses Gesetzes sind die von einer Stadtgemeinde, von einer Landgemeinde oder von einem Grundbesitzer für den Feldschutz (Forstschutz) angestellten Personen.

Die Anstellung der Feldhüter (Forsthüter) bedarf der Bestätigung nach den für Polizeibeamte gegebenen

Vorschriften und, soweit solche nicht bestehen, der **Bestätigung des Landraths (Amtshauptmanns, Oberamtmanns).**

1. Grundbesitzer. Die Befugniß zur Anstellung von Feld= und Forsthütern ist nach dem Wortlaut des § 62 jedem Grundbesitzer ohne Rücksicht auf die Größe seines Gutes und ohne Rücksicht darauf gegeben, ob das Gut einen selbstständigen Gutsbezirk bildet oder nicht, wobei allerdings zu beachten ist, daß der Grundbesitzer durch die Anstellung eines eigenen Feld= oder Forsthüters von der Verpflichtung, zu den Kosten der Unterhaltung des von der Gemeinde angestellten Feld= oder Forsthüters beizutragen, nicht befreit wird. (Mot.)

2. Anstellung und Bestätigung der Feld= und Forsthüter.

1) Wenn ein Grundbesitzer einen Feld= oder Forsthüter im Sinne des F. und FPG. bestellen will, so muß der Anzustellende von dem zuständigen Landrath; in den Hohenzollernschen Landen von dem zuständigen Oberamtmann bestätigt werden.

2) Wenn eine Gemeinde (Stadt= oder Landgemeinde) einen solchen Feld= oder Forsthüter bestellen will, so bedarf es zunächst eines Beschlusses der Gemeinde über die Annahme einer bestimmten Person zu diesem Amt und alsdann der Anstellung durch die Gemeindebehörde. Diese Anstellung muß sodann nach Vorschrift des § 4 des Gesetzes vom 11. März 1850 bezw. der Verordnung vom 20. September 1867 von der Staatsregierung bestätigt werden. Vergl. den Bescheid des landw. Min. u. des Min. d. J. v. 8. Mai 1875 (BMBl. 1875 S. 140).

Die Organe, durch welche die Staatsregierung ihr Bestätigungsrecht ausübt, sind:

a) im Geltungsbereiche des Gesetzes über die allgemeine Landesverwaltung vom 30. Juli 1883.
   1. für Stadtgemeinden: der Regierungspräsident,
   2. für Landgemeinden und Gutsbezirke: der Landrath; in den Hohenzollernschen Landen: der Oberamtmann. Die Versagung der Bestätigung darf nur mit Zustimmung des Kreisausschusses (Amtsausschusses) erfolgen. Vergl. §§ 26, 26a der KO. v. 13. Dez. 1872.

b) außerhalb des Geltungsbereiches des Ges. v. 30. Juli 1883:
   1. für Stadtgemeinden: die Bezirksregierung,
   2. für das platte Land: der Landrath.

Eine Vereidigung der von den Gemeinden oder von dem einzelnen Grundbesitzer unter Beobachtung der vorstehenden Vorschriften angestellten Feld= oder Forsthüter ist im Sinne des Feld= und Forstpolizeigesetzes nicht erforderlich.

Mehrere Gemeinden oder mehrere Grundbesitzer können einen gemeinschaftlichen Feld- oder Forsthüter anstellen.

Eine und dieselbe Person kann als Feldhüter und als Forsthüter fungiren. (Mot.)

3. Beamtenqualität. Hülfsbeamte der Staatsanwaltschaft. Beschlagnahmen und Durchsuchungen. Die Feld- und Forsthüter, welche unter den im § 62 vorgeschriebenen Bedingungen angestellt sind, haben, insoweit es sich um den ihnen anvertrauten Feld- oder Forstschutz handelt, den Charakter von im Dienste des Staates stehenden öffentlichen Beamten. In Bezug auf die ihnen übertragenen amtlichen Funktionen stehen ihnen daher nicht allein diejenigen gesetzlichen Bestimmungen zur Seite, welche zum Schutze des Amtes gegeben sind (§§ 113, 117 StGB.), sondern unterliegen ihre Amtshandlungen auch den in Betreff der Amtsverbrechen und Amtsvergehen bestehenden Strafgesetzen (§§ 331 ff. StGB.). Ob die Feld- und Forsthüter vereidigt sind, ist in dieser Beziehung vollkommen unerheblich.

Zu den Hülfsbeamten der Staatsanwaltschaft gehören die Feld- und Forsthüter an und für sich nicht. Dieselben sind deßhalb auch zur selbstständigen Vornahme von förmlichen Beschlagnahmen im Sinne des § 94 StPO. und von Durchsuchungen (Haussuchungen) nicht befugt. Vergl. Urt. 29/1 86, E. 13, 270 u. Urt. 7/11 98, E. 31, 307. Dadurch wird aber selbstverständlich ihre Befugniß nicht ausgeschossen, die bei Zuwiderhandlungen gegen das F. u. FPG. gebrauchten Werkzeuge u. s. w. in den Fällen der §§ 18 bis 21, 33 u. s. w. in Verwahrung zu nehmen. In allen übrigen Fällen haben sie sich behufs Anordnung der Beschlagnahme oder Durchsuchung an den nächsten Hülfsbeamten der Staatsanwaltschaft zu wenden.

Anders liegt die Sache, wenn der Forsthüter zu denjenigen Königlichen Forstschutzbeamten gehört, welche durch die Cirkular-Verfügung des Ministers des Innern und des Justizministers vom 23. November 1881 (BMBl. 1882 S. 34) ausdrücklich zu Hülfsbeamten der Staatsanwaltschaft bestellt worden sind. Alsdann ist derselbe bei Gefahr im Verzuge auch zur Anordnung von Durchsuchungen und zu Beschlagnahmen befugt. Eine nähere Instruktion ist in dieser Beziehung gegeben durch die Cirkular-Verfügung des landw. Ministers und des Ministers des Innern vom 23. Juli 1883 betr. die zu Hülfsbeamten der Staatsanwaltschaft bestellten Forstschutzbeamten, welche im Anhang abgedruckt ist.

Vergl. übrigens hinsichtlich der Befugniß der Feld- und Forsthüter zu Amtshandlungen außerhalb ihres eigentlichen Schutzbezirks auch das Urt. 8/12 82, E. 7, 272, wo ausgeführt wird, daß die Handhabung des Forstschutzes sich nicht auf die Ausmittelung und Anzeige geschehener Gesetzesverletzungen beschränke, vielmehr, selbst abgesehen von den im Interesse der öffentlichen Ordnung seitens der Forstbeamten wahrzunehmenden forstpolizeilichen Funktionen, schon von dem Gesichtspunkte des

Schutzes anvertrauter Vermögensrechte aus die Verhütung drohender Verletzung dieser Rechte umfasse. „Bei entgegenstehender Auffassung könnte von einer wirksamen Handhabung des Schutzes nicht die Rede sein: beispielsweise würde das Anzünden von Feuer im Walde (§ 44 Nr. 3 F. u. FPG.) in der Vorbereitung oder im Versuche vom Forstaufseher nicht gehindert werden können. Das Vorbeugungsrecht enthält zugleich die Befugniß zu den behufs Ausübung des Rechtes erforderlichen Nachfragen und Ermittelungen."

4. Waffengebrauch. Die Befugniß der von den Grundbesitzern und von den Gemeinden angestellten Forsthüter zum Waffengebrauch richtet sich nach den Vorschriften des Gesetzes v. 31. März 1837 über den Waffengebrauch der Forst- und Jagdbeamten (GS. S. 65), welches in den §§ 1 bis 5 auch in den neuen Provinzen durch das Gesetz v. 25. Juni 1867 eingeführt ist. Es ist hierbei zu bemerken, daß nach § 1 des Gesetzes v. 31. März 1857 die im Kommunal- oder Privatdienst stehenden Forsthüter das Recht zum Waffengebrauch gegen Forstkontravenienten nur dann haben, wenn sie auf Lebenszeit angestellt sind oder die Rechte der auf Lebenszeit Angestellten haben, als Beamte vereidigt und mit ihrem Diensteinkommen nicht auf Pfandgelder, Anzeigegebühr oder Strafgelder angewiesen sind. Vergl. auch die Instruktion des Ministers des Innern für die Kommunal- und Privat-Forst- und Jagdbeamten v. 21. November 1837 (v. Kamptz Ann. Bd. 21 S. 350) und die neueren von den Min. f. Landw. bezw. d. Inn. über den Waffengebrauch der Forstbeamten erlassenen Rundverfügungen v. 14. Juli bezw. 1. Sept. 1897 (Anhang II).

Auf Feldhüter findet das Gesetz v. 31. März 1837 keine Anwendung; dieselben haben demnach auch kein Recht zum Waffengebrauch im Sinne des vorbezeichneten Gesetzes.

§ 63.

Die für den Feldschutz (Forstschutz) im Königlichen Dienst angestellten Personen haben die Befugnisse der Feldhüter (Forsthüter).

1. Die im Königlichen Dienst für den Feldschutz (Forstschutz) angestellten Personen erhalten die Befugnisse der Feldhüter (Forsthüter) im Sinne des F. u. FPG. lediglich durch ihre Anstellung im Königlichen Dienst. Einer Bestätigung nach Vorschrift des § 62 bedarf es selbstverständlich bei diesen Personen nicht. Im Königlichen Dienst befinden sich übrigens nicht nur die im eigentlichen Staatsdienst angestellten Forstschutzbeamten (Feldschutzbeamten), sondern auch die vom Ministerium des Königlichen Hauses bei der Verwaltung der zum Kronfideikommiß oder zum Königlichen Familien- oder Haus-Fideikommiß gehörigen Forsten ɾc. angestellten Beamten. So auch Urt. 9/10 85, E. 12, 423.

2. **Forstreferendare** haben die Befugnisse der Feldhüter (Forsthüter) nur dann, wenn ihnen der Forstschutz als amtliche Funktion, sei es ein für allemal, sei es durch einen ihnen von dem vorgesetzten Oberförster ertheilten Spezialauftrag zugewiesen ist. Urt. 21/23 Dez. 85, E. 13, 215.

3. **Waffengebrauch.** Ueber den Waffengebrauch der im Königlichen Dienst angestellten Forstschutzbeamten vergl. das Gesetz v. 31. März 1837, die Instruktion zu demselben v. 17. April 1837 (v. Kamptz, Ann. Bd. 21 S. 344) und auch das Erk. des Gerichtshofes zur Entsch. der Komp.-Konfl. 8/1 76, J. B. VIII, 427.

§ 64.

Den Gemeinden steht es frei, aus der Zahl ihrer Mitglieder Ehrenfeldhüter zu wählen.

Die Wahl bedarf in den Landgemeinden der Bestätigung der Aufsichtsbehörde.

Die Ehrenfeldhüter sind zu allen dienstlichen Verrichtungen der Feldhüter befugt.

1. **Ehrenforsthüter.** Das Gesetz kennt nur das Institu der Ehrenfeldhüter. Die Anstellung von Ehrenforsthütern ist nicht zulässig.

2. **Ehrenfeldhüter.** In Betreff der Ehrenfeldhüter bemerken die Motive (S. 44): „Das Institut der Ehrenfeldhüter, eingeführt durch § 50 der Feldpolizeiordnung v. 1. November 1847, hat allerdings eine erhebliche Ausdehnung nicht erhalten. Wo es jedoch zur Anwendung gekommen ist, hat es gut fungirt, so daß zu seiner Abschaffung kein Grund vorliegt."

3. **Bestätigung.** Die Wahl der Ehrenfeldhüter bedarf nur in den Landgemeinden der Bestätigung, in den Stadtgemeinden ist dieselbe nicht erforderlich.

4. **Aufsichtsbehörde.** Die Aufsichtsbehörden der Landgemeinden sind:

1) im Geltungsbereich des Gesetzes über die allg. Landesverwaltung vom 30. Juli 1883 der Landrath (in den Hohenzollernschen Landen der Oberamtmann als Vorsitzender des Kreisausschusses und der Regierungspräsident);
2) in den Provinzen Posen und Hessen-Nassau der Landrath, die Regierung, der Oberpräsident und der Minister des Innern;
3) in den Provinzen Westfalen und Schleswig-Holstein, sowie in der Rheinprovinz der Landrath, die Regierung und der Oberpräsident.

5. **Befugnisse der Ehrenfeldhüter.** Eine Verpflichtung der Ehrenfeldhüter zur Ausübung der dienstlichen Verrichtungen der Feldhüter besteht nicht, das Gesetz hat ihnen nur die Befugniß zur Vornahme dieser Verrichtungen gegeben.

§ 65.

Feldhüter, Ehrenfeldhüter oder Forsthüter müssen ein Dienstabzeichen bei sich führen und bei Ausübung ihres Amtes auf Verlangen vorzeigen.

1. Dienstabzeichen. Worin das Dienstabzeichen bestehen soll, ist reglementarischer Anordnung der Aufsichtsbehörde überlassen. Die Beschreibung der Dienstabzeichen wird zweckmäßig in den betreffenden Bezirken von der Ortspolizeibehörde öffentlich bekannt zu machen sein. Vergl. §§ 10 und 11 der Instr. des Min. d. J. für die Kommunal- und Privat-Forst- und Jagdbeamten v. 21. Nov. 1837 (v. Kamptz, Ann. XXI S. 505) und den Allerh. Erlaß v. 11. Oktober 1899, betr. die Walduniform der Forstbeamten der Kommunalverbände ꝛc. (Reichsanz. 1899 Nr. 265). (Anhang II.)

Die Allgem. Verfügung des landwirthschaftl. Ministers vom 12. Mai 1880 bemerkt in Betreff des Dienstabzeichens:

„Das Dienstabzeichen kann entweder eine Uniform oder ein anderes amtliches Abzeichen und letzteres eine Dienstmütze, Brustschild mit Adler u. s. w. sein. Haben die betreffenden Beamten als solche im Dienst eine Uniform zu tragen, so ersetzt diese das Dienstabzeichen, und es braucht daneben nicht noch ein besonderes Abzeichen getragen zu werden. Für die Forstbeamten sind diejenigen Uniformen bezw. Abzeichen, welche nach den bestehenden Vorschriften bei Wahrnehmung des Forstschutzes zu tragen sind, unverändert beizubehalten." Vergl. das Uniform-Reglement für die Königl. preuß. Forstbeamten (Cirk.-Reskr. v. 29. Dez. 1868 J. B. II, 3).

2. Mitführen des Dienstabzeichens. Die Anordnung des § 65, daß die Feldhüter u. s. w. ein Dienstabzeichen bei sich führen und bei Ausübung ihres Amtes auf Verlangen vorzeigen müssen, ist im Wesentlichen nur administrativer Natur. Der gewaltsame Widerstand gegen einen Feldhüter u. s. w. ist daher auch nicht um deswillen straflos, weil der letztere nicht das vorgeschriebene Dienstabzeichen bei sich geführt hat, sobald nur dem Angeklagten anderweitig die Eigenschaft des Feldhüters u. s. w. und daß derselbe in dieser Eigenschaft auftrete, bekannt war.

§ 66.

Feldhüter, Ehrenfeldhüter oder Forsthüter können für sämmtliche in Einer Gerichtssitzung zu verhandelnden Feld- und Forstpolizeisachen, in welchen sie als Zeugen vernommen werden sollen, in dieser Sitzung durch einmalige Leistung des Zeugeneides im Voraus beeidet werden.

Beeidigung. Die Entscheidung darüber, ob die Feldhüter, Ehrenfeldhüter oder Forsthüter nach Vorschrift des § 66 oder in jeder einzelnen Sache — wie es sonst die Strafprozeßordnung vorschreibt — zu beeiden sind, wird in der betreffenden Sitzung des Schöffengerichts von diesem letzteren selbst getroffen.

Vierter Titel.

Schadensersatz und Pfändung.

§ 67.

Der Anspruch auf Erstattung des durch eine Zuwiderhandlung gegen dieses Gesetz entstandenen Schadens ist im Wege des Civilprozesses geltend zu machen.

1. **Das Einführungsgesetz zum Bürgerlichen Gesetzbuch** hat im Art. 89 bestimmt, daß die landesgesetzlichen Vorschriften über die zum Schutze der Grundstücke und der Erzeugnisse von Grundstücken gestattete Pfändung von Sachen, mit Einschluß der Vorschriften über die Entrichtung von Pfandgeld oder Ersatzgeld unberührt bleiben sollen. In Folge dieser Bestimmung sind auch die den Schadensersatz im weiteren Sinne behandelnden §§ 67—76 und die auf die Pfändung bezüglichen §§ 77—89 F. u. FPG. in Geltung verblieben.

2. **Der § 67** stellt in Uebereinstimmung mit den allgemeinen gesetzlichen Vorschriften den Grundsatz auf, daß der durch eine Zuwiderhandlung gegen das Feld- und Forstpolizeigesetz entstandene Schaden im Wege des Civilprozesses geltend zu machen ist. Das Verfahren regelt sich selbstverständlich nach den Vorschriften der Civilprozeßordnung v. 30. Januar 1877 in der Fassung des Gesetzes vom 17. Mai 1898. Die Ausnahmen von der im § 67 ausgesprochenen Regel sind in den §§ 68, 69 ff., 75 ff. enthalten.

§ 68.

Erfolgt bei Entwendungen die Entscheidung durch den Richter auf Grund der Hauptverhandlung, so hat der Richter auf den Antrag des Beschädigten neben der Strafe die Verpflichtung des Schuldigen zum Ersatz des nach den örtlichen Preisen abzuschätzenden Werthes des Entwendeten an den Beschädigten auszusprechen.

Für den Antrag kommen die Vorschriften der Strafprozeßordnung über den Antrag auf Zuerkennung einer Buße (§§ 443 bis 445) zur entsprechenden Anwendung.

Durch den Antrag auf Werthsersatz wird der weitergehende Anspruch auf Schadensersatz nicht ausgeschlossen.

1. **Allgemeines.** In Betreff der nach §§ 18ff. dieses Gesetzes strafbaren Entwendungen — nicht in Betreff anderer Zuwiderhandlungen gegen das Feld- und Forstpolizeigesetz — verordnet der § 68, daß der Richter, wenn er auf Grund der Hauptverhandlung über diese Entwendungen entscheidet, auf Antrag des Beschädigten die Verpflichtung des Schuldigen zum Ersatz des Werthes des Entwendeten aussprechen muß, um dem Beschädigten neben dem häufig auch für ihn mit Belästigungen verbundenen Strafverfahren die Anstrengung eines weitläufigen Civilprozesses zu ersparen. (Mot.)

Die Verurtheilung zum Werthsersatz erfolgt nur auf Antrag des Beschädigten.

2. **Hauptverhandlung.** Die Verurtheilung des Schuldigen zum Ersatz des Werthes des Entwendeten kann nur auf Grund der Hauptverhandlung erfolgen, weil nach den Vorschriften der Strafprozeßordnung die Verpflichtung zur Leistung eines Werthsersatzes weder durch einen amtsrichterlichen Strafbefehl, noch durch eine polizeiliche Strafverfügung festgesetzt werden kann. Vergl. §§ 447, 453 StPO.

3. **Antrag auf Werthsersatz.** Für den Antrag auf Werthsersatz kommen die Vorschriften der Strafprozeßordnung über den Antrag auf Zuerkennung einer Buße zur entsprechenden Anwendung. Dieselben sind in den §§ 443 bis 445 enthalten und lauten wie folgt:

§ 443. Die Befugniß, sich einer öffentlichen Klage nach den Bestimmungen der §§ 435 bis 442 als Nebenkläger anzuschließen, steht auch demjenigen zu, welcher berechtigt ist, die Zuerkennung einer Buße zu verlangen.

Wer die Zuerkennung einer Buße in einem auf erhobene öffentliche Klage anhängigen Verfahren beantragen will, muß sich zu diesem Zwecke der Klage als Nebenkläger anschließen.

§ 444. Der Antrag auf Zuerkennung einer Buße kann bis zur Verkündung des Urtheils erster Instanz gestellt werden.

Der Antrag kann bis zur Verkündung des Urtheils zurückgenommen, ein zurückgenommener Antrag nicht erneuert werden.

Wird der Angeklagte freigesprochen oder das Verfahren eingestellt oder die Sache ohne Urtheil erledigt, so gilt auch der Antrag ohne weitere Entscheidung für erledigt.

Der Anspruch auf Buße kann von den Erben des Verletzten nicht erhoben oder fortgesetzt werden.

§ 445. Der Nebenkläger hat den Betrag, welchen er als Buße verlangt, anzugeben.

Auf einen höheren Betrag der Buße als den beantragten darf nicht erkannt werden.

Der Beschädigte muß sich also, wenn er die Zuerkennung eines Werthsersatzes beanspruchen will, der wegen der Entwendung gegen den Schuldigen erhobenen öffentlichen Klage als Nebenkläger anschließen und zwar bis zur Verkündung des Urtheils erster Instanz. In der Anschlußerklärung muß er den Betrag, welchen er als Werthsersatz verlangt, angeben. Die Zurücknahme des Antrages kann bis zur Verkündung des Urtheils erfolgen; ein zurückgenommener Antrag kann nicht erneuert werden. Von den Erben des Beschädigten kann der Anspruch auf Werthsersatz weder erhoben, noch fortgesetzt werden. Der Richter darf auf einen höheren Betrag des Werthsersatzes als den vom Beschädigten beantragten nicht erkennen. In den Fällen der Freisprechung des Schuldigen, der Einstellung des Verfahrens und der Erledigung der Sache ohne Urtheil gilt auch der Antrag auf Werthsersatz ohne weitere Entscheidung für erledigt. Wird der Schuldige zwar verurtheilt, der Antrag auf Zuerkennung des Werthsersatzes aber zurückgewiesen, so wird dem Beschädigten das Rechtsmittel der Berufung bezw. der Revision zugestanden werden müssen (§ 441 StPO.).

4. Werthsermittelung. Der Werth des Entwendeten ist vom Richter nach den örtlichen Preisen abzuschätzen. Welches die örtlichen, angemessenen Preise sind, hat der Richter auf Grund der Gerichtskundigkeit und im geeigneten Fall auf Grund einer über den Preis zu veranstaltenden Beweisaufnahme nach seiner freien Ueberzeugung festzustellen. — Der Werth kann nach § 6 den Betrag von 10 Mk. nicht übersteigen.

5. Vollstreckung der Entscheidung über den Werthsersatz. Der § 68 enthält in dieser Beziehung keine Bestimmungen. Der § 495 StPO. verordnet dagegen, daß die Vollstreckung der über eine Buße ergangenen Entscheidung nach den Vorschriften über die Vollstreckung der Urtheile der Civilgerichte erfolgen soll. Da nun das Feld- und Forstpolizeigesetz wegen der rechtlichen Gleichartigkeit der Ansprüche auf Werthsersatz und auf Buße die Vorschriften der Strafprozeßordnung über die Verfolgung des Anspruchs auf Buße offenbar ganz allgemein auch auf die Verfolgung des Anspruchs auf Werthsersatz zur Anwendung bringen will, so wird es unbedenklich sein, die Vorschrift des § 495 StPO. auch auf die Vollstreckung der über den Werthsersatz ergangenen Entscheidung anzuwenden. Die Vorschriften über die Vollstreckung der Urtheile der Civilgerichte sind in den §§ 704 ff. Civ.PO. enthalten. — Vergl. § 109 der Geschäftsanweisung für die Gerichtsvollzieher vom 24. Juli 1879 (JMBl. 1879 S. 205).

6. Schadensersatz. Durch den Antrag auf Werthsersatz wird ein weitergehender Anspruch auf Ersatz des namentlich in den Fällen der §§ 19 und 20 den Werth des Entwendeten oft weit übersteigenden Schadens nicht ausgeschlossen. Derselbe ist der Vorschrift des § 67 d. G. entsprechend im Wege des Civilprozesses geltend zu machen.

§ 69.

Bei Weidefreveln (§ 14) und, sofern es sich um Uebertritt von Thieren handelt, bei Zuwiderhandlungen gegen den § 10 dieses Gesetzes und gegen den § 368 Nr. 9 des Strafgesetzbuchs hat der Beschädigte die Wahl, die Erstattung des nachweisbaren Schadens oder die Zahlung eines Ersatzgeldes zu fordern.

Der Anspruch auf Ersatzgeld ist unabhängig von dem Nachweis eines Schadens.

Mit der Geltendmachung des Anspruchs auf Ersatzgeld erlischt das Recht auf Schadenserstattung. Ist aber der Anspruch auf Schadenserstattung erhoben, so kann bis zur Verkündung des Endurtheils erster Instanz statt der Schadenserstattung das Ersatzgeld gefordert werden.

Treten die Thiere in den Fällen der §§ 10 und 14 dieses Gesetzes oder im Falle des § 368 Nr. 9 des Strafgesetzbuchs zugleich auf die Grundstücke verschiedener Besitzer über, so wird das Ersatzgeld nur einmal erlegt. Dasselbe gebührt demjenigen Besitzer, welcher den Anspruch zuerst bei der Ortspolizei angebracht hat. Ist die Anbringung von Mehreren gleichzeitig erfolgt, so wird das Ersatzgeld zwischen diesen gleichmäßig vertheilt, den übrigen Besitzern verbleibt das Recht auf Schadensersatz.

1. Allgemeines. Bei Weidefreveln (§ 14) und bei Zuwiderhandlungen gegen den § 10 dieses Gesetzes und gegen den § 368 Nr. 9 StGB. kann der Beschädigte statt des wirklich entstandenen Schadens ein Ersatzgeld (Pfandgeld der Feld-Pol.-Ordg. v. 1. Nov. 1847), d. h. einen für die verschiedenen Fälle im Voraus durch das Gesetz (§§ 71 ff.) fixirten Entschädigungssatz beanspruchen. Die Forderung desselben ist unabhängig von dem Nachweise eines Schadens, also schon dann begründet, wenn die Thiere auf einem fremden Grundstück, auf welchem sie nicht geweidet werden oder überhaupt sich nicht aufhalten dürfen, betroffen worden sind.

Das Ersatzgeld soll die Stelle des Schadensersatzes vertreten, und daraus ergiebt sich, wie auch die Motive hervorheben, von selbst, daß der Beschädigte nur das eine oder das andere beanspruchen kann. Mit der Geltendmachung des Anspruchs auf ein Ersatzgeld erlischt daher das Recht auf Schadensersatz. Dasselbe ist auch für den umgekehrten Fall bezüglich der Geltendmachung des Anspruchs auf Schadensersatz angeordnet, jedoch ist hier der Zeitpunkt des Erlöschens des Anspruchs auf Ersatzgeld bis zur Verkündung des Endurtheils erster Instanz hinausgeschoben, weil der Beschädigte nicht selten erst im Laufe des Prozesses in der Lage ist, zu beurtheilen, ob er den Nachweis des erlittenen Schadens führen kann.

Der Anspruch auf Ersatzgeld ist in diesem Fall im Wege des Civilprozesses zu verfolgen. In allen anderen Fällen ist der Anspruch bei der Ortspolizeibehörde anzubringen. Die näheren Bestimmungen über die Geltendmachung des Anspruchs auf Ersatzgeld enthalten die §§ 75 ff. d. G.

2. Der § 368 Nr. 9 StGB. bestimmt: „Mit Geldstrafe bis zu sechzig Mark oder mit Haft bis zu vierzehn Tagen wird bestraft: 9. wer unbefugt über Gärten oder Weinberge, oder vor beendeter Ernte über Wiesen oder bestellte Aecker oder über solche Aecker, Wiesen, Weiden oder Schonungen, welche mit einer Einfriedigung versehen sind, oder deren Betreten durch Warnungszeichen untersagt ist, oder auf einem durch Warnungszeichen geschlossenen Privatwege geht, fährt, reitet, oder Vieh treibt." Ueber die Begriffe: beendete Ernte, bestellte Aecker und Warnungszeichen vergl. die Anm. 3 zu § 71, Anm. 2 zu § 15 und Anm. 1 ebenda.

3. Endurtheil. Unter Endurtheilen sind nach der Civilprozeßordnung diejenigen Urtheile zu verstehen, welche die Hauptsache und somit den Rechtsstreit selbst ganz oder theilweise, in unbedingter oder (durch Eid) bedingter Weise endlich entscheiden. Vergl. § 300 Civ.PO.

Die Verkündung des Endurtheils erfolgt nach § 311 Civ.PO. durch Vorlesung der Urtheilsformel. Die Erkärung, daß statt der Schadenserstattung ein Ersatzgeld gefordert werde (§§ 71, 72), muß also, um von Wirkung zu sein, stets vor Vorlesung der Urtheilsformel erfolgen.

4. Die Bestimmung des § 69 Abs. 4 entspricht im Wesentlichen den Vorschriften der §§ 12, 13 der Feldpolizeiordnung vom 1. Nov. 1847. Der Fall, daß die Thiere an einem und demselben Tage zu wiederholten Malen auf ein fremdes Grundstück übertreten, ist im Gesetz nicht berücksichtigt; es entsteht deßhalb die Frage, ob in solchen Fällen das Ersatzgeld auch nur einmal oder mehrfach zu erlegen ist. Man wird nicht fehlgreifen, wenn man, wie es s. Z. auch das Obertribunal im Urt. 10/11 62 (Str. Arch. 56, 317) gethan hat, die Entscheidung dieser Frage lediglich dem Ermessen des Gerichts bezw. der Ortspolizeibehörde überläßt, welche Behörden hierbei zu erwägen haben, ob wirklich verschiedene einzelne Weidefrevel anzunehmen sind, oder ob nur eine fortgesetzte Uebertretung vorliegt.

§ 70.

Der Anspruch auf Ersatzgeld verjährt in vier Wochen.

Die Verjährung beginnt mit dem Tage, an welchem der Uebertritt der Thiere stattgefunden hat.

Die Verjährung wird unterbrochen durch Erhebung der Klage auf Schadensersatz.

1. **Allgemeines.** Der Anspruch auf Ersatzgeld verjährte nach den bisherigen Gesetzen (§ 46 der Feldpolizeiordnung v. 1. Nov. 1847) binnen 3 Monaten. Mit Rücksicht darauf, daß nach § 70 der in Gemäßheit des § 69 etwa zu erhebenden Anspruch auf Ersatzgeld bereits in vier Wochen verjährt, hat der Minister f. Landwirthschaft u. s. w. in der Verfügung v. 29. Mai 1880 die Königl. Regierungen (Finanz-Direktion) angewiesen, Anordnungen dahin zu treffen, daß alle diejenigen Uebertretungen, bei welchen die Forderung von Ersatzgeld in Frage kommen kann, alsbald nach Konstatirung derselben von den betreffenden Schutzbeamten zur Kenntniß des Oberförsters gebracht werden, um den Anspruch auf Ersatzgeld event. rechtzeitig geltend zu machen.

Die Strafverfolgung der den Anspruch auf Ersatzgeld begründenden Uebertretung verjährt nach § 67 StGB. binnen 3 Monaten. Vergl. Anm. 4 zu § 55.

2. **Berechnung der Verjährungsfrist.** Für die Berechnung der vierwöchentlichen Verjährungsfrist sind die Bestimmungen des § 70 Abs. 2 sowie die Vorschriften des § 222 CPO. bezw. die §§ 187—192 BGB. (s. oben S. 89) maßgebend. Die Frist beginnt demnach mit dem Tage, an welchem der Uebertritt der Thiere stattgefunden hat, und endigt mit dem Ablaufe desjenigen Tages der vierten Woche, welcher durch seine Benennung dem Tage entspricht, in den der Uebertritt der Thiere fällt.

3. **Unterbrechung der Verjährung.** Die Verjährung wird durch Erhebung der auf Schadensersatz gerichteten Klage bei dem zuständigen Amtsgericht bezw. Landgericht (wenn der beanspruchte Schadensersatz die Summe von 300 M. übersteigt) unterbrochen. Die Erhebung der Klage erfolgt bei dem Amtsgericht durch Zustellung der Klageschrift oder, falls die Klage zum Protokoll des Gerichtsschreibers angebracht ist (§ 496 CPO.), des die Klage enthaltenden Protokolls. Bei dem Landgericht erfolgt die Erhebung der Klage durch Zustellung eines Schriftsatzes, welcher die Bezeichnung der Parteien und des Gerichts, die bestimmte Angabe des Gegenstandes und des Grundes des erhobenen Anspruchs, einen bestimmten Schadensersatzantrag und die Ladung des Beklagten vor das Prozeßgericht zur mündlichen Verhandlung des Rechtsstreites enthalten muß. Vergl. §§ 253 ff. Civ.PO.

4. **Versäumung der Verjährungsfrist.** Wenn der Beschädigte innerhalb der vierwöchentlichen Verjährungsfrist den Anspruch auf Ersatzgeld nicht geltend gemacht hat, so muß es ihm überlassen bleiben, die Schadensersatzklage zu erheben, für welche bezüglich der Verjährung die allgemeinen gesetzlichen Bestimmungen in Kraft geblieben sind. (Mot.)

§ 71.

Das Ersatzgeld beträgt,

1) wenn die Thiere betroffen werden auf bestellten Aeckern vor beendeter Ernte, künstlichen oder auf solchen Wiesen, oder mit Futterkräutern besäten Weiden, welche der Besitzer selbst noch mit der Hütung verschont, oder die derselbe eingefriedigt hat, in Gärten, Baumschulen, Weinbergen, auf mit Rohr bewachsenen Flächen, auf Weidenhegern, Dünen, Dämmen, Deichen, Buhnen, Deckwerken, gedeckten Sandflächen, Graben- oder Kanalböschungen, in Forstkulturen, Schonungen oder Saatkämpen:
   a) für ein Pferd, einen Esel oder ein Stück Rindvieh . . . . 2,00 Mk.
   b) für ein Schwein, eine Ziege oder ein Schaf . . . . 1,00 „
   c) für eine Gans . . . . 0,30 „
   d) für ein Stück anderes Federvieh . . 0,20 „
2) in allen anderen Fällen:
   a) für ein Pferd, einen Esel oder ein Stück Rindvieh . . . . 0,50 „
   b) für ein Schwein, eine Ziege oder ein Schaf . . . . 0,20 „
   c) für ein Stück Federvieh . . . . . 0,02 „

1. **Ersatzgeld.** Die in den §§ 71 und 72 gesetzlich fixirten Ersatzgelder sind als Minimalbeträge der an den Beschädigten zu zahlenden Entschädigungssumme aufgestellt. Dem Beschädigten bleibt es stets überlassen, in Gemäßheit der Vorschrift des § 69 statt des Ersatzgeldes den Ersatz des wirklich erwachsenen Schadens im Wege des Civilprozesses geltend zu machen.

Von einer Erhöhung der Ersatzgelder für die Fälle des Uebertretens von Vieh während der Nachtzeit hat das Gesetz Abstand genommen, da es sich bei der Normirung der Ersatzgelder nicht um eine Bestrafung, sondern lediglich um Schadensersatz handelt. Die Ausübung der Nachtweide soll nach § 13 d. G. durch Polizeiverordnungen geregelt werden.

Die Forderung von Ersatzgeld ist übrigens nicht nur — wie nach der alten Feldpolizeiordnung vom 1. Nov. 1847 — bei dem Uebertritt von Vieh auf Feldgrundstücke, sondern auch dann zulässig, wenn der Weidefrevel auf Forstgrundstücken begangen ist.

2. **Bestellte Aecker. Weidenheger. Deckwerk. Gedeckte Sandfläche. Forstkulturen. Schonungen. Saatkämpe.** Ueber diese Begriffe vergl. die Anmerkungen 2 bis 8 zu § 15.

3. **Beendete Ernte.** Die Ernte ist nicht eher beendet bis die vom Boden getrennten Früchte von demselben entfernt sind.

4. **Gans.** Das besondere Ersatzgeld für die Gans ist erst vom Abgeordnetenhause festgesetzt. Dasselbe ist nur für die Fälle des § 71 Nr. 1 höher als das Ersatzgeld für anderes Federvieh bemessen; in allen anderen Fällen kann für die Gans ein höheres Ersatzgeld nicht gefordert werden.

5. **Anderes Federvieh. Tauben.** Die Tauben sind von dem im § 71 gedachten Federvieh an und für sich nicht ausgenommen. Da jedoch hier nur Weidefrevel in Betracht kommen, ein eigentliches Weiden der Tauben aber nicht stattfindet, so wird auch ein Ersatzgeld für dieselben, wenn sie auf fremden Grundstücken betroffen werden, nicht beansprucht werden können. — In Betreff des Rechtes, Tauben zu halten, und bezüglich des Wegfangens derselben, wenn sie zur Saat- und Erntezeit im Freien d. h. außerhalb ihres Aufbewahrungsortes und besonders auf den Aeckern betroffen werden, bewendet es auch nach dem Inkrafttreten des BGB. bei den Bestimmungen der §§ 111 bis 113 ALR. (I, 9) und des § 40 Feldpol.-Ordg. v. 1. Nov. 1847. Zu beachten ist, daß die in der letzteren Bestimmung getroffenen Beschränkungen des Taubenhaltens und des Taubenflugs auf Militärbrieftauben keine Anwendung finden. Ges. vom 28. Mai 1894 (RGBl. S. 463).

6. **In allen anderen Fällen.** Die Nr. 2 des § 71 regelt den Betrag des Ersatzgeldes für alle diejenigen Fälle, in denen die unter a) bis c) daselbst aufgeführten Thiere auf anderen als den in Nr. 1 aufgeführten Grundstücken, insbesondere auch auf den Banquets und Böschungen von Chausseen und anderen öffentlichen Wegen, auf dem Eisenbahnkörper u. s. w. betroffen werden. Bereits in dem Ministerialreskript v. 31. Okt. 1855 (BMBl. 1855 S. 215) war darauf hingewiesen, daß die Vorschriften der früheren Feldpolizeiordnung betr. des Pfandgeldes auf Beschädigungen, welche dem Eisenbahnkörper, sowie den Chausseen und Chausseegräben durch weidendes Vieh zugefügt würden, anwendbar seien. Die Bestimmung des § 71 Nr. 2 beruht auf derselben Erwägung und enthält nur hinsichtlich des Betrages des Ersatzgeldes verschiedene Abweichungen, von denen besonders hervorzuheben ist, daß für das Weiden einer Gans auf anderen, als den im § 71 Nr. 1 erwähnten Grundstücken u. s. w. ein Ersatzgeld überhaupt nicht gefordert werden kann.

Die Strafbestimmungen, welche in den Nr. 12 und 17 der zusätzlichen Vorschriften zum Chausseegeld-Tarif v. 29. Febr. 1840 und in den Bahnpolizei-Reglements hinsichtlich des Uebertretens bezw. Weidens von Vieh auf den Banquets, Böschungen und Gräben der Chausseen, sowie auf dem Bahnkörper und den dazu gehörigen Anlagen getroffen sind, bleiben durch § 71 Nr. 2 selbstverständlich unberührt.

§ 72.

Ist gleichzeitig eine Mehrzahl von Thieren übergetreten, so darf der Gesammtbetrag der nach dem § 71 zu entrichtenden Ersatzgelder:

1) in den Fällen des § 71 Nr. 1
   für Pferde, Esel, Rindvieh, Schweine,
   Ziegen und Schafe . . . . 60 Mk.
   für Federvieh . . . . 15 „
2) in den Fällen des § 71 Nr. 2
   für Pferde, Esel, Rindvieh, Schweine,
   Ziegen und Schafe . . . . 15 „
   für Federvieh . . . . 2 „

nicht übersteigen.

§ 73.

Die Ersatzgeldbeträge der §§ 71 und 72 können für ganze Kreise oder für einzelne Feldmarken auf Antrag der Kreisvertretung, in den Hohenzollernschen Landen auf Antrag der Amtsvertretung durch Beschluß des [Bezirksraths] Bezirksausschusses bis auf das Doppelte erhöht oder bis auf die Hälfte ermäßigt werden.

Der Beschluß des [Bezirksraths] Bezirksausschusses ist endgültig.

1. Allgemeines. Die Bestimmung des § 73 soll die Möglichkeit gewähren, durch Beschluß des Bezirksausschusses die in den §§ 71 und 72 normirten Ersatzgeldbeträge den lokalen Verhältnissen ganzer Kreise und einzelner Feldmarken anzupassen.

Der Beschluß des Bezirksausschusses kann nur auf Antrag der Kreis- oder Amtsvertretung erfolgen; eine Zustimmung der Kreis- oder Amtsvertretung zu dem auf Antrag gefaßten Beschluß des Bezirksausschusses ist nicht erforderlich.

2. Kreisvertretung. Amtsvertretung. Die Kreisvertretung wird durch den Kreistag (Kreisversammlung), die Amtsvertretung in den Hohenzollernschen Landen durch die Amtsversammlung gebildet.

3. Bezirksrath. Bezirksausschuß. Durch § 153 des Gesetzes über die allgem. Landesverwaltung vom 30. Juli 1883 sind die Bezirksräthe und die Bezirksverwaltungsgerichte aufgehoben und an deren Stelle die Bezirksausschüsse getreten. In den Landestheilen außerhalb des Geltungsbereichs der Provinzialordnung vom 29. Juni 1875 werden die im § 73 bezeichneten Verrichtungen des Bezirksausschusses von der Bezirksregierung wahrgenommen. Für den Stadtkreis Berlin tritt an die Stelle des Bezirksausschusses der Oberpräsident. Vergl. §§ 89 bis 91 d. G. und § 43 des Gesetzes über die allgem. Landesverwaltung v. 30. Juli 1883.

§ 74.

Der Anspruch auf Ersatzgeld kann in allen Fällen gegen den Besitzer der Thiere unmittelbar geltend gemacht werden.

Mehrere Besitzer von Vieh, welches eine gemeinschaftliche Heerde bildet, haften für das Ersatzgeld dem Beschädigten gegenüber solidarisch.

1. Allgemeines. Die Bestimmung des § 74 hat die Prinzipalhaftbarkeit des Hirten beziehungsweise des Führers der auf fremde Grundstücke übergetretenen Thiere für das Ersatzgeld keineswegs beseitigt. Dem Beschädigten soll vielmehr nur die Wahl überlassen werden, ob er sich wegen seiner Forderung zunächst an den Hirten, oder, da dieser in der Regel unvermögend ist, unmittelbar an den Besitzer der Thiere halten will.

Daß auch der Anspruch auf Schadensersatz unmittelbar gegen den Besitzer der Thiere geltend gemacht werden kann, ist unbedenklich. (Vergl. Mot.)

Dem unmittelbar in Anspruch genommenen Besitzer der Thiere, welcher in Folge der Nachlässigkeit des Hirten u. s. w. zum Schadensersatz oder zur Zahlung von Ersatzgeldern verurtheilt worden ist, bleibt selbstverständlich der Regreß an den Hirten u. s. w. vorbehalten.

2. Haftbarkeit mehrerer Besitzer. Jeder Besitzer von Vieh, welches eine gemeinschaftliche Heerde bildet, haftet dem Beschädigten für das ganze Ersatzgeld; der Beschädigte hat die Wahl, von welchem Besitzer er das letztere fordern will.

Von einer gesetzlichen Regelung des Beitragsverhältnisses der mehreren Besitzer hat das Gesetz aus praktischen Gründen Abstand genommen. Wenn einer der solidarisch haftenden Hütungsgenossen das Ersatzgeld hat zahlen müssen, so steht ihm nach allgemeinen Rechtsgrundsätzen der Regreß an seine Genossen offen. (Mot.)

§ 75.

Der Anspruch auf Ersatzgeld ist im Falle des § 69 Abs. 3 im Civilprozesse zu verfolgen.

In allen anderen Fällen ist der Anspruch bei der Ortspolizeibehörde anzubringen. Diese ertheilt nach

Anhörung der Betheiligten und Anstellung der erforderlichen Ermittelungen einen Bescheid. Werden dem Anspruche auf Ersatzgeld gegenüber Thatsachen glaubhaft gemacht, aus welchen ein den Anspruch ausschließendes Recht hervorgeht, so ist dem Beschädigten zu überlassen, seinen Anspruch im Wege des Civilprozesses zu verfolgen.

1. Allgemeines zu §§ 75 und 76. Die Entscheidung über den Anspruch auf Ersatzgeld gebührt:

a) dem Civilgericht:
   1. im Falle des § 69 Abs. 3, d. h. wenn im Laufe eines von dem Beschädigten nach Vorschrift des § 67 anhängig gemachten Civilprozesses statt des Anspruchs auf Schadensersatz ein Ersatzgeld beansprucht wird,
   2. wenn dem bei der Ortspolizeibehörde angebrachten bezw. der Entscheidung des Kreisausschusses bezw. des Bezirksausschusses (§ 76) unterbreiteten Anspruch auf Ersatzgeld gegenüber Thatsachen glaubhaft gemacht werden, aus welchen ein den Anspruch ausschließendes Recht hervorgeht;

b) den Verwaltungsbehörden (Ortspolizeibehörde, Kreisausschuß, Bezirksausschuß):
   in allen übrigen Fällen.

2. Ortspolizeibehörde. Vergl. über den Begriff der Ortspolizeibehörde oben Anm. 5 zu § 32. In Hannover werden nach § 35 Nr. 8 der Kreisordnung für die Provinz Hannover v. 6. Mai 1854 (Ges.S. S. 181) die Rechte und Pflichten der Ortspolizeibehörde rücksichtlich der Ersatzgeldansprüche und der Pfändung (§§ 69 bis 88 F. u. FPG.) von dem Gemeindevorsteher wahrgenommen, sofern nicht die Ortspolizeiverwaltung im Gemeindebezirke einer für eine Stadt bestehenden Ortspolizeibehörde übertragen ist.

3. Ermittelungen. Abgesehen von der Vernehmung von Zeugen und Sachverständigen — zu deren Beeidigung die Ortspolizeibehörde übrigens nicht befugt ist — werden sich die im § 75 erwähnten Ermittelungen namentlich auf Besichtigungen an Ort und Stelle zu erstrecken haben. Vergl. § 56 der Feldpol.-Ordg. v. 1. Nov. 1847.

4. Glaubhaftmachung. Für den Begriff der Glaubhaftmachung ist die Bestimmung des § 294 CivPO. maßgebend, welche lautet: „Wer eine thatsächliche Behauptung glaubhaft zu machen hat, kann sich aller Beweismittel, mit Ausnahme der Eideszuschiebung, bedienen, auch zur Versicherung an Eidesstatt zugelassen werden. Eine Beweisaufnahme, welche nicht sofort erfolgen kann, ist unstatthaft." Wenn übrigens die behaupteten Thatsachen schon nach den Umständen des Falles ohne Weiteres glaubhaft sind, so wird es der Regel nach einer Beweisaufnahme überhaupt nicht bedürfen. Ob dies der Fall ist, unterliegt dem Ermessen der entscheidenden Verwaltungsbehörde.

5. Bescheid. Der Bescheid der Ortspolizeibehörde kann lauten:

a) auf Abweisung des Anspruchs auf Ersatzgeld überhaupt,
b) auf Festsetzung eines bestimmten, von dem Beschuldigten zu erlegenden Ersatzgeldes,
c) dahin, daß es dem Beschädigten überlassen bleiben müsse, seinen Anspruch im Wege des Civilprozesses zu verfolgen.

Es kann einem Bedenken nicht unterliegen, daß auch die zu c) gedachte Entscheidung der Ortspolizeibehörde in Form eines Bescheides ergehen muß, gegen welchen den Betheiligten ebenso wie in den Fällen zu a) und b) das im § 76 gewährte Rechtsmittel der Klage zusteht.

Wenn die Betheiligten sich vor der Ortspolizeibehörde vergleichen, so ist der Inhalt des Vergleiches in den auch in diesem Fall zu ertheilenden und nach § 76 zu eröffnenden Bescheid aufzunehmen.

6. Der § 59 der Feldpolizeiordnung v. 1. Nov. 1847 bestimmte, daß aus feldpolizeilichen vor der Polizeibehörde vorgenommenen Vergleichen die gerichtliche Zwangsvollstreckung zulässig sein solle. Diese Vollstreckungsfähigkeit der feldpolizeilichen Vergleiche war durch § 706 Abs. 1 CPO. (älterer Fassung) in Verbindung mit § 12 Ausf.Ges. zur CPO. aufrecht erhalten und auch durch das F. u. FPG. v. 1/4 80 nicht berührt worden, da § 96 d. G. nur die diesem Gesetz entgegenstehenden Bestimmungen, insbesondere die Strafbestimmungen der älteren Gesetze aufhebt. Durch Art. 2 des Ausf.Ges. vom 22. Sept. 1899 zum Reichsgesetze v. 17. Mai 1898, betr. Aenderungen der CivPO. ist die Vorschrift des § 59 Feldpol.O. v. 1/11 47 aufgehoben. In den Motiven wird bemerkt, daß für die Fälle, wo eine Einigung vor der Ortspolizeibehörde zu Stande kommt, sich jetzt der eine raschere und einfachere Vollstreckung sichernde Weg darbiete, daß die Ortspolizeibehörde den Inhalt der Einigung, wie bereits Anm. 5 am Schluß hervorgehoben ist, in ihren Bescheid aufnimmt. Aus solchen Bescheiden findet dann die Vollstreckung im Verwaltungszwangsverfahren statt. Vergl. Anm. 7.

7. Vollstreckbarkeit des Bescheides. Der nach § 75 ergangene Bescheid der Ortspolizeibehörde ist, falls er nicht durch Klage (§ 76) angefochten ist, oder die zur Erhebung dieser Klage gegebene zweiwöchentliche Frist, ohne daß die Klage erhoben, verstrichen ist, vollstreckbar. Die Zwangsvollstreckung auf Grund desselben erfolgt nach den Vorschriften der Verordnung vom 15. November 1899. betr. das Verwaltungszwangsverfahren wegen Beitreibung von Geldbeträgen (GS. S. 545). Vergl. § 1 Nr. 4 V. v. 24. Nov. 1843 betr. die exekutivische Beitreibung der dir. und indir. Steuern und anderer öffentl. Abgaben und Gefälle in der Rheinprovinz (GS. S. 351); § 1 Nr. 5 V. v. 30. Juni 1845 betr. die exekutivische

Beitreibung ꝛc. in der Prov. Westfalen (GS. S. 444); § 1 Nr. 5 V. v. 30. Juli 1853 wegen exekutivischer Beitreibung ꝛc. in den östlichen Provinzen mit Ausschluß Neu-Vorpommerns (GS. S. 909); § 1 Nr. 4 V. v. 1. Febr. 1858 betr. die exekutivische Beitreibung ꝛc. in Neu-Vorpommern und Rügen (GS. S. 85); § 1 Nr. 5 V. v. 28. Febr. 1874 für die Hohenzollernschen Lande (GS. S. 87) und § 1 Nr. 5 V. betr. die exekutivische Beitreibung ꝛc. in den durch die G. v. 20. Sept. und 24. Dez. 1866 mit der Preuß. Monarchie vereinigten Landestheilen (GS. S. 1553).

8. Anlegung von Akten. Ueber die Anlegung von Akten in Pfändungs- und Ersatzgeldangelegenheiten vergl. Nr. 5 der Allg. Verf. des landw. Min. v. 12. Mai 1880. (Anhang III.)

§ 76.

Der Bescheid der Ortspolizeibehörde (§ 75) ist den Betheiligten zu eröffnen. Innerhalb einer Frist von [zehn Tagen] zwei Wochen nach der Eröffnung steht jedem Theile die Klage bei dem Kreisausschusse, in Stadtkreisen und in den zu einem Landkreise gehörigen Städten mit mehr als zehntausend Einwohnern bei dem [Bezirksverwaltungsgerichte] Bezirksausschuß zu. Auch hier findet die Vorschrift des letzten Satzes in § 75 Abs. 2 Anwendung. Die Entscheidungen des Kreisausschusses und des [Bezirksverwaltungsgerichts] Bezirksausschusses sind endgültig.

1. Eröffnung. Die Eröffnung des Bescheides der Ortspolizeibehörde muß in der üblichen Form aktenmäßig beurkundet werden, um die Innehaltung der zweiwöchentlichen, zur Anstellung der Klage bei dem Kreis- bezw. Bezirksausschuß gegebenen Frist kontroliren zu können.

2. Klagefrist. An die Stelle der im § 76 bestimmten zehntägigen Klagefrist ist nach § 51 des Gesetzes über die allgem. Landesverw. v. 30. Juli 1883 eine Frist von zwei Wochen getreten. Auch diese Frist ist präklusivisch (§ 83 d. G.). Nach Ablauf derselben kann die Klage nicht mehr erhoben werden. Die Frist beginnt mit der Eröffnung des in den §§ 75, 76 gedachten Bescheides. Im Uebrigen vergl. hierüber sowie über die Berechnung der Frist die Anm. 2 zu § 49.

3. Kreisausschuß. Bezirksausschuß. Durch § 153 des Gesetzes über die allgem. Landesverw. v. 30. Juli 1853 sind die Bezirksräthe und Bezirksverwaltungsgerichte aufgehoben und an deren Stelle die Bezirksausschüsse getreten.

In den Landestheilen außerhalb des Geltungsbereiches der Provinzialordnung v. 29. Juni 1875 werden bis zur Einführung von Kreisausschüssen und Bezirksausschüssen die Verrichtungen des Kreisausschusses vom Landrath (Amtshauptmann) und die

Verrichtungen des Bezirksausschusses von der Bezirksregierung wahrgenommen. In den Hohenzollernschen Landen werden die dem Kreisausschusse beigelegten Befugnisse vom Amtsausschuß wahrgenommen.

Das Verfahren vor dem Kreisausschuß und dem Bezirksausschuß regelt sich nach den Bestimmungen der §§ 63 ff. des Gesetzes über die allgem. Landesverwaltung v. 30. Juli 1883, von denen hier außer den in Anm. 5 zu § 50 d. G. bereits erwähnten noch folgende hervorzuheben sind:

§ 77: Das Gericht kann die Beweiserhebung durch eines seiner Mitglieder oder erforderlichen Falls durch eine zu dem Ende zu ersuchende sonstige Behörde bewirken lassen. Es kann verordnen, daß die Beweiserhebung in der mündlichen Verhandlung stattfinden soll.

Die Beweisverhandlungen sind unter Zuziehung eines vereidigten oder von der betreffenden Behörde durch Handschlag zu verpflichtenden Protokollführers aufzunehmen, die Parteien sind zu denselben zu laden.

§ 78: Hinsichtlich der Verpflichtung, sich als Zeuge oder Sachverständiger vernehmen zu lassen, sowie hinsichtlich der im Falle des Ungehorsams zu verhängenden Strafen kommen die Bestimmungen der bürgerlichen Prozeßgesetze mit der Maßgabe zur Anwendung, daß im Falle des Ungehorsams die zu erkennende Geldbuße den Betrag von Einhundertfünfzig Mark nicht übersteigen darf.

Gegen die eine Strafe oder die Nichtverpflichtung des Zeugen oder Sachverständigen aussprechende Entscheidung steht den Betheiligten innerhalb zwei Wochen die Beschwerde an das im Instanzenzuge zunächst vorgesetzte Gericht, gegen die in zweiter Instanz ergangene Entscheidung des Bezirksausschusses die weitere Beschwerde an das Oberverwaltungsgericht zu.

4. Verweisung auf den Civilprozeß. Die Vorschrift des letzten Satzes im § 75 Abs. 2 d. G. findet auch in dem Verfahren vor dem Kreisausschuß und dem Bezirksausschuß Anwendung. Es ist also auch hier dem Beschädigten zu überlassen, seinen Anspruch auf Ersatzgeld im Wege des Civilprozesses zu verfolgen, wenn dem Anspruch gegenüber Thatsachen glaubhaft gemacht werden, aus welchen ein den Anspruch ausschließendes Recht hervorgeht. Gleichgültig ist es in dieser Beziehung, ob die Thatsachen bereits früher vor der Ortspolizeibehörde (§ 75) oder erst vor dem Kreisausschuß bezw. dem Bezirksausschuß vorgebracht sind.

5. Die Vollstreckung der Entscheidungen des Kreisausschusses und des Bezirksverwaltungsgerichts erfolgt nach den Vorschriften der Verordnung v. 15. November 1899, betr. das Verwaltungszwangsverfahren wegen Beitreibung von Geldbeträgen (GS. S. 545). Vergl. auch § 60 des Gesetzes über die allgem. Landesverw. v. 30. Juli 1883.

§ 77.

Wird Vieh auf einem Grundstücke betroffen, auf welchem es nicht geweidet werden darf, so kann dasselbe auf der Stelle oder in unmittelbarer Verfolgung sowohl von dem Feld- oder Forsthüter, als auch von dem Beschädigten oder von solchen Personen gepfändet werden, welche die Aufsicht über das Grundstück führen oder zur Familie, zu den Dienstleuten oder zu den auf dem Grundstücke beschäftigten Arbeitsleuten des Beschädigten gehören.

In gleicher Weise ist bei Zuwiderhandlungen gegen den § 10 dieses Gesetzes und bei Zuwiderhandlungen gegen den § 368 Nr. 9 des Strafgesetzbuchs die Pfändung der Reit- oder Zugthiere oder des Viehes zulässig.

1. Allgemeines. Das F. u. FPG. hat sich darauf beschränkt, besondere Pfändungsvorschriften nur bei Weidefreveln und bei den Zuwiderhandlungen gegen die §§ 10 dieses Gesetzes und 368 Nr. 9 des Strafgesetzbuchs und nur bezüglich der auf fremden Grundstücken betroffenen Thiere zu geben. Diese Pfändungsvorschriften sind nach Art. 89 des Einf.-Ges. zum BGB. unberührt geblieben.

In Betreff aller übrigen Pfändungen, d. h. wegen anderer Zuwiderhandlungen gegen das Feld- und Forstpolizeigesetz und an anderen beweglichen Sachen bewendet es bei den das Pfändungsrecht regelnden allgemeinen gesetzlichen Bestimmungen, welche ebenfalls durch das BGB. nicht berührt worden sind.

Für das frühere Geltungsgebiet des Allg. Landrechts (Ost- und Westpreußen, Posen, Brandenburg, Schlesien, Sachsen und Westfalen; Regierungsbezirke Cöslin und Stettin; Kreise Rees, Duisburg und Essen, Ostfriesland einschl. des Harlingerlandes, niedere Grafschaft Lingen einschl. der Münsterschen Absplisse; Eichsfeldische Aemter Lindau, Gieboldshausen und Duderstadt) kommen in dieser Beziehung die §§ 413 bis 457 (Th. I, Tit. 14) auch hier zur Anwendung. Die eigenmächtige Pfändung ist danach nur zugelassen, „um sich den Ersatz eines zugefügten Schadens zu sichern und um künftige Schadenszufügungen und Beeinträchtigungen seines Rechts abzuwenden.“ Sie darf — unter Vermeidung von Gewaltthätigkeiten — nur dann vorgenommen werden, wenn der Beschädiger unbekannt oder unsicher ist, und alsdann auch nur auf frischer That, innerhalb der Grenzen der Feldflur, auf welcher die Beschädigung oder Störung verübt ist, und nur in dem zur Deckung des Pfändenden ausreichenden Umfang. Der Pfändende muß von der geschehenen Pfändung dem zuständigen Amtsgericht unter Ablieferung der Pfandstücke Mittheilung machen.

Für das frühere Geltungsgebiet des gemeinen Rechts (Schleswig-Holstein, Hessen-Nassau, Hannover mit Ausschluß von Ostfriesland und der oben bezeichneten kleineren Bezirke, wo das ALR. gilt, Regierungsbezirk Stralsund, Hohenzollernsche Lande und Bezirk des Justiz-Senates zu Ehrenbreitstein) gelten im Wesentlichen die Grundsätze des Allgem. Landrechts. Der Pfändende muß jedoch dem Eigenthümer der gepfändeten Sachen sofort von der Pfändung Anzeige machen.

Im früheren Geltungsgebiet des Code ist die Pfändung überhaupt nicht zulässig.

2. Pfändungsberechtigter. Familienmitglieder. Dienst- und Arbeitsleute. Die Pfändungsbefugniß ist außer den Feld- und Forsthütern (Ehrenfeldhütern) Jedem eingeräumt, dessen rechtliches Interesse durch die Beschädigung oder Störung betroffen wird, insbesondere also dem Eigenthümer, den Nutzungsberechtigten, den Pächtern, deren Familienmitgliedern, Dienstleuten und dergl. (Mot. S. 50.)

Die Pfändungsbefugniß der Familienmitglieder, Dienstleute und der auf dem Grundstück beschäftigten Arbeitsleute des Beschädigten ist, wie auch der Wortlaut des Gesetzes ergiebt, nicht davon abhängig, daß dieselben mit der Aufsicht über das Grundstück beauftragt sind.

3. Umfang der Pfändung. Das Gesetz hat über den Umfang der Pfändung, insbesondere für den Fall, daß mehrere Stücke Vieh oder alle zu einer Heerde gehörigen Thiere übergetreten sind, keine Bestimmungen getroffen. Der Beschädigte kann in diesen Fällen also unzweifelhaft die ganze Heerde pfänden; der Regel nach werden jedoch auch hier nicht mehr Stücke Vieh gepfändet werden, als erforderlich sind, um die durch die Beschädigung entstandenen Forderungen zu decken, den Beweis der Beschädigung zu sichern und weiteren Schaden abzuwenden. (Vergl. § 7 Feldpol.-Ordg. v. 1. Nov. 1847.) Im Uebrigen giebt der § 82 gegen übermäßige Pfändungen ein ausreichendes Korrektiv.

4. Unrechtmäßige Pfändungen. Eine Pfändung ist unrechtmäßig, wenn sie nicht von einer nach den Bestimmungen des § 77 dazu berechtigten Person und — soweit es sich um Pfändung von Thieren (Reit- oder Zugthieren, Vieh) handelt — nicht wegen Weidefrevels oder wegen Zuwiderhandlungen gegen den § 10 dieses Gesetzes oder den § 368 Nr. 9 StGB. vorgenommen ist.

Vorsätzlich bewirkte unrechtmäßige Pfändungen werden nach § 17 mit Geldstrafe bis 150 Mark oder mit Haft bestraft. Vergl. auch die sonstigen Strafbestimmungen des § 17 über die Vereitelung rechtmäßiger Pfändungen u. s. w.

5. Pfändung gegen Posten. Der § 18 des Reichspostgesetzes vom 28. Oktober 1871 bestimmt: „Gegen die ordentlichen Posten, Extraposten, Kuriere und Estafetten ist keine Pfändung erlaubt; auch darf dieselbe gegen einen Postillon nicht geübt werden, welcher mit dem ledigen Gespann zurückkehrt. Bei Zuwiderhandlungen ist eine Geldstrafe von zehn Silbergroschen bis zu zwanzig Thalern verwirkt." Diese reichsgesetzliche Vorschrift ist selbstverständlich durch das Feld- und Forstpolizeigesetz nicht außer Kraft gesetzt. Die Zug- oder Reitthiere der Posten u. s. w. dürfen auch in den Fällen des § 77 nicht gepfändet werden. Unter ordentlichen Posten sind nach dem Erk. des Obertribunals v. 16. Juli 1869 diejenigen Transportmittel (Fuhrwerke) zu verstehen, welche der Staat für eigene Rechnung zu gemeinem Besten behufs Ausübung seines Rechts auf Beförderung von Briefen, Geldern, postmäßigen Packeten und Sachen, sowie auf Fortschaffung von Reisenden unterhält, und bei welchen eine regelmäßige Abgangs- und Ankunftszeit nach Tagen und Stunden festgesetzt ist. (Vergl. Dambach, Postgesetz zu § 16.)

§ 78.

Die gepfändeten Thiere haften für den entstandenen Schaden oder die Ersatzgelder und für alle durch die Pfändung und die Schadensfeststellung verursachten Kosten.

Die gepfändeten Thiere müssen sofort freigegeben werden, wenn bei dem zuständigen Gemeinde- oder Gutsvorstande ein Geldbetrag oder ein anderer Pfandgegenstand hinterlegt wird, welcher den Forderungen des Beschädigten entspricht.

1. **Umfang der Haftung.** Die gepfändeten Thiere haften nur für den entstandenen Schaden oder die Ersatzgelder und für alle durch die Pfändung und die Feststellung des Schadens verursachten Kosten.

Für die Strafe und die durch das Strafverfahren verursachten Kosten haften die gepfändeten Thiere nicht.

2. **Zuständiger Gemeinde- oder Gutsvorstand.** Als zuständiger Gemeinde- oder Gutsvorstand, bei welchem der im § 78 Abs. 2 bezeichnete Geldbetrag oder Pfandgegenstand hinterlegt werden muß, ist derjenige anzusehen, zu dessen Gemeinde- oder Gutsbezirk das Grundstück gehört, auf welchem die Pfändung vorgenommen ist.

Der Gemeinde- oder Gutsvorstand wird dem Hinterleger auf Erfordern die erfolgte Hinterlegung bescheinigen müssen.

3. **Forderung des Beschädigten.** Die dem Beschädigten zustehenden Forderungen sind im § 78 Abs. 1 aufgeführt. Da die Kosten der Pfändung und Schadensfeststellung und namentlich auch der Betrag des angerichteten Schadens selbstverständlich in den meisten Fällen nicht sofort angegeben werden können, so werden auch die Forderungen des Beschädigten der Regel nach nur nach

ihrem ungefähren Betrage berechnet werden können. Für den Fall, daß sich später herausstellt, daß der Beschädigte seine Forderung zu hoch oder zu niedrig bemessen hat, ist eine spätere Ermäßigung oder Nachforderung nicht ausgeschlossen.

§ 79.

Die Kosten für die Einstellung, Wartung und Fütterung der gepfändeten Thiere werden von der Ortspolizeibehörde festgesetzt.

Durch Beschluß des [Bezirksraths] Bezirksausschusses können für die Kreise des Bezirks mit Zustimmung der Kreisvertretungen, in den Hohenzollernschen Landen mit Zustimmung der Amtsvertretungen, allgemeine Werthsätze für die Einstellung, Wartung und Fütterung der gepfändeten Thiere festgesetzt werden. Der Beschluß des [Bezirksraths] Bezirksausschusses ist endgültig.

1. **Die Festsetzung der Kosten** der Wartung, Stallung und Fütterung der gepfändeten Viehstücke ist der Ortspolizeibehörde überwiesen, weil es bei Preisbestimmungen der gedachten Art hauptsächlich auf örtliche Verhältnisse ankommt, und ein möglichst einfaches Verfahren für diese Festsetzungen wünschenswerth erschien.

Die Festsetzung der Kosten durch die Ortspolizeibehörde erfolgt in dem Bescheide, welchen die letztere nach § 82 d. G. zu ertheilen hat.

Die Bestimmung des Abs. 2 des § 79 ist im Interesse der Vereinfachung der Kostenfestsetzung getroffen, da häufig für einzelne oder mehrere Kreise eine gewisse Gleichmäßigkeit im Betrage der hier in Rede stehenden Kosten hervortritt.

Die Festsetzung des Bezirksausschusses kann nur mit Zustimmung der Kreisvertretungen erfolgen. Von den durch den Bezirksausschuß allgemein festgesetzten Werthsätzen darf die Ortspolizeibehörde auch für den Fall nicht abweichen, daß dieselben nach den konkreten Umständen nicht ausreichend erscheinen sollten.

2. **Ortspolizeibehörde.** Vergl. oben Anm. 5 zu § 32.

3. **Bezirksrath. Bezirksausschuß. Kreis- und Amtsvertretungen.** Durch § 153 des Gesetzes über die allgem. Landesverwaltung vom 30. Juli 1883 sind die Bezirksräthe und die Bezirksverwaltungsgerichte aufgehoben und an deren Stelle die Bezirksausschüsse getreten. In den Landestheilen außerhalb des Geltungsbereichs der Provinzialordnung vom 29. Juni 1875 werden die im § 79 bezeichneten Verrichtungen des Bezirksausschusses von der Bezirksregierung wahrgenommen. Für den Stadtkreis Berlin tritt an die Stelle des Bezirksausschusses der Oberpräsident. Vergl. §§ 89 bis 91

d. G. und § 43 des Gesetzes über die allgem. Landesverwaltung v. 30. Juli 1883.

Die Kreisvertretungen werden durch die Kreistage (Kreisversammlungen), die Amtsvertretungen durch die Amtsversammlungen gebildet.

§ 80.

Der Pfändende hat von der geschehenen Pfändung binnen vierundzwanzig Stunden dem Gemeinde-, Gutsvorsteher oder der Ortspolizeibehörde, in Städten der Ortspolizeibehörde Anzeige zu machen.

Der Gemeinde- oder Gutsvorsteher oder die Polizeibehörde bestimmt über die vorläufige Verwahrung der gepfändeten Thiere.

Der Gemeinde- oder Gutsvorsteher hat von der erfolgten Pfändung sofort der Ortspolizeihehörde Anzeige zu machen.

1. **Anzeigepflicht des Pfändenden.** Die Anzeige von der geschehenen Pfändung muß von dem Pfändenden in Städten stets der Ortspolizeibehörde gemacht werden. In den Landgemeinden hat der Pfändende die Wahl, ob er die im § 80 Abs. 1 vorgeschriebene Anzeige dem Gemeinde- oder Gutsvorsteher oder der Ortspolizeibehörde erstatten will.

Auch der pfändende Feld- oder Forsthüter ist zur Anzeige von der geschehenen Pfändung verpflichtet; unterläßt er dieselbe, so kann der auch in solchem Falle Gepfändete die Pfandstücke zurückverlangen (§ 81). Der Feld- und Forsthüter kann dann seinerseits auch den Ersatz der Pfändungskosten nicht beanspruchen und macht sich event. noch disziplinarisch strafbar.

2. **Anzeigefrist.** Die im § 80 vorgeschriebene vierundzwanzigstündige Frist ist eine präklusivische. Vergl. § 88. Ueber die Folgen der Versäumung der Frist vergl. § 81.

3. **Anzeigepflicht des Gemeinde- oder Gutsvorstehers.** Der Gemeinde- oder Gutsvorsteher hat, wenn der Pfändende ihm von der geschehenen Pfändung Anzeige macht, sofort der Ortspolizeibehörde weitere Anzeige zu machen, und zwar auch dann, wenn die Anzeige des Pfändenden nicht innerhalb der vorgeschriebenen vierundzwanzigstündigen Frist an ihn erstattet sein sollte. Die Unterlassung der weiteren Anzeige an die Ortspolizeibehörde kann für den Gemeinde- oder Gutsvorsteher nur disziplinarische Ahndung nach sich ziehen.

§ 81.

Ist die Anzeige (§ 80 Abs. 1) unterlassen, so kann der Gepfändete die Pfandstücke zurückverlangen.

Der Pfändende hat in diesem Falle keinen Anspruch auf den Ersatz der durch die Pfändung entstandenen Kosten.

Die Unterlassung der Anzeige der stattgehabten Pfändung hat für den Beschädigten nur den Verlust des Pfandrechts und des Anspruchs auf Ersatz der aus der Pfändung erwachsenden Kosten zur Folge. Der Verlust des Anspruchs auf Schadensersatz oder Ersatzgeld wird durch die Unterlassung der Anzeige nicht bewirkt. Auch können die durch eine nothwendig werdende Schadensfeststellung entstehenden Kosten trotz unterlassener Anzeige gefordert werden.

§ 82.

Wird der Ortspolizeibehörde eine Pfändung angezeigt, so ertheilt dieselbe sogleich oder nach einer schleunigst anzustellenden Ermittelung, unter Berücksichtigung der Höhe des Schadens, des Ersatzgeldes und der Kosten, einen Bescheid darüber, ob die Pfändung ganz oder theilweise aufrecht zu erhalten oder aufzuheben, oder ob ein anderweit angebotenes Pfand anzunehmen ist. In dem Bescheide ist über die Art der ferneren Verwahrung der gepfändeten oder in Pfand gegebenen Gegenstände Bestimmung zu treffen.

Ist die Pfändung nur theilweise aufrecht erhalten, so sind die freigegebenen Pfandstücke dem Gepfändeten auf seine Kosten sofort zurückzugeben.

1. Allgemeines zu den §§ 82 bis 84. Die Entscheidung über die im § 82 erwähnten Punkte gebührt:

a) dem Civilgericht:
wenn der Gepfändete bei der Ortspolizeibehörde oder im Falle einer bei dem Kreisausschuß oder dem Bezirksausschuß von ihm oder dem Beschädigten angestellten Klage (§ 84) vor diesen Behörden Thatsachen glaubhaft macht, aus welchen die Unrechtmäßigkeit der Pfändung hervorgeht,

b) den Verwaltungsbehörden (Ortspolizeibehörde, Kreisausschuß, Bezirksausschuß):
in allen übrigen Fällen.

In denjenigen Fällen, in welchen dem Beschädigten überlassen werden muß, seinen Anspruch im Wege des Civilprozesses zu verfolgen, hat die Ortspolizeibehörde vorläufige Anordnungen bezüglich der Verwahrung der gepfändeten Gegenstände nach Vorschrift des § 83 Abs. 2 zu treffen.

2. Bescheid. Ueber die Eröffnung des Bescheides und die den Betheiligten gegen den letzteren zustehenden Rechtsmittel enthält § 84 die näheren Bestimmungen.

3. **Zurückgabe der Pfandstücke.** Die freigegebenen Pfandstücke sind stets sofort und ohne daß es eines dahin gehenden Antrages des Gepfändeten bedarf, dem letzteren auf seine Kosten zurückzugeben.

Ist die Person des Gepfändeten unbekannt, so werden die freigegebenen Pfandstücke als herrenlose Sachen zu behandeln sein. Vergl. v. Bülow u. Sterneberg, a. a. O. Anm. 4 zu § 82 und §§ 958 ff. BGB.

§ 83.

Macht der Gepfändete Thatsachen glaubhaft, aus welchen die Unrechtmäßigkeit der Pfändung hervorgeht, so ist dem Beschädigten zu überlassen, seinen Anspruch im Wege des Civilprozesses zu verfolgen.

In diesem Falle hat die Polizeibehörde über die Verwahrung der gepfändeten Thiere oder über die Annahme und Verwahrung eines anderen geeigneten Pfandes vorläufige Festsetzung zu treffen. Gegen diese Festsetzung ist ein Rechtsmittel nicht zulässig.

1. **Glaubhaftmachung.** In Betreff der Glaubhaftmachung vergl. Anm. 4 zu § 75.

2. **Polizeibehörde** d. h. die Ortspolizeibehörde. (Mot.)

§ 84.

Der Bescheid der Ortspolizeibehörde (§ 82) ist dem Betheiligten zu eröffnen. Innerhalb einer Frist von [zehn Tagen] zwei Wochen nach der Eröffnung steht jedem Theile die Klage bei dem Kreisausschusse, in Stadtkreisen und in den zu einem Landkreise gehörigen Städten mit mehr als zehntausend Einwohnern bei dem [Bezirksverwaltungsgerichte] Bezirksausschusse zu. Auch hier findet die Vorschrift des § 83 Abs. 1 Anwendung. Die Entscheidungen des Kreisausschusses und des [Bezirksverwaltungsgerichts] Bezirksausschusses sind endgültig.

1. **Eröffnung des Bescheides.** Vergl. hierüber Anm. 1 zu § 76. Der Bescheid muß selbstverständlich sowohl dem Beschädigten, als auch dem Gepfändeten eröffnet werden, da jedem Theile die Klage bei dem Kreisausschusse bezw. dem Bezirksausschusse zusteht. Der im Text des § 84 gebrauchte Ausdruck „dem Betheiligten“ ist ungenau; wie im § 76 müßte es auch hier lauten „den Betheiligten“.

2. **Klagefrist.** An die Stelle der im § 83 bestimmten zehntägigen Klagefrist ist nach § 51 des Gesetzes über die allgemeine Landesverwaltung vom 30. Juli 1883 eine Frist von zwei Wochen getreten. Auch diese Frist ist präklusivisch (§ 88 d. G.). Nach Ablauf derselben kann die Klage nicht mehr erhoben werden. Die Frist beginnt mit der Eröffnung des im § 82 gedachten Bescheides. Im Uebrigen vergl. hierüber sowie über die Berechnung der Frist die Anm. 2 zu § 49.

3. **Kreisausschuß. Bezirksausschuß.** Durch § 153 des Gesetzes über die allgem. Landesverwaltung vom 30. Juli 1883 sind die Bezirksräthe und Bezirksverwaltungsgerichte aufgehoben und an deren Stelle die Bezirksausschüsse getreten.

4. **Verweisung auf den Civilprozeß. Vollstreckung der Entscheidungen.** Vergl. hierüber die Anm. 4 und 5 zu § 76.

§ 85.

Ist durch eine rechtskräftige Entscheidung die Pfändung aufrecht erhalten, so läßt die Ortspolizeibehörde die gepfändeten oder in Pfand gegebenen Gegenstände nach ortsüblicher Bekanntmachung öffentlich versteigern.

Bis zum Zuschlage kann der Gepfändete gegen Zahlung eines von der Ortspolizeibehörde festzusetzenden Geldbetrages, sowie der Versteigerungskosten die gepfändeten oder in Pfand gegebenen Gegenstände einlösen.

1. **Rechtskräftige Entscheidung.** Die Entscheidung der Ortspolizeibehörde (Bescheid: § 82) ist rechtskräftig, wenn die zweiwöchentliche Frist zur Anstellung der Klage bei dem Kreisausschuß bezw. dem Bezirksausschuß verstrichen oder die Klage nach erfolgter Anstellung zurückgenommen ist. Die Entscheidungen des Kreisausschusses und des Bezirksausschusses sind endgültig und daher sofort rechtskräftig.

2. **Ortsübliche Bekanntmachung.** In welcher Weise die bevorstehende öffentliche Versteigerung der gepfändeten oder in Pfand gegebenen Gegenstände zu erfolgen hat (Aushang an der Gemeindestelle, Ausrufen, Insertion in öffentliche Blätter u. s. w.), bleibt dem Ermessen der Ortspolizeibehörde überlassen.

§ 86.

Der Erlös aus der Versteigerung oder die eingezahlte Summe dient zur Deckung aller entstandenen Kosten, sowie der Ersatzgelder.

Zur Deckung des Schadensersatzes dient der Erlös oder die eingezahlte Summe nur, wenn der Anspruch darauf innerhalb dreier Monate nach der Pfändung geltend gemacht ist.

Der nach Deckung der zu zahlenden Beträge sich ergebende Rest wird dem Gepfändeten zurückgegeben. Ist dieser seiner Person oder seinem Aufenthalte nach unbekannt, so wird der Rest der Armenkasse des Ortes, in welchem die Pfändung geschehen ist, ausgezahlt. Innerhalb dreier Monate nach der Auszahlung kann der Gepfändete den Rest zurückverlangen.

1. **Eingezahlte Summe.** Vergl. § 78 Abs. 2.

2. **Die Verwendung des Erlöses** oder der eingezahlten Summe muß stets in der Art erfolgen, daß diese Geldbeträge zur Deckung zunächst der Versteigerungskosten und sodann der durch die Pfändung und die Schadensfeststellung verursachten Kosten sowie der Ersatzgelder (§ 78) dienen müssen.

Der Schadensersatz ist aus dem Erlöse oder der eingezahlten Summe nur dann zu decken, wenn der bezügliche Anspruch innerhalb dreier Monate nach der Pfändung geltend gemacht wird. Die dreimonatliche Frist ist keine präklusivische.

3. **Auszahlung an die Armenkasse.** Die Auszahlung des nach Deckung der zu zahlenden Beträge sich ergebenden Restes erfolgt an die Armenkasse desjenigen Ortes, auf dessen Feldmark die Pfändung geschehen ist.

Die für die Rückforderung aus der Armenkasse gewährte dreimonatliche Frist ist keine präklusivische.

§ 87.

Fordert der Beschädigte im Falle der Pfändung Ersatzgeld, so ist über diese Forderung und die Pfändung in demselben Verfahren zu verhandeln und zu entscheiden.

Im Falle der Pfändung werden in der Regel Ersatzgelder gefordert werden. Geschieht solches, so ist über beide Gegenstände in einem und demselben Verfahren nach §§ 82 ff. bezw. §§ 75 ff. zu verhandeln und zu entscheiden.

§ 88.

Die in §§ 49, 50, 76, 80, 84 erwähnten Fristen sind präklusivisch.

Präklusivisch. Vergl. hierüber Anm. 2 zu § 49.

Fünfter Titel.

Uebergangs- und Schlußbestimmungen.

§ 89.

Das gegenwärtige Gesetz findet auf den Stadtkreis Berlin mit der Maßgabe Anwendung, daß die im gegenwärtigen Gesetze dem [Bezirksrathe] Bezirksausschusse zugewiesenen Obliegenheiten vom Oberpräsidenten wahrgenommen werden.

Bezirksrath. Die in dem Feld- und Forstpolizeigesetz dem Bezirksrath zugewiesenen Obliegenheiten sind in den §§ 73 und 79 d. G. festgestellt. Durch § 153 des Gesetzes über die allgem. Landesverwaltung v. 30. Juli 1883 sind die Bezirksräthe aufgehoben und an deren Stelle die Bezirksausschüsse getreten. Die nunmehr diesen Bezirksausschüssen zugewiesenen, in den §§ 73 und 79 d. G. bezeichneten Obliegenheiten werden für den Stadtkreis Berlin jetzt vom Oberpräsidenten wahrgenommen. Vergl. § 43 Abs. 4 Ges. v. 30. Juli 1883.

§ 90.

In den Hohenzollernschen Landen werden die dem Kreisausschusse beigelegten Befugnisse vom Amtsausschuß und bis zur Einführung eines Bezirksraths die dem letzteren beigelegten Befugnisse von der Bezirksregierung wahrgenommen.

Kreisausschuß. Bezirksrath. Die dem Kreisausschusse beigelegten Befugnisse sind in den §§ 50, 76 und 84 d. G. enthalten. In Betreff der Befugnisse des früheren Bezirksraths vergl. §§ 73 und 79 d. G.

§ 91.

Für die übrigen Landestheile außerhalb des Geltungsbereiches der Provinzialordnung vom 29. Juni 1875 (Gesetzsamml. S. 335) kommen bis zur Einführung von Kreisausschüssen und Bezirksausschüssen [Bezirksverwaltungsgerichten und Bezirksräthen] folgende besondere Bestimmungen zur Anwendung.

1) Es werden die in diesem Gesetze bezeichneten Verrichtungen
   a) des Kreisausschusses vom Landrathe (Amtshauptmanne), in der Provinz Hannover in den Fällen der §§ 76 und 84 von der Landdrostei,
   b) des Bezirksverwaltungsgerichts von der Bezirksregierung (Landdrostei),
   c) des Bezirksrathes von der Bezirksregierung (Landdrostei)

   wahrgenommen.

2) Hinsichtlich des Verfahrens, der Rechtsmittel und der Fristen zur Einlegung der Rechtsmittel in den Fällen der §§ 50, 76 und 84 finden die Vorschriften des Gesetzes vom 3. Juli 1875, betreffend die Verfassung der Verwaltungsgerichte und das Verwaltungsstreitverfahren (Gesetzsamml. S. 375), entsprechende Anwendung.

3) Das Oberverwaltungsgericht entscheidet im Falle des § 50 auf die Berufung gegen die von der Bezirksregierung (Landdrostei) in erster Instanz, sowie auf das Rechtsmittel der Revision gegen die von der Bezirksregierung (Landdrostei) in zweiter Instanz erlassenen Endurtheile.

1. Geltungsbereich der Provinzialordnung. Die Provinzialordnung vom 29. Juli 1875 gilt für die Provinzen Preußen, Brandenburg, Pommern, Schlesien, Sachsen und Hannover.

Die besonderen Bestimmungen des § 91 finden also Anwendung in den Provinzen Posen, Westphalen, Rheinprovinz, Hessen-Nassau und Schleswig-Holstein.

2. Provinz Hannover. Das Gesetz vom 30. Juli 1883 über die allgemeine Landesverwaltung (Ges.S. S. 195) und das Gesetz vom 1. August 1883 über die Zuständigkeit der Verwaltungs- und Verwaltungsgerichtsbehörden (Ges.S. S. 237) sind in der Provinz Hannover mit dem 1. Juli 1885 in Kraft getreten. Von diesem Zeitpunkt an hat auch in der Provinz Hannover der Bezirksausschuß die im gegenwärtigen Gesetz den Bezirksverwaltungsgerichten bezw. dem Bezirksrath zugewiesenen Obliegenheiten (§§ 50, 76, 84 bezw. §§ 73 und 79 d. G.) wahrzunehmen. Vergl. § 120 der Kreisordg. für Hannover v. 6. Mai 1884 (GS. S. 181).

3. **Das Gesetz vom 3. Juli 1875/2. Aug. 1880,** betr. die Verfassung der Verwaltungsgerichte und das Verwaltungsstreitverfahren (GS. 1880 S. 328) ist zwar für den Geltungsbereich der Provinzialordnung vom 29. Juli 1875 durch § 154 des Gesetzes über die allgem. Landesverwaltung v. 30. Juli 1883 außer Kraft gesetzt. Für die Landestheile außerhalb des Geltungsbereiches der Provinzialordnung bewendet es jedoch bis zur Einführung von Kreisausschüssen und Bezirksausschüssen bei der Vorschrift des § 91, Nr. 2, daß in den Fällen der §§ 50, 76 und 84 des F. u. FPG. hinsichtlich des Verfahrens, der Rechtsmittel und der Rechtsmittelfristen die Vorschriften des Gesetzes v. 3. Juli 1875/2. August 1880 entsprechende Anwendung finden.

§ 92.

So lange in der Provinz Posen die gutsherrliche Polizeigewalt noch besteht, tritt für den Umfang derjenigen Rittergüter, in welchen der Besitzer die Ortspolizei selbst oder durch einen Stellvertreter verwaltet, in den Fällen der §§ 75, 82 und 83 dieses Gesetzes an die Stelle der Ortspolizeibehörde ein vom Landrath zu bestimmender Polizei-Distrikts-Kommissarius.

Für die Provinz Posen, in welcher häufig die Besitzer von Rittergütern die örtliche Polizei noch selbst verwalten, hat der § 92 die Stellvertretung geregelt, weil die Besitzer in ihren eigenen Angelegenheiten die Funktionen der Ortspolizeibehörde nicht ausüben können. An die Stelle der ordentlichen Ortspolizeibehörden treten in den Fällen der §§ 75, 82 und 83 die vom Landrath zu bestimmenden Polizei-Distrikts-Kommissarien. Vergl. Nr. 8 der Allgem. Verf. v. 12. Mai 1880 (Anhang I).

§ 93.

Für das weitere Verfahren in den am Tage des Inkrafttretens dieses Gesetzes anhängigen Strafsachen finden die Vorschriften der §§ 8 ff. des Einführungsgesetzes zur Strafprozeßordnung entsprechende Anwendung.

Auf die Erledigung der am Tage des Inkrafttretens dieses Gesetzes anhängigen Sachen finden in

Beziehung auf die Zuständigkeit der Behörden, auf das Verfahren und auf die Zulässigkeit der Rechtsmittel die bisherigen gesetzlichen Vorschriften Anwendung.

§ 94.

In der Rheinprovinz kann in den zu erlassenden Polizeiverordnungen (§§ 11 und 13)

1) vorgeschrieben werden, wie die Einfriedigung, welche das Eindringen fremden Viehes zu verhindern geeignet ist und durch welche ein Grundstück von der Stoppelweide ausgeschlossen wird, beschaffen sein muß;
2) die Ausübung der nicht ablösbaren Stoppelweide
   a) auf solchen Grundstücken, welche durch besondere Bearbeitung des Bodens in Wiesen umgewandelt sind, sowie auf solchen Wiesen, auf welchen zum Zweck ihrer Verbesserung ein künstlicher Umbau oder künstliche Ent- oder Bewässerungs-Anlagen ausgeführt oder in der Ausführung begriffen sind, untersagt,
   b) auf natürlichen Wiesen auf bestimmte Jahreszeiten beschränkt werden.

Die Motive heben zur Begründung der im § 94 getroffenen Bestimmungen Folgendes hervor:

„Der § 94 giebt für die Rheinprovinz die Möglichkeit, durch die nach den §§ 11 und 13 des Entwurfs zu erlassenden Polizeiverordnungen gewisse Vorschriften zu treffen, welche in den eigenthümlichen Verhältnissen jener Provinz ihre Rechtfertigung finden. In vielen Gegenden der Rheinprovinz, namentlich in dem für die vorliegende Frage fast ausschließlich in Betracht kommenden Bezirk des Appellationsgerichts zu Köln bestand von jeher das sog. Recht der Stoppel- und Koppelweide. Das Recht der Stoppelweide (vaine pature) ist das Recht, die Stoppel- und Brachfelder vermischt oder mit einer gemeinsamen Heerde zu behüten; wurde die Stoppelweide von Gemeinde zu Gemeinde ausgeübt, so hieß sie Koppelweide (parcours). Die Rechte sind durch Titel I Abschnitt 4 Artikel 2 und ff. des französischen code rural vom 28. September 1791 eingehend regulirt und durch die Gemeinheitstheilungsordnung vom 19. Mai 1851 § 5 dahin wesentlich modifizirt, daß die Koppelweide ohne Entschädigung aufgehoben, die Stoppelweide dagegen, soweit sie auf einem privatrechtlichen Titel beruht, für ablösbar erklärt ist. Beruht sie nicht auf einem privatrechtlichen Titel, steht sie vielmehr nach einem unvordenklichen Ortsgebrauche den Gemeindegenossen als solchen zu, so kann die Aufhebung nur durch Beschluß des Gemeinderaths unter gewissen Bedingungen erfolgen. Der durch diese gesetzlichen Bestimmungen geschaffene rechtliche Zustand ist im Allgemeinen ein befriedigender und haben sich nur in zwei Punkten Mißstände herausgestellt, deren Beseitigung der Entwurf in den beiden Nummern dieses Paragraphen ermöglichen will.

Nr. 1. Der Art. 6 Tit. I Abs. 4 cod. rur. bestimmt, daß ein Grundstück als eingefriedigt angesehen werden soll, wenn es umgeben ist von einer 4 Fuß hohen Mauer mit Schlagbäumen oder Thüren, oder mit Pallisaden oder mit Gitterwerk, oder mit einer lebendigen oder todten Hecke, oder mit einem 4 Fuß tiefen und 2 Fuß breiten Graben. Auf solchen Grundstücken soll die Stoppelweide nicht ausgeübt werden dürfen. Der Zweck der Bestimmung über die Beschaffenheit der Einfriedigungen ist der, daß die Grundstücke so eingefriedigt sind, daß das letztere durch die Verhinderung des Eindringens fremden Viehes von der Stoppelweide ausgeschlossen werde. Durch die detaillirte Beschreibung der Einfriedigungen im Art. 6 sind nun manche Arten derselben, die denselben Zweck bei billigerer Herstellung erfüllen, z. B. die Drahteinfriedigungen, ausgeschlossen. Um diesen Uebelstand zu beseitigen, ist die allgemeine Bestimmung der Nr. 1 getroffen.

Nr. 2. Der Art. 9 Th. I Abs. 4 des cod. rur. verbietet die Ausübung der Stoppelweide auf den „prairies artificielles". Hierunter verstand man bis in die 1860er Jahre dasselbe, was man nach dem deutschen Sprachgebrauche mit „Kunstwiesen" bezeichnete, also mindestens die nach den Regeln der Wiesenbaukunst angelegten oder doch zur Bewässerung eingerichteten Wiesen. Durch ein vom Obertribunal in den 1860er Jahren bestätigtes Erkenntniß des Appellationsgerichts zu Köln wurde jedoch auf Grund der Definition des Wörterbuchs der französischen Akademie festgestellt, daß prairies artificielles nicht eigentliche Kunstwiesen seien, sondern Ackerfelder, auf welchen im gewöhnlichen Wege der Beackerung und Besamung Futterkräuter, wie Klee u. s. w., gezogen würden. Seit dem Erlaß dieser Entscheidung genießen die Kunstwiesen den Schutz nicht mehr, dessen sie sich bis dahin thatsächlich zu erfreuen hatten und dessen sie im Interesse der Wiesenkultur dringend bedürfen. Der Entwurf giebt deshalb unter Nr. 2a die Möglichkeit, durch Polizeiverordnungen den Zustand wieder herzustellen, der bis zum Erlaß jener Entscheidung bestanden hat, und entspricht damit vielen von Grundbesitzern der Rheinprovinz ausgegangenen Anträgen, sowie einer in dieser Beziehung vom Landes-Oekonomiekollegium gefaßten Resolution.

Die Bestimmung unter Nr. 2b rechtfertigt sich wegen der Schädlichkeit der Weide zu gewissen Jahreszeiten, namentlich zur Frühjahrs- und Herbstzeit."

Hervorzuheben ist noch, daß die Vorschriften des § 94 sich nur auf die nicht ablösbare, d. h. auf die aus dem öffentlich-rechtlichen Titel der Gemeindemitgliedschaft entspringende Stoppelweide beziehen. Ist solches nicht der Fall, beruht die letztere vielmehr auf einem privatrechtlichen Titel, so steht es dem Grundbesitzer, welchem die Stoppelweide lästig wird, frei, sich derselben durch Ablösung nach Vorschrift der Gemeinheitstheilungs-Ordnung vom 19. Mai 1851 zu entledigen.

§ 95.

Dieses Gesetz tritt mit dem 1. Juli 1880 in Kraft.

§ 96.

Mit diesem Zeitpunkte treten alle dem gegenwärtigen Gesetze entgegenstehenden gesetzlichen Bestimmungen außer Kraft.

Im Besonderen treten außer Kraft alle Strafbestimmungen der Feld- und Forstpolizeigesetze.

In Kraft bleiben:

1) die gesetzlichen Bestimmungen über den Bezug der verhängten Geldstrafen;
2) die gesetzlichen Bestimmungen über Pfändungen, soweit sie nicht durch die Vorschriften dieses Gesetzes betroffen werden;
3) alle das Rechtsverhältniß der Nutzungsberechtigten zu den Waldeigenthümern betreffenden Gesetze, ausschließlich der darin enthaltenen Strafbestimmungen und Vorschriften über das Strafverfahren. Die vorläufige Verordnung vom 5. März 1843 über die Ausübung der Waldstreuberechtigung (Gesetzsamml. S. 105) behält ihre Wirksamkeit mit der Maßgabe, daß an die Stelle der darin angedrohten Strafen und des Verfahrens die bezüglichen Vorschriften dieses Gesetzes treten; desgleichen bleibt die Verordnung, betreffend die Kontrole der Hölzer, welche unverarbeitet transportirt werden, vom 30. Juni 1839 (Gesetzsamml. S. 223), mit den im § 43 dieses Gesetzes enthaltenen Abänderungen fortbestehen.

Bis zur Verkündung der nach § 13 zu erlassenden Polizeiverordnungen behalten die bisherigen Vorschriften über die Ausübung der Nachtweide, des Einzelhütens, sowie der Weide der Gemeinde- und Genossenschaftsheerden Geltung.

1. Allgemeines. Der Minister für Landwirthschaft u. s. w. bemerkt in der Allg. Verf. v. 12. Mai 1880 Nr. 9 zu § 96 Folgendes:

„Der § 96 setzt im ersten Absatze alle dem Feld- und Forstpolizeigesetze entgegenstehenden Gesetze, im zweiten Absatze alle in Feld- und Forstpolizeigesetzen enthaltenen Strafbestimmungen, mögen solche dem gegenwärtigen Gesetze entgegenstehen oder nicht, außer Kraft. Die dem gegenwärtigen Gesetze nicht entgegenstehenden Vorschriften sind daher mit Ausschluß der Strafbestimmungen in Kraft geblieben.

Was die Polizeiverordnungen betrifft, so sind diejenigen, deren Bestimmungen in dieses Gesetz aufgenommen sind oder dem letzteren entgegenstehen, selbstverständlich aufgehoben. Im Uebrigen sind aber die Polizeiverordnungen, namentlich auch die Strafbestimmungen derselben bestehen geblieben, da der zweite Absatz des § 96 nur die gesetzlichen, nicht auch die polizeilichen Strafbestimmungen beseitigt hat."

Ueber den Begriff der „entgegenstehenden gesetzlichen Bestimmungen" s. Urt. KG. 23/12 97, Joh. 18, 282.

2. Bezug der Geldstrafen. Der § 96 hat die bisherigen gesetzlichen Bestimmungen über den Bezug der wegen Zuwiderhandlungen gegen feld- und forstpolizeiliche Bestimmungen im Wege polizeilicher Straffestsetzung oder durch richterliche Entscheidung verhängten Geldstrafen ausdrücklich aufrecht erhalten.

Diese Bestimmungen, welche zum Theil auf Gewohnheitsrecht beruhen, entbehren allerdings der einheitlichen Regelung. Im Wesentlichen gelten jedoch folgende Grundsätze:

I. für den Bezug der gerichtlich erkannten Geldstrafen.

Alle gerichtlich erkannten Geldstrafen fließen ebenso wie der Erlös aus etwaigen Konfiskaten zur Staatskasse, soweit sie nicht gewissen Kassen oder Personen durch besondere Bestimmungen zugewiesen sind. So fließen:

a) in der Rheinprovinz alle wegen Feld- oder Forstfrevel erkannten Geldstrafen auf Grund der Kab.-Ordre vom 27. Dezember 1822 zur Provinzialkasse;

b) in den Provinzen Ost- und Westpreußen, Brandenburg, Pommern, Posen und Sachsen die wegen Zuwiderhandlungen gegen die Waldstreuverordnung vom 5. März 1843 (vergl. § 96 Nr. 8 F. u. F.P.G.) erkannten Geldstrafen an den Waldeigenthümer;

c) in den Provinzen Ost- und Westpreußen, Brandenburg, Pommern, Schlesien, Posen, Sachsen und Westfalen alle wegen Uebertretung feldpolizeilicher

Vorschriften erkannten Geldstrafen auf Grund des § 47 der Feldpolizeiordnung vom 1. November 1847 zur Gemeindekasse des Ortes, auf welchem die Uebertretung verübt ist. Liegen jedoch innerhalb der Feldmark Besitzungen, welche nicht zum Gemeindeverbande gehören, oder besteht in der Feldmark kein Gemeindeverband, so fließen die Geldstrafen an die Kasse der Ortspolizeibehörde, welche dieselben zu gemeinnützigen Zwecken für den Ort verwenden, über diese Verwendung aber da, wo eine Gemeinde vorhanden ist, solche zu hören hat;

d) in den vormals Hessen-Homburg'schen Gebietstheilen bezw. in dem Fürstenthum Hohenzollern-Hechingen alle wegen Uebertretung feldpolizeilicher Vorschriften erkannten Geldstrafen zur Gemeindekasse. Vergl. § 48 der Hessen-Homb. Feldfrevelordg. v. 16. Juli 1830 bezw. § 86 der Feldpol.-Ordg. für Hohenzollern-Hechingen v. 22. März 1845.

II. für den Bezug der durch polizeiliche Strafverfügung festgesetzten Geldstrafen.

Hierüber hat das Gesetz v. 23. April 1883 eine allgemeine Bestimmung im § 7 getroffen, welcher lautet: „Die in Gemäßheit dieses Gesetzes endgültig festgesetzten Geldstrafen, sowie die eingezogenen Gegenstände fallen demjenigen zu, welcher die sächlichen Kosten der Polizeiverwaltung zu tragen hat. Der letztere ist dagegen verpflichtet, die durch Festsetzung und Vollstreckung der Strafen entstehenden, von dem Beschuldigten nicht beizutreibenden Kosten zu tragen. Insoweit besondere Vorschriften bestehen, nach welchen Geldstrafen oder eingezogene Gegenstände einem anderen Berechtigten zufallen, findet die Vorschrift des ersten Absatzes keine Anwendung. Desgleichen bleiben vertragsmäßige Bestimmungen unberührt."

Es bleiben also auch fernerhin die besonderen, oben zu I a bis d erwähnten Bestimmungen in Kraft, da dieselben auch für die durch polizeiliche Strafverfügung festgesetzten Geldstrafen gelten. Dasselbe gilt von den bestehenden vertragsmäßigen Bestimmungen, wie solche z. B. in Königsberg gelten, wo die in Gemäßheit des Gesetzes v. 23. April 1883 festgesetzten Geldstrafen der Staatskasse zufließen, obwohl die Stadtgemeinde die sächlichen Kosten der Polizeiverwaltung zu tragen hat.

Im Uebrigen fallen die hier in Rede stehenden, von den Polizeiverwaltungen festgesetzten Geldstrafen und die Konfiskate der Regel nach auf dem platten Lande zur Amtskasse und in den Städten zur Gemeindekasse. Ausnahmen von dieser Regel bestehen:

a) in der Provinz Posen, wo die Geldstrafen und Konfiskate auf dem platten Lande der Staatskasse und auf denjenigen Rittergütern, in welchen der Besitzer die Ortspolizei selbst oder durch einen Stellvertreter verwaltet, dem Gutsbesitzer zufallen;

b) in der Provinz Nassau, wo die Geldstrafen und eingezogenen Gegenstände zur Gemeindekasse und in den Städten mit Königlicher Polizeiverwaltung (Kassel, Fulda, Hanau, Marburg, Wiesbaden und Frankfurt a. M.) zur Staatskasse fallen;

c) in den Hohenzollernschen Landen, wo die Geldstrafen und Konfiskate zur Gemeindekasse fließen.

3. Pfändungen. Der § 96 verordnet, daß die allgemeinen gesetzlichen Bestimmungen über Pfändungen in Kraft bleiben, soweit sie nicht durch die Vorschriften des Feld- und Forstpolizeigesetzes betroffen werden. Es sind die diesbezüglichen Vorschriften des Allgem. Landrechts bezw. des gemeinen Rechts und des Code bereits in Anm. 1 zu § 77 erwähnt worden.

4. Rechtsverhältnisse der Nutzungsberechtigten zu den Waldeigenthümern. Der § 96 hat auch alle diejenigen Gesetze, welche diese Rechtsverhältnisse regeln, ausschließlich jedoch der in denselben enthaltenen Strafbestimmungen und Vorschriften über das Strafverfahren, aufrecht erhalten. Dahin gehören vor Allem die Bestimmungen des Allgem. Landrechts, Theil I Tit. 22, (vergl. Eding, Rechtsverhältnisse des Waldes S. 74 ff.) und u. a. auch die Verordnungen vom 30. Juni 1839 und vom 5. März 1843, welche in § 96 besonders hervorgehoben sind, weil sie nach dem Eingange nur vorläufig bis zur Publikation einer neuen allgemeinen Forst- und Jagdpolizeiordnung erlassen sind, und hieraus entnommen werden könnte, daß sie mit dem Erlaß des Feld- und Forstpolizeigesetzes beseitigt seien. (Mot. S. 54.)

Die beiden Verordnungen vom 30. Juni 1839 bezw. 5. März 1843 sind im Anhang abgedruckt bezw. erläutert.

5. Nachtweide, Einzelhüten u. s. w. Um für den Fall, daß die im § 13 erwähnten Polizeiverordnungen nicht mit dem Inkrafttreten des Gesetzes erlassen werden können, in der Zwischenzeit die Ausübung der Nachtweide, des Einzelhütens sowie der Weide durch Gemeinde- und Genossenschaftsheerden nicht ungeregelt zu lassen, sind einstweilen die diesbezüglichen bisherigen Vorschriften in Geltung belassen. Es kommen hier in Betracht die Bestimmungen der §§ 28 ff. der Feldpolizeiordnung vom 1. November 1847, des Rheinischen Gesetzes vom 5. Juli 1844 wegen Beschränkung der Nachtweide und des Einzelhütens des Viehs (GS. 1844 S. 263), der §§ 245, 246 des Hannov. Polizeistrafgesetzes vom 25. Mai 1847, der Kurfürstl. Hessischen Verordnung vom 18. Oktober 1828 über das Hirtenwesen und von zahlreichen anderen, mehr oder weniger lokalen Verordnungen.

Die Vorschriften der Feldpolizeiordnung vom 1. November 1847, welche diese Materie regeln, sind im Anhang abgedruckt.

§ 97.

Der Minister für Landwirthschaft, Domänen und Forsten ist mit der Ausführung dieses Gesetzes beauftragt.

Urkundlich ꝛc.

In Ausführung des Feld- und Forstpolizeigesetzes sind ergangen:

1) die Allgemeine Verfügung des Ministers für Landwirthschaft, Domänen und Forsten vom 12. Mai 1880, betreffend die Ausführung des Feld- und Forstpolizeigesetzes, an die Oberpräsidenten und Regierungen,
2) die Verfügung desselben Ministers vom 29. Mai 1880 betreffend die Ausführung des Feld- und Forstpolizeigesetzes in fiskalischen Forsten.

Beide Verfügungen sind im Anhang abgedruckt und mit erläuternden Anmerkungen versehen.

Anhang.

I. Gesetz, betreffend den Schutz von Vögeln, vom 22. März 1888.

II. 1) Gesetz über den Waffengebrauch der Forst- und Jagdbeamten, vom 31. März 1837 mit den hierzu erlassenen Ministerial-Instruktionen und Verfügungen, insbesondere

2) der Instruktion des Ministeriums des Königlichen Hauses für die Königlichen Forst- und Jagdbeamten über den Waffengebrauch vom 17. April 1837;

3) der Rundverfügung des Ministers für Landwirthschaft, Domänen und Forsten, betr. den Waffengebrauch gegen auf der Flucht befindliche Forst- und Jagdfrevler vom 14. Juli 1897;

4) der Rundverfügung des Ministers des Innern an die Regierungspräsidenten, betr. den Waffengebrauch der Kommunal- und Forstbeamten, vom 1. September 1897;

5) der Instruktion des Ministers des Innern und der Polizei wegen des Waffengebrauchs der Kommunal- und Privat-Forst- und Jagd-Offizianten vom 21. November 1837;

6) dem Allerh. Erlaß vom 11. Oktober 1899, betreffend die Walduniform der Forstbeamten der Kommunalverbände rc.

III. Allgemeine Verfügung des Ministers für Landwirthschaft, Domänen und Forsten vom 12. Mai 1880, betreffend die Ausführung des Feld- und Forstpolizeigesetzes an die Oberpräsidenten und Regierungen.

IV. Verfügung desselben Ministers vom 29. Mai 1880, betreffend die Ausführung des Feld- und Forstpolizeigesetzes in fiskalischen Forsten.

V. Cirkular-Verfügung des Ministers für Landwirthschaft, Domänen und Forsten und des Ministers des Innern vom 23. Juli 1883, betreffend die zu Hülfsbeamten der Staatsanwaltschaft bestellten Forstschutzbeamten.

VI. Gesetz, betreffend den Erlaß polizeilicher Strafverfügungen wegen Uebertretungen, vom 23. April 1883.

VII. A. Allgemeine Verfügung des Justizministers vom 2. Juli 1883 zur Ausführung des Gesetzes vom 23. April 1883, betreffend den Erlaß polizeilicher Strafverfügungen wegen Uebertretungen

und

B. Anweisung des Ministers des Innern und des Justizministers vom 8. Juni 1883 zur Ausführung des Gesetzes vom 23. April 1883, betreffend den Erlaß polizeilicher Strafverfügungen wegen Uebertretungen.

VIII. Verordnung vom 30. Juni 1839, betreffend die Kontrole der Hölzer, welche unverarbeitet transportirt werden.

IX. Vorläufige Verordnung über die Ausübung der Waldstreu-Berechtigung vom 5. März 1843.

X. Die Vorschriften der Feldpolizei-Ordnung vom 1. November 1847 über die Ausübung der Weide durch Gemeinde- und Genossenschaftsheerden, der Nachtweide und des Einzelhütens.

Anhang I.

Gesetz
betreffend den Schutz von Vögeln.
Vom 22. März 1888.
(RGBl. 1888 S. 111.)

Wir Friedrich, von Gottes Gnaden Deutscher Kaiser, König von Preußen ꝛc. ꝛc. verordnen im Namen des Reichs, nach erfolgter Zustimmung des Bundesraths und des Reichstags, was folgt:

§ 1. Das Zerstören und das Ausheben von Nestern oder Brutstätten der Vögel, das Zerstören und Ausnehmen von Eiern, das Ausnehmen und Tödten von Jungen, das Feilbieten und der Verkauf der gegen dieses Verbot erlangten Nester, Eier und Jungen ist untersagt.[1])

Dem Eigenthümer und dem Nutzungsberechtigten und deren Beauftragten steht jedoch frei, Nester, welche sich an oder in Gebäuden oder in Hofräumen befinden, zu beseitigen.

Auch findet das Verbot keine Anwendung auf das Einsammeln, Feilbieten und den Verkauf der Eier von Strandvögeln, Seeschwalben, Möwen und Kiebitzen, jedoch kann durch Landesgesetz oder durch landespolizeiliche Anordnung das Einsammeln der Eier dieser Vögel für bestimmte Orte oder für bestimmte Zeiten untersagt werden.[2])

§ 2. Verboten ist ferner:

a) das Fangen und die Erlegung von Vögeln zur Nachtzeit mittels Leimes, Schlingen, Netzen oder Waffen; als Nachtzeit gilt der Zeitraum, welcher eine Stunde nach Sonnenuntergang beginnt und eine Stunde vor Sonnenaufgang endet;

b) jede Art des Fangens[3]) von Vögeln, solange der Boden mit Schnee bedeckt ist;

c) das Fangen von Vögeln mit Anwendung von Körnern oder anderen Futterstoffen, denen betäubende oder giftige Bestandtheile beigemischt sind, oder unter Anwendung geblendeter Lockvögel;

---

[1]) Nur das vorsätzliche und unbefugte Zerstören und Ausheben von Nestern ꝛc. ist verboten. Sten. Ber. S. 1128.

[2]) Nach § 6 Ges. über die Schonzeiten des Wildes vom 26. Febr. 1870 ist das Ausnehmen von Kiebitz- und Möwen-Eiern nach dem 30. April verboten. Wer diesem Verbote zuwiderhandelt, verfällt in die im § 368 Nr. 11 St.G.B. festgesetzte Strafe.

[3]) Die Erlegung einzelner Vögel, so lange der Boden mit Schnee bedeckt ist, ist gestattet. Wegen der Staare in Elsaß-Lothringen vergl. die Verordnung des Minist. f. Elf.-Lothr. v. 4. Juli 1899 (Ges.Bl. f. Elf.-Lothr. S. 105).

d) das Fangen von Vögeln mittelst Fallkäfigen und Fallkästen, Reusen, großer Schlag- und Zugnetze, sowie mittelst beweglicher und tragbarer, auf dem Boden oder quer über das Feld, das Niederholz, das Rohr oder den Weg gespannter Netze.

Der Bundesrath ist ermächtigt, auch bestimmte andere Arten des Fangens sowie das Fangen mit Vorkehrungen, welche eine Massenvertilgung von Vögeln ermöglichen, zu verbieten.

§ 3. In der Zeit vom 1. März bis zum 15. September ist das Fangen und die Erlegung von Vögeln sowie das Feilbieten und der Verkauf todter Vögel überhaupt untersagt.

Der Bundesrath ist ermächtigt, das Fangen und die Erlegung bestimmter Vogelarten, sowie das Feilbieten und den Verkauf derselben auch außerhalb des im Absatz 1 bestimmten Zeitraums allgemein oder für gewisse Zeiten oder Bezirke zu untersagen.

§ 4. Dem Fangen im Sinne dieses Gesetzes wird jedes Nachstellen zum Zweck des Fangens oder Tödtens von Vögeln, insbesondere das Aufstellen von Netzen, Schlingen, Leimruthen oder anderen Fangvorrichtungen gleichgeachtet.

§ 5. Vögel, welche dem jagdbaren Feder- und Haarwilde und dessen Brut und Jungen, sowie Fischen und deren Brut nachstellen, dürfen nach Maßgabe der landesgesetzlichen Bestimmungen über Jagd und Fischerei von den Jagd- oder Fischereiberechtigten und deren Beauftragten getödtet werden.[4])

Wenn Vögel in Weinbergen, Gärten, bestellten Feldern, Baumpflanzungen, Saatkämpen und Schonungen Schaden anrichten, können die von den Landesregierungen bezeichneten Behörden den Eigenthümern und Nutzungsberechtigten der Grundstücke und deren Beauftragten oder öffentlichen Schutzbeamten (Forst- und Feldhütern, Flurschützen 2c.), soweit dies zur Abwendung dieses Schadens nothwendig ist, das Tödten solcher Vögel innerhalb der betroffenen Oertlichkeiten auch während der im § 3 Absatz 1 bezeichneten Frist gestatten. Das Feilbieten und der Verkauf der auf Grund solcher Erlaubniß erlegten Vögel sind unzulässig.

Ebenso können die im Absatz 2 bezeichneten Behörden einzelne Ausnahmen von den Bestimmungen in §§ 1 bis 3 dieses Gesetzes zu wissenschaftlichen oder Lehrzwecken, sowie zum Fang von Stubenvögeln für eine bestimmte Zeit und für bestimmte Oertlichkeiten bewilligen.

Der Bundesrath bestimmt die näheren Voraussetzungen, unter welchen die im Absatz 2 und 3 bezeichneten Ausnahmen statthaft sein sollen.

Von der Vorschrift unter § 2b kann der Bundesrath für bestimmte Bezirke eine allgemeine Ausnahme gestatten.

---

[4]) Soweit für die im § 5 Abs. 1 gedachten Vögel landesgesetzlich eine Schonzeit besteht, muß die letztere beobachtet werden, und wenn die Vögel jagdbar sind, dürfen sie vom Fischereiberechtigten überhaupt nicht getödtet werden. Vergl. Dalcke, Preuß. Jagdrecht 3. Aufl. S. 277 Anm. 11.

§ 6.[5]) Zuwiderhandlungen gegen die Bestimmungen dieses Gesetzes oder gegen die von dem Bundesrath auf Grund derselben erlassenen Anordnungen werden mit Geldstrafe bis zu einhundertundfünfzig Mark oder mit Haft bestraft.

Der gleichen Strafe unterliegt, wer es unterläßt, Kinder oder andere unter seiner Gewalt stehende Personen, welche seiner Aufsicht untergeben sind und zu seiner Hausgenossenschaft gehören, von der Uebertretung dieser Vorschriften abzuhalten.[6])

§ 7. Neben der Geldstrafe oder der Haft kann auf die Einziehung der verbotswidrig in Besitz genommenen, feilgebotenen oder verkauften Vögel, Nester, Eier, sowie auf Einziehung der Werkzeuge erkannt werden, welche zum Fangen oder Tödten der Vögel, zum Zerstören oder Ausheben der Nester, Brutstätten oder Eier gebraucht oder bestimmt waren, ohne Unterschied, ob die einzuziehenden Gegenstände dem Verurtheilten gehören oder nicht.

Ist die Verfolgung oder Verurtheilung einer bestimmten Person nicht ausführbar, so können die im vorstehenden Absatz bezeichneten Maßnahmen selbstständig erkannt werden.

§ 8. Die Bestimmungen dieses Gesetzes finden keine Anwendung

a) auf das im Privateigenthum befindliche Federvieh;
b) auf die nach Maßgabe der Landesgesetze jagdbaren Vögel;
c) auf die in nachstehendem Verzeichniß aufgeführten Vogelarten:
  1. Tagraubvögel mit Ausnahme der Thurmfalken,
  2. Uhus,
  3. Würger (Neuntödter),
  4. Kreuzschnäbel,
  5. Sperlinge (Haus- und Feldsperlinge),
  6. Kernbeißer,
  7. Rabenartige Vögel (Kolkraben, Rabenkrähen, Nebelkrähen, Saatkrähen, Dohlen, Elstern, Eichelheher, Nuß- oder Tannenheher),
  8. Wildtauben (Ringeltauben, Hohltauben, Turteltauben),
  9. Wasserhühner (Rohr- und Bleßhühner),
  10. Reiher (eigentliche Reiher, Nachtreiher oder Rohrdommeln),
  11. Säger (Sägetaucher, Tauchergänse),
  12. alle nicht im Binnenlande brütende Möven,
  13. Kormorane,
  14. Taucher (Eistaucher und Haubentaucher).

Auch wird der in der bisher üblichen Weise betriebene Krammetsvogelfang, jedoch nur in der Zeit vom 21. September

---

[5]) Der § 368 Nr. 11 bestimmt: „Mit Geldstrafe bis zu sechzig Mark oder mit Haft bis zu vierzehn Tagen wird bestraft, wer unbefugt Eier oder Junge von jagdbarem Federwild oder von Singvögeln ausnimmt.“ Diese Bestimmung ist durch § 6 d. G. ersetzt. Desgleichen ist § 33 F. u. FPG. durch dieses Gesetz aufgehoben. S. oben S. 68.

[6]) Vergl. § 5 F. u. FPG. und § 361 Nr. 9 StGB.

bis 31. Dezember je einschließlich, durch die Vorschriften dieses Gesetzes nicht berührt.

Die Berechtigten, welche in Ausübung des Krammetsvogelfangs außer den eigentlichen Krammetsvögeln auch andere, nach diesem Gesetze geschützte Vögel unbeabsichtigt mitfangen, bleiben straflos.[7])

§ 9. Die landesrechtlichen Bestimmungen, welche zum Schutze der Vögel weitergehende Verbote enthalten, bleiben unberührt.[8]) Die auf Grund derselben zu erkennenden Strafen dürfen jedoch den Höchstbetrag der in diesem Gesetze angedrohten Strafen nicht übersteigen.

§ 10. Dieses Gesetz tritt am 1. Juli 1888 in Kraft.

Anhang II.

Gesetz

über den Waffengebrauch der Forst- und Jagdbeamten.

Vom 31. März 1837.

(GS. S. 65.)

Mit den hierzu erlassenen Ministerial-Instruktionen und Verfügungen.

1. Gesetz vom 31. März 1837.

Wir Friedrich Wilhelm ꝛc. ꝛc. verordnen über die Befugniß der Forst- und Jagdbeamten, von ihren Waffen Gebrauch zu machen, und über das wegen mißbräuchlicher Anwendung zu beobachtende Verfahren, auf den Antrag unseres Staatsmin. und nach erfordertem Gutachten Unseres Staatsraths, für den ganzen Umfang Unserer Monarchie, wie folgt:

§ 1. Unsere Forst- und Jagdbeamten, so wie die im Kommunal- oder Privatdienste stehenden, wenn sie auf Lebenszeit angestellt sind, oder die Rechte der auf Lebenszeit Angestellten haben, nach Vorschrift des Gesetzes v. 7. Juni 1821 § 20 vereidigt und mit ihrem Diensteinkommen nicht auf Pfandgelder, Denunziantenantheil oder Strafgelder angewiesen sind, haben die Befugniß, in ihrem Dienste zum Schutze der Forsten und Jagden gegen Holz- und Wilddiebe, gegen Forst- und Jagdkontravenienten, von ihren Waffen Gebrauch zu machen:

---

[7]) Vergl. die Allg. Verfügung des Ministers für Landwirthschaft, Domänen und Forsten, betr. das mit dem Krammetsvogelfang in Verbindung stehende Abfangen einheimischer Singvögel, vom 13. Juli 1898 (Min. Bl. f. d. i. V. 1898 S. 205).

[8]) Nach § 9 bleiben also nicht nur die bereits bestehenden landesgesetzlichen Vorschriften, welche den Vögeln einen weitergehenden Schutz gewähren, in Kraft, sondern es können auch neue landesgesetzliche Bestimmungen mit weitergehenden Verboten zum Schutze der Vögel erlassen werden.

1) wenn ein Angriff auf ihre Person erfolgt, oder wenn sie mit einem solchen Angriffe bedrohet werden;

2) wenn diejenigen, welche bei einem Holz- oder Wilddiebstahl, bei einer Forst- oder Jagdkontravention auf der That betroffen, oder als der Verübung oder der Absicht zur Verübung eines solchen Vergehens verdächtig in dem Forste oder dem Jagdreviere gefunden werden, sich der Anhaltung, Pfändung oder Abführung zu der Forst- oder Polizei-Behörde, oder der Ergreifung bei versuchter Flucht thätlich oder durch gefährliche Drohungen widersetzen.

Der Gebrauch der Waffen darf aber nicht weiter ausgedehnt werden, als es zur Abwehrung des Angriffes und zur Ueberwindung des Widerstandes nothwendig ist.

Der Gebrauch des Schießgewehrs als Schußwaffe ist nur dann erlaubt, wenn der Angriff oder die Widersetzlichkeit mit Waffen, Aexten, Knütteln oder andern gefährlichen Werkzeugen, oder von einer Mehrheit, welche stärker ist, als die Zahl der zur Stelle anwesenden Forst- oder Jagdbeamten, unternommen oder angedrohet wird. Der Androhung eines solchen Angriffs wird es gleich geachtet, wenn der Betroffene die Waffen oder Werkzeuge nach erfolgter Aufforderung nicht sofort ablegt, oder sie wieder aufnimmt.

§ 2. Die Beamten müssen, um sich der Waffen bedienen zu dürfen, in Uniform oder mit einem amtlichen Abzeichen versehen sein.

§ 3. Der Forst- oder Jagdbeamte, der hiernach von seinen Waffen Gebrauch gemacht und Jemand dadurch verletzt hat, ist verpflichtet, so weit es ohne Gefahr für seine Person geschehen kann, dem Verletzten Beistand zu leisten, und wenn er auf Jemand geschossen hat, nachzuforschen, ob derselbe dadurch verletzt sei. Ist es erforderlich, so muß der Beamte dafür sorgen, daß der Verletzte zum nächsten Orte gebracht werde, wo die Polizeibehörde für die ärztliche Hülfe und für die nöthige Bewachung Sorge zu tragen hat.

Die Kurkosten sind erforderlichen Falls, und zwar hinsichtlich Unserer Forsten und Jagden, von der Forst- und Jagdverwaltung, hinsichtlich der andern Forsten und Jagden aber von den Forst- und Jagdberechtigten vorzuschießen, welche den Ersatz von dem Verletzten und den Theilnehmern des Frevels, oder von den Beamten, je nach dem die Anwendung der Waffen gerechtfertigt befunden worden ist, oder nicht, verlangen können.

§ 4. Auf die Anzeige, daß Jemand von einem unserer Forst- oder Jagdbeamten (§ 1) im Dienste durch Anwendung der Waffen verletzt worden, hat das Gericht des Orts, wo die Verletzung vorgefallen ist, mit Zuziehung eines Ober-Forstbeamten den Thatbestand festzustellen und zu ermitteln: ob ein Mißbrauch der Waffen stattgefunden habe. Das Gericht ist schuldig, hierbei auf die Anträge Rücksicht zu nehmen, welche der Ober-Forstbeamte zur Aufklärung der Sache zu machen für nothwendig erachtet.

§ 5. Werden in Ansehung eines Forst- oder Jagdbeamten, der nicht zu Unsern Beamten gehört, die im § 4 vorgeschriebenen Ermittelungen erforderlich, so ist hinsichtlich der standesherrlichen Forstbeamten statt des im § 4 erwähnten Ober-Forstbeamten, der standesherrliche Oberbeamte für die Polizei, oder in Ermangelung eines solchen, der Kreis-Landrath, hinsichtlich aller andern Forstbeamten aber in jedem Falle der Kreis-Landrath bei der Ermittelung zuzuziehen.

§ 6. Nach beendigter vorläufigen Untersuchung sind die Akten an das betreffende Gericht einzusenden, welches die Verhandlungen, sobald sie als vollständig befunden worden, der Regierung zur Erklärung über die Einleitung der gerichtlichen Untersuchung mittheilt.

§ 7. Nach Eingang dieser Erklärung beschließt das Gericht über die Eröffnung der Untersuchung. Wird diese gegen die Ansicht und den Widerspruch der Regierung beschlossen, so muß die Sache nach den über die Kompetenzkonflikte zwischen den Gerichten und Verwaltungsbehörden ertheilten Vorschriften erlediget werden.

§ 8. In der Rheinprovinz, so weit dort die Französische Justiz-Verfassung bestehet, werden die Verhandlungen über die vorläufige Untersuchung an den Ober-Prokurator des betreffenden Landgerichts eingesandt, und durch diesen der Rathskammer desselben mitgetheilt, welche auf den Bericht des Instruktionsrichters, nach Anhörung der Staatsbehörde, die im § 6 erwähnte Prüfung vornimmt und den im § 7 vorgeschriebenen Beschluß abfaßt.

§ 9. Mit der Verhaftung eines des Waffenmißbrauchs beschuldigten Forst- oder Jagdbeamten darf nur verfahren werden, wenn die vorgesetzte Dienstbehörde darauf anträgt, oder wenn die Eröffnung der gerichtlichen Untersuchung definitiv feststehet.

§ 10. Gegen den Forst oder Jagdbeamten, welcher angeklagt ist, seine Befugniß zum Gebrauch der Waffen überschritten zu haben, können die Angaben des Verletzten, der Theilnehmer an dem Holz- oder Wilddiebstahl, an der Forst- oder Jagdkontravention, und solcher Personen, die schon wegen Widersetzlichkeit gegen Forst- oder Jagdbeamte oder wegen Wilddiebstahls zu einer Strafe, oder wegen Holzdiebstahls und Forstkontraventionen zu einer Kriminalstrafe verurtheilt worden sind, für sich allein keinen zur Anwendung einer Strafe hinreichenden Beweis begründen.

§ 11. In Ansehung der Strafe der Forst- und Jagdbeamten, welche des Mißbrauchs der Waffen schuldig befunden worden, behält es bei den bestehenden Vorschriften der Gesetze sein Bewenden.

§ 12. Für die Eigenthümer, Besitzer und Inhaber von Forsten oder Jagdgerechtigkeiten, so wie für die Förster, Waldwärter und Jäger, welche die im § 1 bezeichneten Eigenschaften nicht besitzen, wird durch dieses Gesetz an den bestehenden Vorschriften über die Selbsthülfe und Nothwehr nichts abgeändert.

Urkundlich rc.

2. **Instruktion des Ministeriums des Königlichen Hauses für die Königlichen Forst- und Jagdbeamten über den Waffengebrauch vom 17. April 1827,** (v. Kamptz, Annalen Bd. 21 S. 339).

Ueber das Recht der Forst- und Jagdbeamten zum Waffengebrauch haben des Königs Majestät am 31. März d. J. ein besonderes Gesetz zu erlassen geruhet, wovon ein Abdruck dieser Instruktion beigefügt ist.

Damit die darin enthaltenen Bestimmungen, dem beabsichtigten Zwecke gemäß, zur Ausführung gebracht und etwaigen Exzessen beim Gebrauch der Waffen vorgebeugt werde, werden für die Königlichen Forsten und Jagden nachstehende Anweisungen ertheilt, welche, gleich den in dem Gesetze selbst enthaltenen Bestimmungen, ein jeder Königl. Forst- und Jagdbeamter sich genau einzuprägen, stets zu vergegenwärtigen und streng zu befolgen hat.

Art. 1. (Allgemeine Bestimmungen.) Unter den Forst- und Jagdbeamten versteht das Gesetz nicht blos die zur Verwaltung und zum Schutze der Forsten und Jagden angestellten Oberförster und Förster, sondern auch die zur Verstärkung des Forst- und Jagdschutzes angenommenen Hülfs-Aufseher und Corps-Jäger, sobald sie mit den im § 1 des Gesetzes bestimmten Erfordernissen versehen und namentlich gehörig vereidigt sind.

Art. 2. Die vorbemerkten Forst- und Jagdbeamten sind überhaupt nur dann, wenn sie sich in den ihnen zur Verwaltung und zum Schutz überwiesenen Forst- und Jagdbezirken befinden, sich der Waffen zu bedienen befugt.

Art. 3., Art. 4. } sind aufgehoben bezw. durch neue Bestimmungen der Rundverfügung des Ministers für Landwirthschaft 2c. v. 14. Juli 1897 (s. unten zu 3) ersetzt.

Art. 5. Der pflichtmäßigen Erwägung und Entscheidung der Regierungen bleibt es überlassen, diejenigen Forst- und Jagdbeamten, von deren Persönlichkeit ein Mißbrauch der Waffen zu besorgen ist, den Gebrauch der Waffen überhaupt oder der Schußwaffen nach ihrem Ermessen zu untersagen. Eine gleiche Befugniß wird den Oberförstern in Betreff der ihnen untergebenen Forstschutz- und Jagdbeamten ertheilt. Sie müssen aber gleichzeitig der betreffenden Regierung hiervon Anzeige machen, ihr Verfahren gehörig begründen und deren weitere Bestimmung über die Dauer dieser Maßregel einholen.

Art. 6. (Besondere Bestimmungen zum § 1 des Gesetzes.) Zum Zweck der Abwehrung eines Angriffs und der Ueberwindung eines thätlichen Widerstandes findet der Gebrauch der Waffen statt, ohne Unterschied, ob der Vorfall bei Tage oder zur Nachtzeit sich ereignet.

Art. 7. Wenn wegen Bedrohung mit einem Angriff von den Waffen Gebrauch gemacht werden soll, so muß die Bedrohung von der Art und von solchen Umständen begleitet sein, daß an ihrer Ausführung zu zweifeln kein besonderer Grund obwaltet, und von der Schußwaffe darf überhaupt nur dann Gebrauch gemacht werden, wenn der Angriff oder die Widersetzlichkeit mit Waffen, Aexten, Knütteln oder anderen gefährlichen Werkzeugen, oder aber von einer Mehrheit, welche stärker ist, als die Zahl der zur Stelle anwesenden Forst- oder Jagdbeamten unternommen oder angedrohet wird.

Art. 8. (Beleidigungen ohne thätliche Widersetzlichkeit oder ohne gefährliche Drohungen berechtigen nicht zum Waffengebrauch.) Beamte, welche durch ungebührliches Betragen zu Widersetzlichkeiten selbst Anlaß geben und in Folge hiervon sich der Waffen bedienen, haben nach Maßgabe des Grades ihrer Verschuldung und ihrer Folgen gesetzliche Ahndung nach den Vorschriften des Allgemeinen Landrechts Theil II Tit. 20, §§ 797, 800, 806, 815 und 816 zu gewärtigen.

Art. 9. (Zum § 2 des Gesetzes.) Die Forst- und Jagdbeamten müssen, um sich der Waffen bedienen zu können, entweder in Uniform, wenigstens in dem Uniforms-Oberrock mit Dienstknöpfen, gekleidet, oder doch mit dem Hirschfänger an dem vorgeschriebenen Koppel versehen sein.

Art. 10. (Zum § 3 des Gesetzes.) Die Forst- und Jagdbeamten haben, so oft sie von den Waffen Gebrauch gemacht haben, selbst dann, wenn eine Verletzung unzweifelhaft nicht erfolgt ist, dies ihrem unmittelbaren Vorgesetzten, und zwar der Oberförster dem betreffenden Forst-Inspektor oder dessen Stellvertreter, die Unterbeamten dagegen dem betreffenden Oberförster sofort schriftlich oder zu Protokoll anzuzeigen, damit dieser in den Stand gesetzt werde, geeigneten Falls zu untersuchen, ob Veranlassung zum Gebrauch der Waffen vorhanden gewesen, und die Vorschriften der gegenwärtigen Instruktion gehörig beachtet worden sind.

Art. 11. Die Verbindlichkeit der Forst- und Jagdbeamten, dem Verletzten Beistand zu leisten, erstreckt sich auf alle Fälle ohne Unterschied, ob die Verletzung durch Anwendung der Schußwaffe oder auf andere Art zugefügt worden ist. Bis dahin, daß die sogleich zu benachrichtigende Polizeibehörde die Sorge für den Verletzten übernommen hat, müssen die Forst- und Jagdbeamten denselben verpflegen und bewachen.

Hat ein einzelner Forst- oder Jagdbeamter Gebrauch von den Waffen machen müssen und dabei den Gegner verwundet, so muß er den letzteren, soweit es ohne Gefahr für seine Person geschehen kann, dahin geleiten, wo er Pflege und Bewachung findet, oder hierzu Hülfe herbeiholen; die Polizeibehörde aber, sobald für den Verwundeten gesorgt ist, demnächst ohne den geringsten Verzug von dem Vorfalle benachrichtigen, und seiner vorgesetzten Behörde die durch den Art. 10 vorgeschriebene Meldung machen.

Art. 12. (Zum § 4 des Gesetzes.) Unter dem im § 4 des Gesetzes beregten Ober-Forstbeamten ist der nächste Vorgesetzte des betreffenden Forst- und Jagdbeamten zu verstehen, und es hat sich daher, sofern die Verwundung durch einen Schutzbeamten geschehen, der Oberförster, wenn es durch den Oberförster geschehen, der Forst-Inspektor, und soweit etwa dieser in die Nothwendigkeit gekommen sein sollte, von seinen Waffen Gebrauch zu machen, der Ober-Forstbeamte der Regierung der Theilnahme an Feststellung des Thatbestandes zu unterziehen.

Art. 13. (Zum § 9 des Gesetzes.) Findet der betreffende Vorgesetzte bei der nach Art. 9 dieser Instruktion zu veranlassenden Untersuchung, daß von den Waffen zu Ungebühr Gebrauchgemacht worden, so hat er nach Befinden der Umstände den Thäter zu verhaften und an die nächste Gerichtsbehörde abzuliefern.

Art. 14. Die Forst- und Jagdbeamten müssen bei Anwendung der Waffen ebenso sehr mit Besonnenheit und Umsicht, als mit Kraft und Unerschrockenheit handeln. — Diejenigen, welche hierdurch in schwierigen Fällen das in sie gesetzte Vertrauen rechtfertigen, können auf den Schutz der Gesetze und der Fürsorge ihrer Vorgesetzten rechnen, dagegen werden diejenigen, welche beim Waffengebrauch ihre Befugnisse überschreiten, ohne Nachsicht zur Untersuchung gezogen und nach den im Art. 8 allegirten Vorschriften bestraft werden.

Berlin, den 17. April 1837.

Ministerium des Königl. Hauses. Zweite Abtheilung.

v. Ladenberg.

3. Rundverfügung des Ministers für Landwirthschaft, Domänen und Forsten, betr. den Waffengebrauch gegen auf der Flucht befindliche Forst- und Jagdfrevler, vom 14. Juli 1897. (Min. Bl. f. d. i. V. 1897 S. 175.)

Die zum Gesetz über den Waffengebrauch der Forst- und Jagdbeamten vom 31. März 1837 (GS. S. 65) für die Königlichen Forst- und Jagdbeamten erlassene Instruktion v. 17. April 1837 (v. Kamptz Annalen XXI S. 339) bestimmt in Art. 4, daß die Waffen gegen keinen schon auf der Flucht befindlichen Frevler u gebrauchen sind.

Mehrfach vorgekommene Fälle, in denen fliehende Frevler während der Flucht Deckung gesucht und, sich plötzlich gegen die sie verfolgenden Forst- und Jagdbeamten wendend, von ihren Schußwaffen Gebrauch gemacht und diese getödtet oder schwer verletzt haben, sowie die fortgeschrittene Technik in der Konstruktion der Schußwaffen, welche es den Frevlern ermöglicht, auch während eiliger Flucht ein bereits abgeschossenes Gewehr mit Leichtigkeit wieder schußfertig zu machen, lassen es mir nicht angängig erscheinen, das unbedingte Verbot des Gebrauches der Waffen gegen fliehende Frevler noch weiter aufrecht zu erhalten.

Ferner erscheint es mir zweckmäßig, die im Art. 3 der Instruktion gegebene Einschränkung hinsichtlich der Art der zugelassenen Waffen zu beseitigen, insbesondere um dadurch den Forst- und Jagdbeamten die Möglichkeit zu gewähren, auch von dem Revolver Gebrauch zu machen.

Mit Rücksicht hierauf wird der Art. 3 der genannten Instruktion aufgehoben und der Art. 4 derselben durch folgende Bestimmungen ersetzt:

„Beim Gebrauch der Waffen müssen die Forst- und Jagdbeamten sich stets vergegenwärtigen, daß solcher nur soweit stattfinden darf, als die Erfüllung des bestimmten Zwecks, die Holz- oder Wilddiebe, oder die Forst- und Jagdkontravenienten bei thätlichem Widerstande oder gefährlichen Drohungen unschädlich zu machen, es unerläßlich erfordert. In der Regel sind daher die Waffen nicht gegen fliehende Frevler zu gebrauchen. Legt indessen ein auf der Flucht befindlicher Frevler auf erfolgte Aufforderung die Schußwaffe nicht sofort ab, oder nimmt er dieselbe wieder auf, und ist außerdem nach den besonderen Umständen des einzelnen Falls in dem Nichtablegen oder Wiederaufnehmen der Schußwaffe eine gegenwärtige, drohende Gefahr für Leib oder Leben des Forst- oder Jagdbeamten zu erblicken, so ist letzterer auch gegen den Fliehenden zum Gebrauch seiner Waffen berechtigt. In jedem Falle sind die Waffen nur so zu gebrauchen, daß lebensgefährliche Verwundungen soviel als möglich vermieden werden. Deshalb ist beim Gebrauch der Schußwaffe der Schuß möglichst nach den Beinen zu richten und beim Gebrauch des Hirschfängers der Hieb nach den Armen des Gegners zu führen. Uebrigens muß beim Gebrauch der Schußwaffe die größte Vorsicht angewendet werden, damit durch das Schießen nicht dritte Personen verletzt werden, welche ohne Theilnahme an einer Kontravention sich zufällig in der Schußlinie oder in deren Nähe befinden. In dieser Hinsicht ist besonders dann Aufmerksamkeit nöthig, wenn nach einer Richtung geschossen wird, in der sich eine Landstraße oder ein bewohntes Gebäude befindet. Auch ist der Gebrauch der Schußwaffe überhaupt in der Nähe von Gebäuden zur Verhütung von Feuersgefahr möglichst zu vermeiden."

Die Königliche Regierung wolle die Königlichen Forstbeamten des dortigen Bezirks hiervon in Kenntniß setzen und mit entsprechender Anweisung versehen, auch dafür Sorge tragen, daß die Abänderung der Vorschriften der Instruktion in geeigneter Weise öffentlich bekannt gemacht wird.

Berlin, den 14. Juli 1897.

Der Minister für Landwirthschaft, Domänen und Forsten.

Fhr. von Hammerstein.

4. Rundverfügung des Ministers des Innern an die Regierungspräsidenten, betr. den Waffengebrauch der Kommunal- und Forstbeamten, vom 1. September 1897. (Min.-Bl. f. d. i. V. 1897 S. 193.

Die Erwägungen, welche den Herrn Minister für Landwirthschaft, Domänen und Forsten nach der Rundverfügung v. 14. Juli d. J. (Min. Bl. 1897 S. 175) zu einer Abänderung der zum Gesetze über den Waffengebrauch der Forst- und Jagdbeamten v. 31. März 1837 (GS. S. 65) erlassenen Instruktion für die Königlichen Forst- und Jagdbeamten v. 17. April 1837 veranlaßt haben, bestimmen mich, die zu jenem Gesetz ergangene Instruktion wegen des Waffengebrauches der Kommunal- und Privat-Forst- und Jagd-Offizianten v. 21. November 1837 (v. Kamptz Annalen XXI S. 349 (unter Nr. 5) wie folgt abzuändern:

1. der § 3 wird aufgehoben;
2. der § 4 erhält nachstehende Fassung:

„Beim Gebrauch der Waffen müssen die Forst- und Jagdbeamten sich stets vergegenwärtigen, daß ꝛc. ꝛc.

— wie in der Rundverfügung des Ministers für Landwirthschaft, Domänen und Forsten vom 14. Juli 1897 (oben zu 3) —

Ich ersuche, für die Veröffentlichung dieser Vorschriften durch das Amtsblatt, sowie dafür zu sorgen, daß den Polizeibehörden die erforderlichen Weisungen wegen der Ausübung einer geeigneten Kontrole ertheilt werden.

Berlin, den 1. September 1897.

Der Minister des Innern.
In Vertretung: Braunbehrens.

5. Instruktion des Ministers des Innern und der Polizei wegen des Waffengebrauchs der Kommunal- und Privat-Forst- und Jagd-Offizianten vom 21. Novbr. 1837.

Damit die in dem Gesetze vom 31. März d. J. (GS. 1837 S. 65) über den Waffengebrauch der Forst- und Jagdbeamten enthaltenen Vorschriften auch zum Schutze der Kommunal- und Privat-Forsten und Jagden richtig angewandt und Mißbräuche möglichst verhütet werden, ertheile ich über die Ausführung dieses Gesetzes, sowohl zur Instruktion der Polizeibehörden, als zur Belehrung der Forst- und Jagdbesitzer und des betreffenden Dienstpersonals derselben nachstehende nähere Anweisung.

§ 1. Die Bestimmungen des § 1 des Gesetzes finden auch auf die zur Verstärkung des Forstschutzpersonals angenommenen Hülfsaufseher Anwendung, wenn die im Eingange des angeführten Paragraphen festgesetzten Erfordernisse bei ihnen vorhanden und sie bei Ausübung ihrer Funktionen mit Dienstkleidung oder einem Abzeichen versehen sind.

§ 2. Die Kommunal- und Privat-Forst- und Jagd-Offizianten dürfen sich ihrer Waffen nur bedienen, wenn sie sich innerhalb des ihnen zur Verwaltung oder zum Schutz überwiesenen Forst- oder Jagdreviers befinden.

§ 3 ist aufgehoben durch die Rundverfügung v. 1. Sept. 1897 (s. oben).

§ 4 ist abgeändert durch die Rundverfügung v. 1. Sept. 1897 (s. oben).

§ 5. Es begründet keinen Unterschied, ob der Vorfall, der zum Gebrauch der Waffen Veranlassung giebt, sich bei Tage oder zur Nachtzeit ereignet.

§ 6. Da nach dem Gesetz von der Schußwaffe nur dann Gebrauch gemacht werden darf, wenn der Angriff mit Waffen, Aexten, Knütteln oder anderen gefährlichen Werkzeugen oder von einer Mehrzahl, welche stärker ist, als die zur Stelle anwesenden Forst- und Jagd-Offizianten unternommen wird, so berechtigen Drohungen, welche nicht von der Art sind, daß sie sofort ausgeführt werden können, und blos wörtliche Beleidigungen zum Waffengebrauch nicht.

§ 7. Da es für die Polizei-Verwaltung von Interesse ist,

wem die durch den § 1 des Gesetzes zugestandene wichtige Befugniß anerkannt wird, und da überdies der § 3 des Gesetzes den Waldbesitzern und Jagdberechtigten selbst Kosten=Vertretungen auferlegt, so haben diejenigen Kommunen und Privatpersonen, welche ihren Forst= und Jagd=Offizianten die Befugniß, sich in den betreffenden Fällen der Waffen zu bedienen, beigelegt wissen und sie zu dem Ende mit einer Dienstkleidung oder einem Abzeichen versehen wollen, hiervon zuvor der kompetenten Polizeibehörde Anzeige zu machen.

§ 8. Mit dieser Erklärung ist zugleich die Benennung der Personen, welchen die Verwaltung oder der Schutz der gleichfalls genau zu bezeichnenden Forst= und Jagd=Reviere übertragen ist, und ebenso die Beschreibung der gewählten Dienstkleidungen oder Abzeichen zu verbinden.

§ 9. Sofern gegen die in dieser Art benannten Personen sich in irgend einer Art erhebliche Bedenken herausstellen, ist die Polizeibehörde befugt, denselben den Gebrauch der Waffen zu untersagen.

§ 10. Die Kommunal= und Privat=Forst= und Jagd=Offizianten müssen in dem Augenblick, wo sie sich der Waffen bedienen, entweder mit einer Dienstkleidung, die ihre Bestimmung hinlänglich erkennen läßt, oder mit einem Abzeichen versehen sein, welches letztere nur in einem metallenen Schilde von wenigstens 3 Zoll Breite und Höhe mit einer in oben erwähnter Art der Polizeibehörde namhaft zu machenden Bezeichnung bestehen und entweder an der Kopfbedeckung, auf der Brust oder dem Oberarm, oder auch an der Koppel des Hirschfängers getragen werden kann. [1])

§ 11. Erinnerungen der Polizeibehörde gegen die Zulässigkeit oder Zweckmäßigkeit der gewählten Dienstkleidungen oder Abzeichen haben die Waldeigenthümer und Jagdberechtigten zu berücksichtigen. Findet sich bei denselben nichts zu erinnern, so ist deren Beschreibung in denjenigen Polizeibezirken, wo die betreffenden Forst= oder Jagdreviere belegen, von der Ortspolizeibehörde öffentlich bekannt zu machen.

§ 12. So oft ein Forst= oder Jagd=Offiziant von den Waffen Gebrauch gemacht hat, auch wenn eine Verletzung unzweifelhaft nicht erfolgte, ist derselbe verpflichtet, unverzüglich der Orts=Polizeibehörde und demnächst seiner Dienstherrschaft, sofern aber der Sitz der ersteren von dem Orte, wo der Vorfall sich ereignete, entfernter sein sollte, als die Wohnung der letzteren, zuerst dieser davon Anzeige zu machen. Die Orts=Polizeibehörde hat hierauf sofort dem Landrath des Kreises Bericht zu erstatten, damit derselbe dasjenige, was ihm nach § 4 und 5 des Gesetzes obliegt, wahrnehmen kann.

§ 13. Wenn eine Verletzung vorgefallen ist, so sind die Forst= oder Jagd=Offizianten, es mögen nun ihrer mehrere oder

---

[1]) S. jetzt den Allerh. Erlaß vom 11. Oktober 1899, betr. die Walduniform der Forstbeamten der Kommunalverbände ꝛc. unten Nr. 6.

ein einzelner zur Stelle sein, schuldig, den Verwundeten dahin zu geleiten, wo er ärztliche Hülfe, Pflege und Bewachung findet, und wenn sie hierzu allein nicht im Stande sind oder solches für sie mit Gefahr verknüpft sein würde, dazu Hülfe herbeizuholen, demnächst aber ohne allen Verzug der Orts-Polizeibehörde davon Anzeige zu machen.

Bis dahin, daß die Orts-Polizeibehörde die Sorge für den Verwundeten übernommen hat, liegt dieselbe dem betreffenden Forst- oder Jagd-Offizianten, und beziehungsweise dessen Dienstherrschaft ob.

Berlin, den 21. November 1837.

Der Minister des Innern und der Polizei.
v. Rochow.

6. Allerhöchster Erlaß vom 11. Oktober 1899, betr. die Walduniform der Forstbeamten der Kommunalverbände ꝛc. (Reichsanzeiger 1899 Nr. 265):

Auf den Bericht v. 18. September d. J. bestimme Ich, daß die Forstbeamten der Kommunalverbände und öffentlichen Anstalten, deren Waldungen unter Staatsaufsicht stehen, soweit sie a) auf Lebenszeit angestellt sind, b) zu den für den Forstdienst bestimmten oder mit dem Forstversorgungsschein entlassenen Anwärtern aus dem Jägerkorps gehören, eine Walduniform nach dem Muster der der Staats-Forstbeamten mit folgenden unterscheidenden Merkmalen zu tragen haben: 1. an dem Rocke sind Achselschnüre von grauem Kameelgarn anstatt der grünen der Staatsforstbeamten und grüne Knöpfe nach dem anbei zurückfolgenden Muster, 2. an der Kopfbedeckung (Hut oder Mütze) vorn über der Kokarde anstatt des fliegenden Adlers der Königlichen Beamten ein Wappenadler von Messing mit dem Königlichen Namenszuge (W) und der Krone, wie er für die städtischen Polizeibeamten des Exekutivdienstes vorgeschrieben ist, anzubringen. Sämmtlichen zum Tragen dieser Uniform berechtigten Kommunal- und Anstalts-Forstbeamten ist auch das Tragen der Litewka, wie Ich sie für die Staatsforstbeamten zugelassen habe, gestattet, jedoch mit der Maßgabe, daß auch bei der Litewka an die Stelle der grünen Achselstücke und der Wappenknöpfe der Staatsforstbeamten graue Achselstücke und grüne Knöpfe treten. Den nicht zum Tragen der Uniform berechtigten Beamten, die aber nach § 23 Ziffer 2 des Forstdiebstahl-Gesetzes v. 15. April 1878 doch ein für alle Mal gerichtlich beeidigt werden können, d. h. solchen Personen, die keine Anzeigegebühr erhalten und nach bescheinigter dreijähriger tadelloser Forstdienstzeit auf mindestens drei Jahre mittels schriftlichen Vertrages mit dem Waldschutze betraut sind, will Ich das Tragen der Litewka ohne Achselstücke und des Diensthutes oder der Dienstmütze gestatten. Im übrigen bestimme Ich, daß denjenigen Beamten, denen seither das Tragen einer Uniform gestattet war, das Auftragen der bisherigen Uniformen ohne Zeitbeschränkung erlaubt bleibt, sowie, daß denjenigen zur Zeit im Dienst befindlichen Beamten im Regierungsbezirk Wiesbaden, welchen nach dem Allerhöchsten Erlasse v. 21. Juli 1869 das Recht verliehen worden ist, die Walduniform der Königlichen Forstschutzbeamten zu tragen, dies Recht bis auf weiteres zu belassen ist. Für die übrigen Beamten, insbesondere für diejenigen, die auf Grund des Gesetzes v. 12. Oktober 1897, betreffend die Forstschutzbeamten der Gemeinden und öffentlichen Anstalten im Regierungsbezirk Wiesbaden (GS. S. 411), angestellt werden, haben die vorstehenden allgemeinen Uniformvorschriften ohne weiteres in Kraft zu treten.

Neues Palais, den 11. Oktober 1899.

Wilhelm R.

Freiherr von Hammerstein. Freiherr von Rheinbaben.

An den Minister für Landwirthschaft, Domänen und Forsten und den Minister des Innern.

Als „Kommunalverbände“ im Sinne dieser Bestimmungen haben nicht nur die Stadt- und Landgemeinden, die Kreise und Provinzen zu gelten, sondern auch die in den alten Provinzen noch bestehenden kommunalständischen Verbände und die landschaftlichen Verbände in der Provinz Hannover, die Bezirksverbände der Regierungsbezirke Cassel und Wiesbaden, der Hohenzollernsche und der Lauenburgische Landeskommunalverband, die Hohenzollernschen Amtsverbände, die Bürgermeistereien in der Rheinprovinz und die Aemter in der Provinz Westfalen.

Das in dem Allerhöchsten Erlasse erwähnte Muster für die Knöpfe ist ein dunkelgrüner, an der Oberfläche mäßig gewölbter, fein geriffelter Hornknopf von 2,5 cm Durchmesser mit metallener Oese an der Unterfläche.

Berlin, den 2. November 1899.

Der Minister für Landwirthschaft, Domänen und Forsten.
In Vertretung:
Sterneberg.

Der Minister des Innern.
In Vertretung:
Braunbehrens.

Anhang III.

Allgemeine Verfügung

des Ministers für Landwirthschaft, Domänen und Forsten

vom 12. Mai 1880

betreffend die Ausführung des Feld- und Forstpolizeigesetzes

an die Oberpräsidenten und Regierungen.

Das Feld- und Forstpolizeigesetz vom 1. April 1880, welches in der Nummer 19 der Gesetzsammlung publizirt worden ist, tritt am 1. Juli 1880 in Kraft. Dasselbe wird sowohl in materieller Beziehung, als auch in den Bestimmungen über das Verfahren wesentliche Aenderungen der bisherigen gesetzlichen Vorschriften herbeiführen. Um bei Zeiten eine möglichst gleichmäßige Ausführung des Gesetzes namentlich auch mit Rücksicht auf den in demselben vorbehaltenen Erlaß von Polizeiverordnungen, zu sichern, sehe ich mich veranlaßt, Ew. pp. (der Kgl. pp.) Aufmerksamkeit schon jetzt auf folgende Punkte zu lenken.

Sowohl bei der Handhabung des Gesetzes wie bei dem Erlaß der vorbehaltenen Polizeiverordnungen wird von dem leitenden Gedanken auszugehen sein, daß der Zweck des Gesetzes unzweideutig dahin gerichtet ist, den Feldern und Forsten einen kräftigen Schutz zu gewähren und der Nichtachtung des Eigenthumsrechtes daran in wirksamerer Weise entgegenzutreten, als solches nach der bisher bestehenden Gesetzgebung möglich war.

Dem Gesetze liegt der Gedanke zu Grunde, daß das Eigenthum am Grund und Boden, soweit nicht nachweislich bestehende Berechtigungen darauf haften, wie jedes andere Eigenthum ein uneingeschränktes ist, und daß in diesem Verhältnisse nichts geändert, sondern dasselbe vielmehr noch mit schützenden Strafbestimmungen hat befestigt werden sollen. Ist solches in einzelnen Fällen im Gesetze nicht mit ausdrücklichen Worten geschehen, so kann daraus nicht gefolgert werden, daß dadurch irgend eine Einschränkung des Eigenthums hat zugelassen werden sollen; vielmehr wird in solchen Fällen durch Polizeiverordnungen der nothwendige Schutz geschaffen werden müssen. In diesem Sinne ist der Gesetzentwurf aufgestellt und schließlich zum Gesetz erhoben worden. Allerdings hat es bei der Berathung des Gesetzes im Abgeordnetenhause nicht an Aeußerungen einzelner Redner gefehlt, in denen eine solche Anschauung nicht zu Tage getreten ist, aus denen vielmehr gefolgert werden könnte, als ob die rechtliche Natur und die staatliche Bedeutung des Grundeigenthums von den Rednern in einem anderen Sinne aufgefaßt worden sei.

Wenn trotzdem das Gesetz Sr. Majestät dem Könige von der Staatsregierung zur Allerhöchsten Genehmigung und Vollziehung vorgelegt worden ist, so ist dies in der Voraussetzung geschehen, daß jenen Aeußerungen für die Auslegung des Gesetzes in diesem Sinne Anhaltspunkte nicht werden entnommen werden können.

Es wird kaum noch der Hervorhebung bedürfen, daß die vorstehend ausgeführten Gesichtspunkte auch bei dem Erlaß und der Ausführung der Polizeiverordnungen maßgebend sein müssen.

Nach diesen allgemeinen Bemerkungen habe ich im Einzelnen noch Folgendes hervorzuheben:

1. Das Gesetz hat die Gegenstände des Feld- und Forstschutzes nicht vollständig erschöpfen können, vielmehr örtlicher Verschiedenheiten und Bedürfnisse wegen den Polizeiverordnungen einen weiten Spielraum überlassen müssen. Es ist dies in der Weise geschehen, daß der Erlaß von Polizeiverordnungen entweder stillschweigend oder ausdrücklich vorbehalten ist. Stillschweigend ist solches dadurch geschehen, daß die Befugniß der Polizeibehörden, auf Grund des Gesetzes vom 11. März 1850 (Ges.-S. S. 265), der Verordnung vom 20. September 1867 (Ges.-S. S. 1529) und des Lauenburg'schen Gesetzes vom 7. Januar 1870 (Offiz. Wochenbl. S. 13) im Interesse des Feld- und Forstschutzes Polizeiverordnungen zu erlassen, nicht beseitigt, sondern nur insofern beschränkt ist, als die letzteren sich nicht auf die im Feld- und Forstpolizeigesetze bereits vollständig geregelten Gegenstände erstrecken und diesem Gesetze nicht widersprechen dürfen. Mit dieser Beschränkung können aber nicht allein in Zukunft Polizeiverordnungen erlassen werden, sondern es sind auch, wie § 96 ergiebt, die bereits erlassenen in Kraft geblieben.

Ausdrücklich ist der Erlaß von Polizeiverordnungen in der Art vorbehalten, daß entweder ganze Materien der Regelung durch dieselben überwiesen (§§ 11 und 13), oder daß Handlungen nur für den Fall unter Strafe gestellt sind, wenn sie erlassenen Polizeiverordnungen zuwider begangen werden (§§ 32, 34, 40 Nr. 2 und 3, 41, 43 und 46).

Wenn hiernach den für den Erlaß von Polizeiverordnungen bestellten Behörden noch Manches überlassen ist, so erscheint es erforderlich, der hierin liegenden Gefahr verschiedener Behandlung gleichartiger Gegenstände für solche Fälle entgegen zu treten, wo eine Verschiedenheit durch die örtlichen Verhältnisse nicht bedingt wird. Zu diesem Zwecke empfiehlt es sich, nicht allein die zu erlassenden Polizeiverordnungen für den ganzen Umfang der Provinz (des Bezirks der pp.) zu entwerfen, sondern auch den Entwurf, bevor solcher dem Provinzialrathe vorgelegt wird (vor der Publikation), mir zur Kenntnißnahme mitzutheilen, damit auch eine thunlichste Uebereinstimmung mit den Verordnungen anderer Provinzen (Bezirke) herbeigeführt werde. Für die praktische Handhabung des Gesetzes und der Polizeiverordnungen wird es sich ferner empfehlen, die sämmtlichen Bestimmungen, mögen solche neu zu erlassen oder in älteren Verordnungen enthalten sein, nach Möglichkeit in eine einzige Polizeiverordnung zusammen zu fassen.

Selbstverständlich ist durch diese Anordnung nicht ausgeschlossen, daß für einzelne Fälle, welche keinen Aufschub erleiden, alsbald besondere Polizeiverordnungen erlassen werden.

Ew. pp. (die pp.) ersuche ich ergebenst, hiernach das Erforderliche zu veranlassen und den Entwurf der Polizeiverordnung womöglich so zeitig mir vorzulegen, daß die Publikation bald nach dem Inkrafttreten des Feld- und Forstpolizeigesetzes erfolgen kann. Sollte letzteres nicht möglich sein, so verweise ich noch darauf, daß bis zum Erlasse der im § 13 erwähnten Polizeiverordnungen die bisherigen Vorschriften über die Ausübung der Nachtweide, des Einzelhütens, sowie der Weide durch Gemeinde- und Genossenschaftsheerden Geltung behalten. Diese Vorschriften sind u. a. enthalten in

§§ 21 bis 33, 35 bis 38 der Feldpolizeiordnung vom 1. Nov. 1847 für die sechs östlichen Provinzen und Westphalen, —

Gesetz vom 5. Juli 1844 und Art. 1 bis 20 I 4, Art. 18, 22 II des code rural für die Rheinprovinz, —

§§ 245, 246 des Pol.-Strafgesetzes vom 25. Mai 1847 und § 59 des Forststrafgesetzes vom selben Tage für Hannover, —

Verordnung vom 18. Oktober 1828 und Nr. 127 ff. des Forststraftarifs vom 30. Dezember 1824 für das vorm. Kurfürstenthum Hessen, —

§§ 14, 23, 24, 25 des Feldfrevelgesetzes vom 19. Februar 1863 für das vorm. Herzogthum Nassau, u. s. w.

Einer besonderen Erwähnung bedarf noch das Sammeln von Kräutern, Beeren und Pilzen. Nach dem für die ganze Monarchie geltenden Holzdiebstahlsgesetze vom 2. Juni 1852 war die Entwendung jener Walderzeugnisse als Holzdiebstahl strafbar. Durch das mit dem 1. Oktober 1879 in Kraft getretene Forstdiebstahlsgesetz vom 15. April 1878 ist dies geändert, indem dasselbe im letzten Absatz des § 1 bestimmt, daß das unbefugte Sammeln von Kräutern, Beeren und Pilzen forstpolizeilichen Bestimmungen unterliegen solle. In Ausführung dieser Bestimmung enthielt der Entwurf des vorliegenden Gesetzes eine Vorschrift, wonach derjenige mit Geldstrafe bis zu 10 Mk. oder mit Haft bis zu 3 Tagen bestraft werden sollte, wer unbefugt auf Forstgrundstücken ohne Erlaubniß des Waldeigenthümers Kräuter, Beeren oder Pilze sammelt, oder falls er einen Erlaubnißschein erhalten hat, denselben beim Sammeln nicht bei sich führt. Nach eingehenden und lebhaften Verhandlungen wurde jedoch diese Bestimmung, weil nicht für alle Theile passend, gestrichen und damit der durch das Forstdiebstahlgesetz vom 15. April 1878 geschaffene Zustand beibehalten, wonach diese Materie der Regelung durch Polizeiverordnungen überwiesen ist.[1])

---

[1]) Vergl. Anm. 5 zu § 41 F. u. FPG. und Nr. 2 der Verf. v. 29. Mai 1880 (Anhang IV).

Durch die oben erwähnten Polizeiverordnungen kann nun für diejenigen Landestheile, in welchen das Sammeln von Kräutern, Beeren und Pilzen nach der früheren Gesetzgebung und Praxis unzweifelhaft bereits verboten oder doch nur unter gewissen Voraussetzungen gestattet war, dieses Sammeln unbedenklich entsprechend den jetzigen Verhältnissen geregelt werden. Für diejenigen Landestheile aber, in welchen solches nicht der Fall war, werden bezüglich dieser Materien, insbesondere für fiskalische Domänen- und Forstgrundstücke Polizeiverordnungen überhaupt nicht zu erlassen sein, ohne daß vorher über die einschlagenden Verhältnisse bei Einreichung von Entwürfen solcher Verordnungen besonders Bericht erstattet wird.

2. Abweichend von dem bisher geltenden Rechte hat das Gesetz in mehreren Fällen (§§ 9, 10, 18, 24, 38, 39, 40 und 41) die Verfolgung der strafbaren Handlung von dem Antrage des Berechtigten abhängig gemacht. Der Antrag muß binnen einer Frist von 3 Monaten gestellt werden, die mit dem Tage, an welchem der Berechtigte von der Handlung und der Person des Thäters Kenntniß erhalten hat, beginnt (§ 61 StGB.). In den Staatsforsten ist der Forstverwaltungsbeamte (Königl. Oberförster) befugt, den Antrag zu stellen. Der Regel nach wird dies auch in den Kommunal- und Privatforsten der Fall sein; hier wird es aber wesentlich auch auf die Anstellungsurkunden, Dienstinstruktionen u. s. w. ankommen. — Eine besondere Form ist für die Stellung des Antrags nicht vorgeschrieben.[2])

3. Der Anspruch auf Ersatzgeld verjährte nach den bisherigen Gesetzen (§ 46 der Feldpolizeiordnung vom 1. November 1847) ebenso wie die Strafverfolgung der hier in Betracht kommenden Uebertretungen (§ 368 Nr. 10 StGB. und §§ 10, 14, 15 dieses Gesetzes) binnen 3 Monaten (§ 67 StGB.). Diese Verjährungsfrist ist für die Strafverfolgung bestehen geblieben, für den Anspruch auf Ersatzgeld aber nach § 70 auf 4 Wochen herabgesetzt.

4. Die Zuwiderhandlungen gegen dieses Gesetz sind — mit Ausnahme der nach §§ 20, 21 zu strafenden Delikte — sämmtlich Uebertretungen. — Im ganzen Umfange der Monarchie, — mit alleinigem Ausschlusse des Bezirks des Oberlandesgerichts zu Cöln, — sind die Ortspolizeibehörden befugt, auf Grund des Gesetzes vom 14. Mai 1852 (Ges.-S. S. 245), der Verordnung vom 25. Juni 1867 (Ges.-S. S. 921) und der §§ 453 bis 458 StPO. wegen Uebertretungen Geldstrafen bis 15 Mark oder Haft bis zu 3 Tagen, sowie eine etwa verwirkte Einziehung zu verhängen.[3]) Diese Befugniß ist für die Uebertretungen des Feld- und Forstpolizeigesetzes im Abs. 2 des § 53 ausdrücklich

---

[2]) Vergl. die eingehenderen Ausführungen in Anm. 4 zu § 9 F. u. FPG.

[3]) An die Stelle des Gesetzes vom 14. Mai 1852, welches in dem Geltungsbereich der V. vom 3. Januar 1849 galt und durch Art. III.

aufrecht erhalten. Bei der Einfachheit der in Rede stehenden Uebertretungen wird es sich zur Abkürzung des Verfahrens empfehlen, die Straffälle, so viel als möglich, im Wege polizeilicher Strafverfügung zu erledigen. Um dieses zu erreichen, sind die Feld- und Forsthüter, sowie die sonstigen Sicherheitsbeamten (Gendarmen, Polizeidiener u. s. w.) anzuweisen, ihre desfallsigen Anzeigen nicht dem Amtsanwalte, sondern der Ortspolizeibehörde zu machen. Diese hat sodann in der Regel die Strafverfügung zu erlassen und nur ausnahmsweise, z. B. wenn sie eine ihre Zuständigkeit übersteigende Strafe für angemessen hält, eine umfassende Ermittelung des Thatbestandes etwa durch Vernehmung von Zeugen oder sonst erforderlich ist u. s. w., die Akten an den Amtsanwalt zur weiteren Veranlassung abzugeben.

Für den Erlaß der polizeilichen Strafverfügung sind von den Ministern des Innern und der Justiz in dem Reglement vom 30. September 1852 (Min.-Bl. d. i. V. S. 259) und in der Bekanntmachung vom 15. September 1879 (Min.-Bl. d. i. V. S. 261) spezielle Vorschriften, auch bezüglich der anzuwendenden Formulare gegeben, auf welche hier verwiesen wird.[4])

Die nach Formular I zu führende Strafliste ist bezüglich der Forstpolizeiübertretungen besonders zu führen und nicht mit der über die sonstigen Uebertretungen zu führenden Liste zu vereinigen. Die Feldpolizeiübertretungen können dagegen auch in die Strafliste der Uebertretungen, welche nicht unter dieses Gesetz fallen, aufgenommen werden.

5. Dieselbe Ortsbehörde, welche die Strafe festzusetzen hat, ist auch zuständig für die Entscheidungen über Ersatzgeld (§ 75) und über Pfändung (§ 82). Erst in den höheren Instanzen unterscheidet sich das Verfahren, indem der gegen die Strafverfügung gerichtete Antrag auf gerichtliche Entscheidung die Sache an die ordentlichen Gerichte, die Klage gegen den Bescheid über Ersatzgeld und Pfändung die Sache an die Verwaltungsgerichte bringt.

Mit Rücksicht auf diese Verschiedenheit sind von vornherein die auf die Straffestsetzung bezüglichen Schriftstücke von denjenigen getrennt zu halten, welche sich auf das Ersatzgeld und die Pfändung

---

Litt. J. der V. vom 25. Juni 1867 auf die neuen Provinzen ausgedehnt war, ist jetzt das Gesetz vom 23. April 1883, betreffend den Erlaß polizeilicher Strafverfügungen wegen Uebertretungen getreten, welches im ganzen Umfang der Monarchie, also auch im Bezirk des Oberlandesgerichts zu Köln gilt, in welchem letzteren nach der früher dort geltenden Gesetzgebung eine Strafe nur vom Richter verhängt werden durfte. Das Gesetz vom 23. April 1883 ist im Anhang VI abgedruckt.

4) Für den Erlaß der polizeilichen Strafverfügung wegen Uebertretungen ist jetzt maßgebend die im Anhang VII abgedruckte Anweisung des Ministers des Innern und des Justizministers v. 8. Juni 1883 zur Ausführung des Gesetzes vom 23. April 1883, betreffend den Erlaß polizeilicher Strafverfügungen wegen Uebertretungen.

beziehen, damit das weitere Verfahren in beiden Richtungen durch die Vereinigung der Akten nicht aufgehalten werde.

Diejenigen Königlichen Oberförster, welche die Ortspolizei verwalten, haben außerdem die Akten über das die Forsten betreffende Verfahren wegen Ersatzgeld und Pfändung von den Akten getrennt zu halten, welche die Forsten nicht betreffen.

6. Nach § 65 des Gesetzes sollen die Feldhüter, Ehrenfeldhüter und Forsthüter ein Dienstabzeichen bei sich führen und bei Ausübung des Amtes auf Verlangen vorzeigen. Das Dienstabzeichen kann entweder eine Uniform oder ein anderes amtliches Abzeichen und letzteres eine Dienstmütze, Brustschild mit Adler u. s. w. sein.

Haben die betreffenden Beamten als solche im Dienst eine Uniform zu tragen, so ersetzt diese das Dienstabzeichen, und es braucht daneben nicht noch ein besonderes Abzeichen getragen zu werden.

Für die Forstbeamten sind diejenigen Uniformen bezw. Abzeichen, welche nach den bestehenden Vorschriften bei Wahrnehmung des Forstschutzes zu tragen sind, unverändert beizubehalten.

7. Die §§ 50, 90 und 91 Nr. 1 bezeichnen für den Fall des Verwaltungsstreitverfahrens über die Errichtung einer Feuerstelle in der Nähe von Waldungen, über die Forderung von Ersatzgeld und über die Pfändung diejenigen Behörden, welche in den Landestheilen außerhalb der Provinzialordnung v. 29. Juni 1875 (GS. S. 335) (d. h. in den Provinzen Posen, Westfalen, Hannover, Schleswig-Holstein, Hessen-Nassau, in der Rheinprovinz und in den Hohenzollernschen Landen) an die Stelle von Kreisausschüssen, Bezirksverwaltungsgerichten und Bezirksräthen treten. Diese Behörden haben nach § 91 Nr. 2 hinsichtlich des Verfahrens, der Rechtsmittel und der Fristen zur Einlegung der Rechtsmittel die Vorschriften des Gesetzes v. 3. Juli 1875, betreffend die Verfassung der Verwaltungsgerichte und das Verwaltungsstreitverfahren (GS. S. 375), zur Anwendung zu bringen.

8. In der Provinz Posen treten nach § 92 für die Rittergüter mit gutsherrlicher Polizeigewalt in den Fällen der §§ 78, 82 und 83 an die Stelle der Ortspolizeibehörde die von den Landräthen zu bestimmenden Polizeidistriktskommissarien. Die Regierungen zu Posen und Bromberg haben darauf zu achten, daß die Polizeidistriktskommissarien generell und rechtzeitig bestimmt werden.

§ 9. Der § 96 setzt im ersten Absatze alle dem Feld- und Forstpolizeigesetze entgegenstehenden Gesetze, im zweiten Absatze alle in Feld- und Forstpolizeigesetzen enthaltenen Strafbestimmungen, mögen solche dem gegenwärtigen Gesetze entgegenstehen oder nicht, außer Kraft. Die dem gegenwärtigen Gesetze nicht entgegenstehenden Vorschriften sind daher mit Ausschluß der Strafbestimmungen in Kraft geblieben.

Was die Polizeiverordnungen betrifft, so sind, wie bereits unter Nr. 1 angedeutet wurde, diejenigen, deren Bestimmungen in dieses Gesetz aufgenommen sind oder dem letzteren entgegenstehen, selbstverständlich aufgehoben. Im Uebrigen sind aber die Polizeiverordnungen, namentlich auch die Strafbestimmungen derselben bestehen geblieben, da der zweite Absatz des § 96 nur die gesetzlichen, nicht auch die polizeilichen Strafbestimmungen beseitigt hat.

Der Minister für Landwirthschaft, Domänen und Forsten.

Lucius.

Anhang IV.

Verfügung

des Ministers für Landwirthschaft, Domänen und Forsten

vom 29. Mai 1880,

betreffend die Ausführung des Feld- und Forstpolizeigesetzes in fiskalischen Forsten.

Mit dem 1. Juli d. J. tritt das Feld- und Forstpolizeigesetz vom 1. April d. J. (Ges.-S. S. 230) in Kraft. Mit Bezug hierauf ordne ich in Betreff der fiskalischen Forsten Nachstehendes an:

1. Die Bestimmungen in den §§ 38 und 39 l. c. machen es erforderlich, die Holzversteigerungsbedingungen, wie solche in dem Schema L. der Geschäftsanweisung für die Oberförster der Kgl. preußischen Staatsforsten vom 4. Januar 1870 formulirt sind, einigen Aenderungen zu unterwerfen.

a) Bei Position 7 daselbst sind die Schlußzeilen hinter dem Worte „erfolgen" (in der vorletzten Zeile der ersten Seite) zu streichen. Hinter dieses Wort ist ein Punkt zu setzen, und an Stelle des gestrichenen Passus tritt der Satz: „Zuwiderhandlungen werden nach § 38 des Feld- und Forstpolizeigesetzes vom 1. April 1880 bestraft."

b) Ingleichen ist der Schlußsatz bei Position 9 nach dem Worte „widrigenfalls" zu streichen und dafür zu setzen: „Bestrafung nach § 39 des Feld- und Forstpolizeigesetzes vom 1. April 1880 eintritt."

c) Die Position 10 fällt ganz fort, und die Positionen 11 bis 14 erhalten demgemäß die Nr. 10 bis 13.[1])

2. Da das Feld= und Forstpolizeigesetz vom 1. April 1880, das nach § 1 des Forstdiebstahlsgesetzes vom 15. April 1878 (Ges.=S. S. 222) forstpolizeilichen Bestimmungen unterliegende Sammeln von Kräutern, Beeren und Pilzen einer Regelung nicht unterzogen hat, so ist wegen der in Betreff dieses Gegenstandes event. zu erlassenden Polizeiverordnungen an die Herren Ober=präsidenten derjenigen Provinzen, in welchen die Kreisordnung vom 13. Dezember 1872 (Ges.=S. S. 661) in Geltung steht, und an die Kgl. Regierungen, bezw. Landdrosteien der übrigen Provinzen Verfügung ergangen.

Mit Bezug hierauf bemerke ich, daß es meine Absicht ist, an den Grundsätzen nichts zu ändern, welche in der Cirkular=verfügung vom 12. November 1858 (II 14417) ausgesprochen sind, also insbesondere nach wie vor aus dem für die Ausgabe von Erlaubnißscheinen zum Sammeln von Beeren und Pilzen zu er=hebenden Entgelt in den fiskalischen Forsten eine Einnahmequelle nicht zu machen. Die fragliche Abgabe hat vielmehr nur den Zweck, eine Rekognitionsgebühr, bezw. eine Entschädigung für die Kosten des Drucks u. s. w. der Erlaubnißscheine darzustellen.

Die Ausgabe der letzteren soll lediglich geschehen, um die Ordnung und die Kontrole im Walde aufrecht zu erhalten, um vorzeitigem Sammeln unreifer Beeren vorzubeugen und um die den Forsten zunächst wohnenden Eingesessenen gegen übermäßigen Zudrang oder Verdrängung durch Einwohner entfernter Ort=schaften zu schützen. Ich bestimme deshalb hiermit, daß vom laufenden Jahre einschließlich ab der Preis für einen Erlaubniß=schein zum Sammeln von Beeren oder Pilzen, soweit nicht etwa für einzelne Bezirke besondere Umstände zur ganz unentgeltlichen Abgabe veranlassen, durchweg auf nur 5 Pf. auch dort festgesetzt werde, wo bisher nach der Cirkularverfügung vom 12. November 1858 (II 14417) der höhere Satz bis zu 25 Pf. erhoben worden ist.

Sofern nach Maßgabe der besonderen Verhältnisse Veran=lassung vorliegt, von der Erhebung eines Entgeltes oder der Ausgabe von Erlaubnißscheinen und einer Kontrole der Beeren= und Pilznutzung ganz abzusehen, ist dieserhalb von der Kgl. Re=gierung u. s. w. Bericht zu erstatten.

---

[1]) Für die Bezirke der Regierungen zu Königsberg und Brom=berg, in denen die geltenden Holzversteigerungsbedingungen mit denen der übrigen Regierungsbezirke nicht völlig übereinstimmen, sind noch anderweite Aenderungen in der Redaktion der Holzversteigerungsbedingungen angeordnet. Die Position 10 der in diesen Bezirken geltenden Bedingungen ist mit Rück=sicht auf das F. u. FPG. dahin zu ändern, daß in Betreff der Zuwider=handlungen gegen Position 9 a, b und d der Bedingungen der § 38 und gegen Position 9 c der § 39 des F. u. FPG. Anwendung findet. Bezüg=lich der Zuwiderhandlungen gegen 9 e ist auf die betreffende Polizeiverordnung (sofern eine solche für den daselbst vorgesehenen Fall besteht oder erlassen wird) hinzuweisen, event. aber eine Konventionalstrafe festzusetzen.

Eine Ausnahme von den vorstehenden Bestimmungen findet nur in Betreff der Trüffeln statt. Bei der Verwerthung derselben ist auch fernerhin so zu verfahren, wie bisher.

3. Nach § 70 des Feld- und Forstpolizeigesetzes verjährt der in Gemäßheit des § 69 l. c. etwa zu erhebende Anspruch auf Ersatzgeld in vier Wochen.

Die Kgl. Regierung (Finanz-Direktion) wolle deshalb Anordnung dahin treffen, daß alle diejenigen Uebertretungen, bei welchen die Forderung von Ersatzgeld in Frage kommen kann, alsbald nach Konstatirung derselben von den betreffenden Schutzbeamten zur Kenntniß des Oberförsters gebracht werden, damit es möglich ist, den Anspruch auf Ersatzgeld event. rechtzeitig geltend zu machen.

Der Minister für Landwirthschaft, Domänen und Forsten.

Lucius.

Anhang V.

Circular-Verfügung

des Ministers für Landwirthschaft, Domänen und Forsten

und

des Ministers des Innern

vom 23. Juli 1883.

(Min.-Bl. f. d. innere Verw. S. 177.)

betreffend die zu Hülfsbeamten der Staatsanwaltschaft bestellten Forstschutzbeamten.

Durch die Cirkular-Verfügung des mitunterzeichneten Ministers des Innern und des Herrn Justizministers vom 23. November 1881 (Min.-Bl. für die innere Verw. 1882 S. 34) sind folgende Königliche Forstschutzbeamte zu Hülfsbeamten der Staatsanwaltschaft bestellt worden:

> Revierförster, Hegemeister, Förster, Forstaufseher und Forsthülfsjäger, sowie diejenigen Waldwärter, welche auf Forstanstellungsberechtigung nach den Bestimmungen des Regulativs vom 15. Februar 1879 — Min.-Bl. S. 164 — dienen.

Nach unserer und des Herrn Justizministers gemeinschaftlichen Verfügung an die Königliche Regierung zu Königsberg vom 3. Januar d. J. — Min.-Bl. S. 24 — erstreckt sich diese Bestellung auch auf diejenigen Forstschutzbeamten, welche zeitweilig als Forstpolizeisergeanten in den Städten fungiren, sofern sie aus den in ersterem Erlasse bezeichneten Kategorien der Forstschutzbeamten entnommen werden. [1])

Wegen Ausführung dieser Erlasse sehen wir uns zu folgenden Bestimmungen veranlaßt.

1. Nach § 153 des Gerichtsverfassungsgesetzes haben die Hülfsbeamten der Staatsanwaltschaft den Anordnungen der Staatsanwälte bei dem Landgerichte ihres Bezirks und der diesen vorgesetzten Beamten Folge zu leisten. Daneben sind sie aber unter Umständen zu selbstständigem Handeln befugt und verpflichtet, insbesondere sind sie nach §§ 98 und 105 der Strafprozeßordnung bei Gefahr im Verzuge zu Beschlagnahmen und zur Anordnung von Durchsuchungen (sowohl zum Zwecke der Ergreifung der wegen strafbarer Handlungen Verfolgten als zur Aufsuchung von Beweismitteln) ermächtigt.

Die Bestellung der Forstschutzbeamten zu Hülfsbeamten der Staatsanwaltschaft hat nun, was den sachlichen Umfang der ihnen übertragenen Funktion angeht, zunächst die Zwecke des Forstschutzes im Auge, und soweit es auf selbstständiges Handeln in jener Eigenschaft ankommt, haben deßhalb jene Beamten ihre Thätigkeit zu beschränken auf die Verfolgung solcher Gesetzwidrigkeiten, welche in dem ihnen im Hauptamte zugewiesenen Schutzbezirke begangen werden und in irgend einer Beziehung zu ihrer hauptamtlichen Thätigkeit stehen, wohin vornehmlich die Verletzungen der Forst-, Jagd-, Feld-, Fischerei- u. s. w. Gesetze zu rechnen sind. Auch die Staatsanwälte werden die Thätigkeit der Forstschutzbeamten der Regel nach nur wegen strafbarer Handlungen dieser Art in Anspruch nehmen, doch bleibt es deren Ermessen überlassen, auch in anderen Fällen, wo ihnen solches aus besonderen Gründen erwünscht scheint, der Forstschutzbeamten neben den ihnen sonst zur Verfügung stehenden Hülfsbeamten, oder anstatt dieser, sich zu bedienen, und auch auf solche Fälle erstreckt sich die Verpflichtung der Forstschutzbeamten, den Anordnungen der Staatsanwälte Folge zu geben.

---

[1]) Vergl. die Allgemeine Verf. des Justizministers vom 2. Februar 1883, betreffend die Bestellung von Forstschutzbeamten zu Hülfsbeamten der Staatsanwaltschaft (JMBl. 1883 S. 28): „Im Anschluß an die allgemeine Verfügung vom 9. Oktober 1882 (JMBl. 1882 S. 312) wird den Justizbehörden hierdurch mitgetheilt, daß durch gemeinschaftlichen Erlaß der Herren Minister des Innern und für Landwirthschaft, Domänen und Forsten, sowie des Justizministers vom 3. Januar d. J. auch diejenigen Forstschutzbeamten, welche zeitweilig als Forstpolizeisergeanten in den Städten fungiren, für ihren Geschäftsbezirk und für die Dauer dieser ihrer Dienstfunktion zu Hülfsbeamten der Staatsanwaltschaft bestimmt worden sind, insofern sie einer der in der Allgemeinen Verfügung vom 9. Oktober 1882 bezeichneten Kategorieen von Forstschutzbeamten entnommen wurden."

2. Anlangend die örtliche Zuständigkeit der Forstschutzbeamten als Hülfsbeamten der Staatsanwaltschaft, so versteht es sich, daß dieselben durch einen Auftrag des Staatsanwalts die Befugniß erlangen, auch außerhalb ihres eigenen Schutzbezirks thätig zu werden. Dagegen beschränkt sich die Befugniß zu selbstständigem Handeln in der Regel auf den Schutzbezirk des einzelnen Beamten. Eine Ausnahme von dieser Regel ergiebt sich aus dem Rechte der Nacheile und aus analoger Anwendung des § 167 des Gerichtsverfassungsgesetzes, wonach ein Gericht Amtshandlungen außerhalb seines Bezirks ohne Zustimmung des Amtsgerichts des Ortes nur vornehmen darf, wenn Gefahr im Verzuge obwaltet, in welchem Falle dem Amtsgerichte des Orts Anzeige zu machen ist. In entsprechendem Sinne ist anzunehmen, daß die in Rede stehenden Beamten, sofern es sich um Zuwiderhandlungen gegen die Strafgesetze handelt, gegen welche sie nach dem zu 1 Gesagten selbstständig einzuschreiten haben, auch außerhalb ihres Dienstbezirks Beschlagnahmen und Durchsuchungen selbstständig vornehmen können, jedoch nur dann, wenn sie in der Verfolgung des Thäters (unmittelbar oder nach seinen Spuren) begriffen sind und wenn zugleich die bei einer Verzögerung der Maßregel obwaltende Gefahr der Erfolglosigkeit so dringlich ist, daß nicht nur ein Antrag bei dem zuständigen Richter, sondern auch eine vorherige Verständigung mit der Ortspolizeibehörde nicht angängig ist. Auch in einem solchen Falle ist aber, und zwar baldmöglichst, der Ortspolizeibehörde Anzeige zu machen.

Die Befugniß zur Vornahme von Amtshandlungen im Gebiete eines anderen Bundesstaats beschränkt sich übrigens auf die nach § 168 des Gerichtsverfassungsgesetzes statthafte Verfolgung und Ergreifung Flüchtiger. Insbesondere haben die Forstschutzbeamten durch ihre Bestellung zu Hülfsbeamten der Staatsanwaltschaft nicht die Befugniß zur Vornahme von Haussuchungen im Gebiete anderer Bundesstaaten erlangt, müssen hierzu vielmehr nach wie vor die dort zuständigen Behörden in Anspruch nehmen.

3. Der Herr Justizminister hat sich bereit erklärt, die Staatsanwälte dahin anzuweisen, daß diese ihre Aufträge an die Forstschutzbeamten der Regel nach unter der Adresse der betreffenden Oberförster, und nur aus besonderen Gründen, wie namentlich in solchen Fällen besonderer Dringlichkeit unmittelbar an die Forstschutzbeamten erlassen, in welchen zu besorgen, daß der Umweg durch die Hand des Oberförsters den Auftrag an den Forstschutzbeamten wirkungslos machen könnte. In letzterem Falle hat der Forstschutzbeamte selbst dem Oberförster von dem ihm gewordenen Auftrage sobald als möglich Anzeige zu machen. Die Oberförster haben die unter ihrer Adresse eingehenden Aufträge der Staatsanwälte den beauftragten Forstschutzbeamten ungesäumt zuzustellen. Glaubt ein Oberförster, daß durch einen Auftrag des Staatsanwalts an die Forstschutzbeamten das Interesse des Forstdienstes geschädigt werde, so hat er der vorgesetzten Regierung (Finanz-Direktion) zu berichten. Die Ausführung des vom Staatsanwalt

einmal ertheilten Auftrages darf jedoch aus diesem Grunde in keinem Falle verweigert oder verzögert weoden. [2])

4. Die Forstschutzbeamten haben bei Erledigung von Aufträgen der Staatsanwälte die Liquidation der etwa zu beanspruchenden Tagegelder und Reisekosten dem auftraggebenden Staatsanwalt zur Zahlbarmachung einzureichen. Doch dürfen bei Ausrichtung solcher Aufträge innerhalb des eigenen Schutzbezirkes Tagegelder und Reisekosten in keinem Falle verlangt werden. Soweit ein Forstschutzbeamter als Hülfsbeamter der Staatsanwaltschaft selbstständig thätig wird, ist dies als eine Thätigkeit in seinem Hauptamte anzusehen, wofür Tagegelder rc. grundsätzlich nicht gewährt werden. [3])

5. Die Königliche Regierung (Finanz-Direktion) wolle die vorstehenden Bestimmungen zur Kenntniß aller betheiligten Forstbeamten bringen. Es darf vorausgesetzt werden, daß die Forstschutzbeamten sich mit den die Hülfsbeamten der Staatsanwaltschaft besonders berührenden gesetzlichen Vorschriften, insbesondere mit den Vorschriften der Strafprozeßordnung über Beschlagnahme, Durchsuchung und vorläufige Festnahme genügend vertraut machen und daß die Herren Forstinspektionsbeamten sich

---

[2]) Die unter Nr. 3 der Cirkularverfügung gedachte Anweisung ist von dem Justizminister in der Verfügung v. 21. Juni 1883 (I. 2512) ertheilt worden. Dieselbe lautet: „Von den Polizeibehörden wird es als ein Mißstand empfunden, daß die Aufträge, welche ihren zu Hülfsbeamten der Staatsanwaltschaft bestellten Untergebenen Seitens der Staatsanwälte ertheilt werden, dem Vorsteher der Polizeibehörde häufig unbekannt bleiben, und dieser hierdurch gehindert wird, bei seinen Dispositionen über die einzelnen Beamten auf jene Aufträge Rücksicht zu nehmen. Zur Beseitigung dieses Uebelstandes bestimme ich hiermit, daß die den Hülfsbeamten der gedachten Kategorie (Polizei-Inspektoren, Polizei-Kommissarien, Kriminal-Polizei-Kommissarien, Polizei-Wachtmeister) zu ertheilenden Aufträge fortan der Regel nach unter der Adresse des Vorstehers der Polizeibehörde abzusenden sind und eine direkte Uebersendung an den zu beauftragenden Beamten nur dann stattzufinden hat, wenn sie durch besondere, in der Sache liegende Gründe, wie namentlich obwaltende Gefahr im Verzuge, bedingt wird.

In gleicher Weise sind Aufträge, welche den zu Hülfsbeamten der Staatsanwaltschaft bestellten Forstschutzbeamten ertheilt werden, der Regel nach unter der Adresse des vorgesetzten Oberförsters abzusenden."

[3]) Zu Nr. 4 der Cirkularverfügung hat der Justizminister in der Verfügung v. 20. Oktober 1883 (I. 3824) noch besonders darauf aufmerksam gemacht, daß den gedachten Hülfsbeamten ein Anspruch auf Tagegelder und Reisekosten nur dann zusteht, wenn sie auf Grund eines Auftrages der Staatsanwaltschaft außerhalb ihres Schutzbezirkes wegen einer strafbaren Handlung thätig werden, welche in keiner Beziehung zu ihrem Hauptamte steht.

davon, daß dies der Fall, in geeigneter Weise Ueberzeugung verschaffen.

Der Minister für Landwirthschaft, Domänen und Forsten.
Lucius.

Der Minister des Innern.
In Vertretung:
Herrfurth.

Anhang VI.

Gesetz,

betreffend den Erlaß polizeilicher Strafverfügungen wegen Uebertretungen.

Vom 23. April 1883 (GS. S. 65).

Wir Wilhelm, von Gottes Gnaden König von Preußen rc. rc. verordnen auf Grund der §§ 453 bis 458 der Strafprozeßordnung für das Deutsche Reich vom 1. Februar 1877 (Reichs-Gesetzbl. S. 253) mit Zustimmung der beiden Häuser des Landtages Unserer Monarchie, für den ganzen Umfang derselben, was folgt:

§ 1. Wer die Polizeiverwaltung in einem bestimmten Bezirk auszuüben hat, ist befugt, wegen der in diesem Bezirke verübten, in seinen Verwaltungsbereich fallenden Uebertretungen die Strafe durch Verfügungen festzusetzen, sowie eine etwa verwirkte Einziehung zu verhängen. Die polizeiliche Strafverfügung ist auch gegen Beschuldigte im Alter von 12 bis 18 Jahren zulässig.[1])

Wird Geldstrafe festgesetzt, so ist zugleich die für den Fall des Unvermögens an die Stelle der Geldstrafe tretende Haft zu bestimmen.

Die festzusetzende Geldstrafe darf den Betrag von dreißig Mark, die Haft, auch wenn sie an die Stelle einer nicht beizutreibenden Geldstrafe tritt, die Dauer von drei Tagen nicht überschreiten. Erachtet der Polizeiverwalter eine höhere Strafe für gerechtfertigt, so muß die Verfolgung dem Amtsanwalte überlassen werden.[2])

---

[1]) Die Feststellung, ob der jugendliche Thäter die zur Erkenntniß der Strafbarkeit seiner That erforderliche Einsicht besaß, kann also hier auch ohne mündliche Verhandlung erfolgen. Vergl. § 56 StGB. und die Anm. zu § 4 F. u. FPG.

[2]) Nach § 453 StPO. kann eine Polizeibehörde keine andere Strafe als Haft und Geldstrafe sowie eine etwa verwirkte Einziehung verhängen. auch nach dem Gesetz vom 23. April 1883 kann also die Ueberweisung an die Landespolizeibehörde durch eine polizeiliche Strafverfügung nicht angeordnet werden.

§ 2. Die Festsetzung einer Strafe durch die Polizeibehörde findet nicht statt:

1) bei Uebertretungen, für deren Aburtheilung die Rheinschiffahrtsgerichte, die Elbzollgerichte oder die Gewerbegerichte zuständig sind;[3])
2) bei Uebertretungen der Vorschriften über die Erhebung öffentlicher Abgaben oder Gefälle;[4])
3) bei Uebertretungen bergpolizeilicher Vorschriften.[5])[6])

§ 3. Der Beschuldigte kann gegen die Strafverfügung binnen einer Woche nach der Bekanntmachung in Gemäßheit der Strafprozeßordnung auf gerichtliche Entscheidung antragen.[7])

---

[3]) Vergl. Gesetz, betreffend die Rheinschiffahrtsgerichte vom 8. März 1879 (G.S. S. 129); Gesetz, betreffend die Elbzollgerichte vom 9. März 1879 (G.S. S. 132) und § 14 Nr. 1 Ger.-Verf.-Ges. In Betreff der in der Rheinprovinz bestehenden Gewerbegerichte vergl. § 14 Nr. 4 Ger.-Verf.-Ges.; Gew.-Ordg. § 120 a; Loi du 18. mars 1806; Avis du conseil d'état du 10. févr. 1810; Décr. du 3. août 1810; Ges. v. 7. Aug. 1846.

[4]) Das Verfahren bei Zuwiderhandlungen gegen die Vorschriften über die Erhebung öffentlicher Abgaben und Gefälle ist in den §§ 459—460 StPO. besonders geregelt.

[5]) Hinsichtlich der Verfolgung bergpolizeilicher Uebertretungen bewendet es bei der Bestimmung des § 209 des Berggesetzes vom 24. Mai 1865, nach welcher über die Uebertretungen der bergpolizeilichen Vorschriften (§§ 207 und 208) von den Revierbeamten Protokolle aufzunehmen und der Staatsanwaltschaft zur Verfolgung zu übergeben sind. Die Entscheidung steht den ordentlichen Gerichten zu.

[6]) Der Erlaß einer polizeilichen Strafverfügung findet ferner nicht statt bei Zuwiderhandlungen gegen das Forstdiebstahlsgesetz v. 15. April 1878, da die in diesem angedrohte Freiheitsstrafe, auch wenn sie nur an die Stelle einer Geldstrafe tritt, nicht in Haft, sondern in Gefängniß besteht.

[7]) Vergl. §§ 454 ff. Strafprozeßordnung. Danach kann der Antrag auf gerichtliche Entscheidung bei der Polizeibehörde schriftlich oder mündlich, bei dem zuständigen Amtsgericht schriftlich oder zu Protokoll des Gerichtsschreibers angebracht werden.

Das zuständige Amtsgericht ist dasjenige, in dessen Bezirk die Polizeibehörde, welche die Strafverfügung erlassen hat, ihren Sitz hat. Erstreckt sich der Polizeibezirk über das Gebiet mehrerer Amtsgerichte, so ist das Gericht des Ortes zuständig, an welchem die Uebertretung begangen ist.

Ein Antrag auf gerichtliche Entscheidung, welcher bei dem Amtsanwalt angebracht ist, wahrt die gesetzliche Frist nicht. Der Amtsanwalt hat einen solchen bei ihm eingehenden Antrag sofort an das Amtsgericht abzugeben. Vergl. Art. 67 der Gesch.-Anweisung für Amtsanwälte v. 28. Aug. 1879.

Für die Berechnung der Frist gilt die Vorschrift des § 43 Strafprozeßordnung. Die Frist endigt danach mit Ablauf desjenigen Tages der folgenden Woche, welcher durch seine Benennung dem Wochentage entspricht, an welchem die Zustellung der polizeilichen Strafverfügung (siehe unten § 5)

Ist gegen einen Beschuldigten im Alter von 12 bis 18 Jahren eine Strafverfügung erlassen, so kann binnen der für den Beschuldigten laufenden Frist auch der gesetzliche Vertreter desselben auf gerichtliche Entscheidung antragen.

§ 4. Die Strafverfügung muß außer der Festsetzung der Strafe die strafbare Handlung, Zeit und Ort derselben, die angewendete Strafvorschrift und die Beweismittel, sowie die Kasse[8]) bezeichnen, an welche die Geldstrafe zu zahlen ist.

Sie muß die Eröffnung enthalten:

a) daß der Beschuldigte binnen einer Woche nach der Bekanntmachung auf gerichtliche Entscheidung antragen könne;

b) daß der Antrag entweder bei der Polizeibehörde, welche die Strafverfügung erlassen hat, oder bei dem zuständigen Amtsgericht anzubringen sei;

c) daß die Strafverfügung, falls innerhalb der bestimmten Frist ein Antrag auf gerichtliche Entscheidung nicht erfolge, vollstreckbar werde.

§ 5. Die polizeiliche Strafverfügung ist nach Maßgabe der zu erlassenden Ausführungsbestimmungen (§ 13)[9]) dem Beschuldigten durch einen öffentlichen Beamten zu behändigen.

§ 6. Für dieses Verfahren (§§ 1 bis 5) sind weder Stempel noch Gebühren anzusetzen, die baaren Auslagen aber fallen dem Beschuldigten nach näherer Maßgabe der zu erlassenden Ausführungsbestimmungen (§ 13)[10]) in allen Fällen zur Last, in welchen eine Strafe endgültig gegen ihn festgesetzt ist.

§ 7. Die in Gemäßheit dieses Gesetzes endgültig festgesetzten Geldstrafen, sowie die eingezogenen Gegenstände fallen Demjenigen zu, welcher die sächlichen Kosten der Polizeiverwaltung zu tragen hat.

Der letztere ist dagegen verpflichtet, die durch Festsetzung und Vollstreckung der Strafen entstehenden, von dem Beschuldigten nicht beizutreibenden Kosten zu tragen.

Insoweit besondere Vorschriften bestehen, nach welchen Geld-

---

stattgefunden hat. Fällt das Ende der Frist auf einen Sonntag oder allgemeinen Feiertag (siehe oben Anm. 2 zu § 2 F. u. FPG.), so endigt die Frist mit Ablauf des nächstfolgenden Werktages.

Gegen die Versäumung der Antragsfrist ist — wenn der Antragsteller durch Naturereignisse oder andere unabwendbare Zufälle (auch ohne Verschulden entstandene Unkenntniß von der Zustellung der pol. Strafverfügung) an der Einhaltung der Frist verhindert worden ist — **Wiedereinsetzung in den vorigen Stand** zulässig. §§ 44, 45, 455 Strafprozeßordnung. Das Gesuch um Wiedereinsetzung ist bei der Polizeibehörde oder bei dem zuständigen Amtsgericht (siehe oben) anzubringen. Ueber das Gesuch entscheidet der Amtsrichter. Gegen die das Gesuch verwerfende Entscheidung findet sofortige Beschwerde bei dem Landgericht statt.

Vergl. im Uebrigen die Anweisung v. 8. Juni 1883 (Anh. VII B).

[8]) Vergl. § 7 d. G. und Anm. 2 zu § 96 F. u. FPG.

[9]) Vergl. Anweisung v. 23. April 1883, § 10.

[10]) Vergl. Anweisung v. 23. April 1883, §§ 20, 21.

strafen oder eingezogene Gegenstände einem anderen Berechtigten zufallen, findet die Vorschrift des ersten Absatzes keine Anwendung. Desgleichen bleiben vertragsmäßige Bestimmungen unberührt. [11])

§ 8. Ist der Amtsanwalt eingeschritten, bevor die polizeiliche Strafverfügung dem Beschuldigten behändigt worden, so ist die letztere wirkungslos. [12])

§ 9. Wird bei dem Amtgericht auf gerichtliche Entscheidung angetragen, so ist dem Antragsteller eine Bescheinigung hierüber kostenfrei zu ertheilen. [13])

§ 10. Ist die polizeiliche Strafverfügung vollstreckbar geworden, so findet wegen derselben Handlung eine fernere Anschuldigung nicht statt, es sei denn, daß die Handlung keine Uebertretung, sondern ein Vergehen oder Verbrechen darstellt und daher die Polizeibehörde ihre Zuständigkeit überschritten hat.

In diesem Falle ist während des gerichtlichen Verfahrens die Vollstreckung der Strafverfügung einzustellen; erfolgt eine rechtskräftige Verurtheilung wegen eines Vergehens oder Verbrechens, so tritt die Strafverfügung außer Kraft. [14])

§ 11. Gegen Militärpersonen dürfen die Polizeibehörden Strafen nur wegen solcher Uebertretungen festsetzen, zu deren Aburtheilung im gerichtlichen Verfahren die ordentlichen Gerichte zuständig sind. Eine Festsetzung von Haft für den Fall des Unvermögens (§ 1 Abs. 2) findet durch die Polizeibehörde nicht statt. [15])

---

[11]) Vergl. oben Anm. 2 zu § 96 F. u. FPG.

[12]) Durch den Erlaß der polizeilichen Strafverfügung wird die Verjährung unterbrochen. § 453 Abs. 4 Strafprozeßordg.

[13]) Die Ertheilung der im § 9 bezeichneten Bescheinigung erfolgt durch den Gerichtsschreiber des Amtsgerichts. Allgem. Verf. v. 2. Juli 1883 (Anhang VII). Wird bei der Polizeibehörde um gerichtliche Entscheidung angetragen, so ist die Ertheilung einer Bescheinigung nicht vorgeschrieben.

[14]) Nach Eintritt der Rechtskraft des Urtheils hat der Amtsanwalt Abschrift der Urtheilsformel derjenigen Polizeiverwaltung mitzutheilen, welche die dem gerichtlichen Strafverfahren vorausgegangene polizeiliche Strafverfügung erlassen hatte. Allgem. Verf. v. 2. Juli 1883 (Anhang VII A).

[15]) Da nach der Bestimmung des § 3 Theil II des StGB. für das Heer v. 3. April 1845 (Militär-Strafgerichtsordnung) die Civilbehörden nur zuständig sind für die Untersuchung und Entscheidung von Uebertretungen der Finanz-, Polizei-, Jagd- und Fischereigesetze, welche nur mit Geldbuße oder Konfiskation bedroht sind, alle Zuwiderhandlungen gegen das F. u. FPG. aber alternativ auch mit Freiheitsstrafe geahndet werden können, so steht die Untersuchung und Entscheidung von Zuwiderhandlungen gegen das F. u. FPG., welche von Militärpersonen begangen sind, in allen Fällen ausschließlich den Militärgerichten zu. Die Polizeiverwaltungen bezw. Amtsanwälte haben in derartigen Fällen die Bestrafung bei dem betreffenden Militärgericht in Antrag zu bringen. Vergl. § 22 der Anweisung v. 8. Juni 1883 (Anhang VII B). Dasselbe wird nach dem Inkrafttreten der Reichs-Militär-Strafprozeßordnung vom 1. Dezember 1898 gelten, da nach § 2 derselben den bürgerlichen Behörden die Untersuchung und Entscheidung wegen der von Militärpersonen begangenen Zu-

§ 12. Das gegenwärtige Gesetz tritt am 1. Juli 1883 in Kraft und in denjenigen Landestheilen, in welchen zur Zeit das Gesetz vom 14. Mai 1852 Geltung hat, an die Stelle dieses Gesetzes und der dasselbe ergänzenden Bestimmungen.

Von diesem Tage ab sind für das weitere Verfahren in denjenigen Sachen, in welchen eine polizeiliche Strafverfügung noch nicht behändigt ist, die Vorschriften des gegenwärtigen Gesetzes maßgebend.

§ 13. Die Minister des Innern und der Justiz haben die zur Ausführung dieses Gesetzes erforderlichen reglementarischen Bestimmungen zu erlassen.

Anhang VII.

A. Allgemeine Verfügung

vom 2. Juli 1883

zur Ausführung des Gesetzes vom 23. April 1883,

betreffend den Erlaß polizeilicher Strafverfügungen wegen Uebertretungen.

(J.-M.-Bl. S. 223 ff.)

Die nachstehend abgedruckte Anweisung des Herrn Ministers des Innern und des Justizministers vom 8. Juni 1883 zur Ausführung des Gesetzes vom 23. April 1883, betreffend den Erlaß polizeilicher Strafverfügungen wegen Uebertretungen, wird nebst ihren Anlagen hierdurch zur Kenntniß der Justizbehörden gebracht.

Zugleich bestimmt der Justizminister:

1. die Ertheilung der in § 9 des Gesetzes vom 23. April 1883 bezeichneten Bescheinigung erfolgt durch den Gerichtsschreiber.
2. Nach Eintritt der Rechtskraft des Urtheils hat der Amtsanwalt Abschrift der Urtheilsformel derjenigen Polizeiverwaltung mitzutheilen, welche die dem gerichtlichen Strafverfahren vorausgegangene polizeiliche Strafverfügung erlassen hatte.

Der Justizminister.
Friedberg.

---

widerhandlungen gegen Finanz- und Polizeigesetze, Jagd- und Fischereigesetze, sowie gegen Verordnungen dieses Inhalts auch nur dann überlassen bleibt, wenn die Handlung nur mit Geldstrafe und Einziehung oder mit einer dieser Strafen bedroht ist. — Unter Militärpersonen sind die Personen des Soldatenstandes und die Militärbeamten zu verstehen, welch zum Heer oder zur Marine gehören.

B. Anweisung

vom 8. Juni 1883

zur Ausführung des Gesetzes vom 23. April 1883,

betreffend den Erlaß polizeilicher Strafverfügungen wegen Uebertretungen.

§ 1. Die Befugniß zum Erlasse der polizeilichen Strafverfügung steht derjenigen Person oder derjenigen Behörde, welche die Polizeiverwaltung in einem bestimmten Bezirke auszuüben hat, wegen der in diesem Bezirke innerhalb ihres Verwaltungsbereichs begangenen Uebertretungen zu.

Ist gesetzlich die Verwaltung der Polizei für einzelne Gegenstände, wie die der Hafen-, Strom- und Schifffahrtspolizei, die Deich-, Eisenbahn- und Chausseepolizei, nicht der Polizeibehörde des Orts, sondern einer besonderen Behörde übertragen, so gebührt nur dieser die Befugniß zur polizeilichen Strafverfügung wegen der innerhalb ihres Bezirks begangenen Uebertretungen derjenigen Strafvorschriften, welche die ihr übertragene besondere Polizeiverwaltung betreffen.

Ausgeschlossen von der polizeilichen Strafverfügung sind die im § 2 des Gesetzes angeführten Uebertretungen, für deren Aburtheilung die Rheinschiffahrtsgerichte (Gesetz v. 8. März 1879, GS. S. 129) oder die Elbzollgerichte (Gesetz v. 9. März 1879, GS. S. 132) zuständig sind, sowie diejenigen, für deren Aburtheilung Gewerbegerichte als besondere Gerichte gemäß § 14 Nr. 4 des Gerichtsverfassungsgesetzes v. 27. Januar 1877 zuständig sind (Verordn., die Gewerbegerichte in der Rheinprovinz betreffend, vom 7. August 1846, GS. S. 403), endlich die der bergpolizeilichen Vorschriften, welche durch § 209 des Allgem. Berggesetzes für die Preuß. Staaten v. 24. Juli 1865 (GS. S. 705) von dem administrativen Strafverfahren ausgeschlossen sind.

Der Erlaß einer polizeilichen Strafverfügung findet ferner nicht statt bei Zuwiderhandlungen gegen das Forstdiebstahlsgesetz vom 15. April 1878 (GS. S. 221), da die in diesem angedrohte Freiheitsstrafe, auch wenn sie nur an die Stelle einer Geldstrafe tritt, nicht in Haft, sondern in Gefängniß besteht.

Was nachstehend für Polizeiverwalter bestimmt ist, findet da, wo die Polizei nicht von einzelnen Personen, sondern von Behörden verwaltet wird, in gleicher Weise auf die letzteren Anwendung.

§ 2. Wenn auch der § 1 des Gesetzes dem Polizeiverwalter nicht die Verpflichtung auferlegt, sondern nur die Befugniß verleiht, polizeiliche Strafverfügungen wegen Uebertretungen zu erlassen, so hat doch der Polizeiverwalter zur Wahrung der polizeilichen Interessen in allen dazu geeigneten Fällen von der gedachten Befugniß Gebrauch zu machen, da sonst die Absicht des Gesetzes vereitelt werden würde. Derselbe hat daher in jedem einzelnen, zu seiner Kenntniß gelangenden Falle einer in seinem Verwaltungsbereiche begangenen Uebertretung zu prüfen, ob er selbst eine polizeiliche Strafverfügung zu erlassen oder die Sache an den Amtsanwalt zur gerichtlichen Verfolgung abzugeben hat.

Des Erlasses einer polizeilichen Strafverfügung hat der Polizeiverwalter sich zu enthalten, wenn er die Anwendung eines seine Kompetenz übersteigenden Strafmaßes für angezeigt erachtet (Alinea 3 § 1 des Gesetzes), oder wenn er in Erfahrung bringt, daß der Amtsanwalt bereits Schritte zur gerichtlichen Verfolgung einer Uebertretung gethan hat. Dasselbe gilt von allen denjenigen Fällen, in welchen der Polizeiverwalter ein persönliches Interesse an dem Ausgange der Sache hat.

Berechtigt ist der Polizeiverwalter, von dem Erlasse einer polizeilichen Strafverfügung abzusehen und die Verfolgung dem Amtsanwalt zu überlassen, wenn er es wegen der Zweifelhaftigkeit des Falles in Betreff der Feststellung des Thatbestandes oder der Auslegung der Strafvorschrift, oder aus einem sonstigen besonderen Grunde im Einzelfalle für angemessen erachtet.

§ 3. In den hiernach nicht ausgenommenen Fällen hat sich der Polizeiverwalter, wenn er von einer in seinem Amtsbereiche vorgefallenen Uebertretung Kenntniß erhält, zunächst davon, zu welcher Zeit, wie und von wem sie verübt ist, Ueberzeugung zu verschaffen.

§ 4. Hat er die Uebertretung selbst wahrgenommen, oder die Ueberzeugung davon durch amtliche, auf eigener Wahrnehmung des Anzeigenden beruhende, oder durch Angaben glaubwürdiger Zeugen unterstützte Anzeigen oder Protokolle eines Beamten erlangt, so bedarf es weiterer Nachforschungen nicht, sofern nur daraus die zur Strafverfügung erforderlichen Umstände (§ 10) hervorgehen.

§ 5. Ebenso wird es, falls er anderweitig von einer Uebertretung Kenntniß erhält, in der Regel genügen, wenn er die Uebertretung auf glaubhafte Weise in Erfahrung gebracht hat und mindestens eine glaubwürdige Person sie bezeugen kann.

§ 6. Erachtet der Polizeiverwalter, um die erforderliche Ueberzeugung von der Uebertretung oder von den Mitteln zu ihrem Beweise zu gewinnen, dennoch Ermittelungen für nöthig, so hat er diese auf die kürzeste, dabei aber hinreichend zuverlässige Art zu veranlassen. Er ist hierbei an keine Förmlichkeit, auch nicht an ein protokollarisches Verfahren gebunden.

Zur eidlichen Vernehmung von Zeugen ist er nicht berechtigt. Zeugenvernehmungen, durch welche Kosten erwachsen, sind zu unterlassen.

§ 7. Ueber die polizeilichen Strafverfügungen wegen Uebertretungen ist eine Strafliste nach dem beiliegenden Formular I mit für jedes Kalenderjahr fortlaufenden Nummern zu führen und behufs der Strafverfügung von dem beiliegenden Formular II als Aktenbogen für jede einzelne Sache, sowie behufs der Ausfertigung der Strafverfügung in Fällen, wo nur Haft festgesetzt wird, von dem beiliegenden Formular III, sowie in den Fällen, wo eine Geldstrafe und die an deren Stelle tretende Haft festgesetzt wird, von dem beiliegenden Formular IV Gebrauch zu machen.

§ 8. Findet der Polizeiverwalter den zu seiner Kenntniß gelangten Fall einer Uebertretung zu einer polizeilichen Strafverfügung geeignet, so trägt er diese in die Strafliste ein, fertigt die Strafverfügung nach dem Formular III oder IV aus und füllt die Nrn. 2 und 3 des Aktenbogens (i. e. Formular II) in entsprechender Weise aus.

Die polizeiliche Strafverfügung gegen Beschuldigte im Alter von 12 bis 18 Jahren (§ 1 Alinea 1 des Gesetzes) ist gegen den Beschuldigten selbst, und nicht gegen den gesetzlichen Vertreter desselben zu richten, welcher letztere indeß nach § 3 des Gesetzes ebenfalls innerhalb der für den Beschuldigten laufenden Frist zum Antrage auf gerichtliche Entscheidung befugt ist.

§ 9. Die polizeiliche Verfügung muß die im § 4 des Gesetzes bezeichneten Angaben vollständig enthalten.

Ist die Uebertretung mit Geldstrafe oder Haft bedroht, so hat der Polizeiverwalter nach den bei der Uebertretung obwaltenden Umständen und mit Rücksicht auf die Person des Beschuldigten, z. B. auf seine Vorbestrafungen, zu ermessen, ob Geldstrafe oder sogleich Haft festzusetzen sei.

Wird eine Geldstrafe festgesetzt, so darf sie nicht weniger als eine Mark betragen, sofern die zur Anwendung kommende Strafvorschrift nicht ausdrücklich eine geringere Strafe zuläßt. Die für den Fall des Unvermögens des Beschuldigten statt der Geldstrafe stets sogleich festzusetzende Haft aber ist so zu bestimmen, daß nach dem Ermessen des Polizeiverwalters der Betrag von Einer bis fünfzehn Mark einer eintägigen Freiheitsstrafe gleichzuachten ist. §§ 27, 28 des Strafgesetzbuchs.

§ 10. 1. Die ausgefertigte Strafverfügung ist dem Beschuldigten durch einen vereideten öffentlichen Beamten zuzustellen. Der Beamte hat die Verfügung dem Beschuldigten in Person, wenn dieser aber in der Wohnung nicht angetroffen wird, einem zu der Familie gehörenden erwachsenen Hausgenossen, oder einer in der Familie dienenden erwachsenen Person, falls solche Personen in der Wohnung des Beschuldigten angetroffen werden, andernfalls dem in demselben Hause wohnenden Hauswirth oder Vermiether, vorausgesetzt, daß diese zur Annahme bereit sind, zu übergeben.

Für Gewerbetreibende, welche ein besonderes Geschäftslokal haben, kann, wenn sie dort nicht angetroffen werden, die Zustellung an einen darin anwesenden Gewerbegehülfen erfolgen.

Wird die Annahme in einem Falle, in welchem dies nach vorstehenden Bestimmungen nicht ausdrücklich zugelassen ist, verweigert, so ist die Ausfertigung der Strafverfügung am Orte der Zustellung zurückzulassen.

2. Ist die Zustellung nach diesen Bestimmungen nicht ausführbar, so kann sie dadurch erfolgen, daß die Ausfertigung der Strafverfügung bei der Ortsbehörde (Gemeinde- oder Polizeibehörde) oder bei dem Postamte des Zustellungsorts niedergelegt und die Niederlegung sowohl durch eine an der Thür der Wohnung zu befestigende schriftliche Anzeige, als auch, soweit thunlich, durch mündliche Mittheilung an zwei in der Nachbarschaft wohnende Personen bekannt gemacht wird.

3. Der zustellende Beamte hat auf der Ausfertigung der Strafverfügung unter Beifügung seines Namens den Tag der Zustellung, z. B.:

Zugestellt am 20. Oktober 1883.
Müller, Amtsbote.

zu vermerken und auf dem ihm mit der Ausfertigung zu übergebenden Aktenbogen unter Nr. 4 über die Zustellung unter Angabe des Tages derselben zu berichten.

4. Die Zustellung kann auch durch die Post erfolgen. In diesem Falle kommen die §§ 15 und 16 der Allerhöchsten Verordnung vom 7. September 1879 (Gesetz-Samml. S. 591) zur Anwendung. Die Postgebühren hat die Polizeibehörde zu entrichten, vorbehaltlich der etwaigen Einziehung derselben von dem Beschuldigten im Falle des § 20 dieser Anweisung.

5. Die Zustellung für einen Unteroffizier oder einen Gemeinen des aktiven Heeres oder der aktiven Marine erfolgt an den Chef der zunächst vorgesetzten Kommandobehörde (Chef der Kompagnie, Eskadron, Batterie).

§ 11. Gegen die polizeiliche Strafverfügung findet nur der Antrag auf gerichtliche Entscheidung statt. Der Weg der Beschwerde bei der vorgesetzten Behörde ist ausgeschlossen.

Stellt der Beschuldigte bis zum Ablaufe einer Woche nach dem Tage der Zustellung der Strafverfügung, diesen nicht mit eingerechnet, bei dem Polizeiverwalter, welcher die letztere erlassen hat, mündlich den Antrag auf gerichtliche Entscheidung, so ist darüber eine Verhandlung aufzunehmen und diese nebst dem Aktenbogen und den etwa zur Sache sonst vorhandenen Schriftstücken, welche zu dem Aktenbogen zu sammeln und ebenfalls mit der Nummer der Strafliste zu versehen sind, ohne daß es einer weiteren Beischrift bedarf, an den Amtsanwalt abzusenden, die Absendung aber in der Strafliste zu verzeichnen.

In gleicher Weise ist die Sache an den Amtsanwalt abzugeben, wenn der Antrag auf gerichtliche Entscheidung schriftlich bei dem Polizeiverwalter eingereicht wird, oder wenn er bei dem Amtsgericht angebracht worden ist.

§ 12. Gegen die Versäumung der Antragsfrist gestattet der § 455 der Strafprozeßordnung unter den in den §§ 44, 45 bezeichneten Voraussetzungen Wiedereinsetzung in den vorigen Stand. Hiernach kann

1. die Wiedereinsetzung in den vorigen Stand beantragt werden, wenn der Antragsteller durch Naturereignisse oder andere unabwendbare Zufälle an der Einhaltung der Frist verhindert worden ist. Als unabwendbarer Zufall ist es insbesondere anzusehen, wenn der Antragsteller von der Zustellung der Strafverfügung ohne sein Verschulden keine Kenntniß erlangt hat.
2. Das Gesuch um Wiedereinsetzung in den vorigen Stand muß binnen einer Woche nach Beseitigung des Hindernisses unter Angabe und Glaubhaftmachung der Versäumnißgründe (§ 45) bei der Polizeibehörde oder bei dem Amtsgerichte angebracht werden (§ 455).
3. Ueber das Gesuch entscheidet der Amtsrichter. Die dem Gesuche stattgebende Entscheidung unterliegt keiner Anfechtung; gegen die das Gesuch verwerfende Entscheidung findet sofortige Beschwerde bei dem Landgerichte statt (§ 455 Abs. 2 und 3 — § 72 des Gerichtsverfassungsgesetzes vom 27. Januar 1877).

§ 13. Hat der Beschuldigte gegen die polizeiliche Strafverfügung den Antrag auf gerichtliche Entscheidung angebracht, so hat nach § 454 der Strafprozeßordnung der Polizeiverwalter die Befugniß, anstatt der Uebersendung der Verhandlungen (§ 13 dieser Anweisung) an den Amtsanwalt, die Strafverfügung zurückzunehmen. Von dieser Befugniß ist in denjenigen Fällen Gebrauch zu machen, in welchen die polizeiliche Strafverfügung auf einem Irrthume beruht.

§ 14. Ist innerhalb der Frist einer Woche ein Antrag auf gerichtliche Entscheidung bei der Polizeibehörde nicht gestellt, auch dieser Behörde eine Bescheinigung des Amtsgerichts über die erfolgte Einlegung der Berufung nicht vorgelegt worden, so ist die Strafverfügung zu vollstrecken.

§ 15. War eine Geldstrafe festgesetzt, so ist der Aktenbogen unter Beifügung der zur Sache sonst noch gehörigen Schriftstücke ohne weitere Beischrift derjenigen Kasse zu übersenden, zu welcher nach der hierüber ergehenden besonderen Bestimmung die Geldstrafen einzuziehen sind, und die Absendung in der Strafliste zu vermerken.

Ist der Polizeiverwalter zur vorläufigen Empfangnahme der Geldstrafe im Allgemeinen ermächtigt und zahlt der Bestrafte an denselben, so hat er die Geldstrafe nebst dem Aktenbogen an die betreffende Kasse sofort zu übersenden, die Zahlung aber auf der Ausfertigung der Strafverfügung oder auf besonderem Blatte zu bescheinigen.

§ 16. Die zur Annahme der Geldstrafe bestimmte Kasse zieht die Geldstrafe ein. Ist letztere nicht beizutreiben, so vermerkt die Kasse dies auf dem Aktenbogen und sendet ihn dem, welcher die Srafverfügung erlassen hat, zurück, worauf von diesem nach der Vorschrift des § 17 die Haft zu vollstrecken ist.

§ 17. Ist keine Geldstrafe, sondern nur Haft festgesetzt, so wird dieselbe von dem, welcher die Strafverfügung erlassen hat, im Polizeigefängnisse vollstreckt.

In der Benutzung der Kantongefängnisse in der Rheinprovinz zur Verbüßung von Haftstrafen wegen Uebertretungen ist durch das Gesetz vom 23. April d. J. nichts geändert.

Der Vermerk Nr. 5 des Aktenbogens ist auszufüllen, und der Haftbefehl damit gleichlautend, durch Ausfüllung des Formulars V auszufertigen, und diese Ausfertigung dem mit der Vollziehung beauftragten Beamten zu übergeben, welcher den Beschuldigten, falls dieser auf die an ihn ergangene Ladung zum Antritt der Strafen sich nicht gestellt hat, zur gefänglichen Haft zu bringen und den Haftbefehl nach dessen Ausführung zurückzugeben hat, worauf der Vermerk Nr. 6 auf dem Aktenbogen auszufüllen, auch die Vollstreckung in der Strafliste zu vermerken ist.

§ 18. Ist eine Einziehung festgesetzt und die Verfügung vollstreckbar geworden, so ist der einzuziehende Gegenstand, wo dies noch nicht geschehen sein sollte, in Beschlag zu nehmen und demnächst Demjenigen zu übergeben, welchem dergleichen eingezogene Gegenstände zustehen.

Ist der Polizeiverwalter zweifelhaft darüber, wem das Konfiskat zufällt, so hat er hierüber von der vorgesetzten Behörde weiteren Bescheid einzuholen.

§ 19. Liegt ein gesetzlicher Grund vor, den Beschuldigten vorläufig festzunehmen (StPO. § 125 in Verbindung mit § 113), so findet, da der Festgenommene unverzüglich dem Amtsrichter vorgeführt werden muß (§ 128 ebenda), der Erlaß einer polizeilichen Strafverfügung nicht statt.

Besteht jedoch die an erster Stelle festzusetzende Strafe nicht in Haft, sondern in Geldstrafe, so kann der Polizeiverwalter von der Festnahme Abstand nehmen und die Strafverfügung erlassen, falls der Beschuldigte für die Strafe, deren Betrag ihm bekannt zu machen ist, Sicherheit leistet.

Ergiebt sich der Anlaß zur vorläufigen Festnahme erst nach Erlaß und Behändigung der Strafverfügung, jedoch bevor letztere vollstreckbar geworden ist, so kann der Polizeiverwalter von dem Beschuldigten die sofortige Bestellung einer Sicherheit für die Strafe fordern. Wird die Sicherheit nicht bestellt, so kann der Beschuldigte festgenommen werden und ist sodann dem Amtsrichter vorzuführen.

Die Höhe der zu leistenden Sicherheit darf den Betrag der festzusetzenden oder festgesetzten Geldstrafe nicht übersteigen.

§ 20. Als baare Auslagen des Verfahrens (§ 6 des Gesetzes vom 23. April 1883) dürfen von dem Beschuldigten nur eingezogen werden:

1. Postgebühren,
2. die Kosten der Beitreibung der Geldstrafen nach Maßgabe des Gebührentarifs vom 7. September 1879 (Gesetz-Samml. S. 591),

3. die Haft- und Transportkosten, welche durch Vollstreckung der Haft entstehen.

Die entstandenen Auslagen sind in der Strafliste und auf dem Aktenbogen (Nr. 7) zu verzeichnen.

§ 21. Sind die in dem Straffestsetzungsverfahren entstandenen Auslagen nicht beizutreiben, so fallen sie als Kosten der Ortspolizeiverwaltung demjenigen zur Last, welcher die letztgedachten Kosten überhaupt zu tragen hat. Ist aber die Strafverfügung von einer anderen Behörde als der Ortspolizeibehörde erlassen, so sind die nicht beizutreibenden Auslagen als Verwaltungskosten jener Behörde zu tragen.

§ 22. Gegen aktive Militärpersonen, d. h. gegen alle nicht zum Beurlaubtenstande gehörende Personen des Soldatenstandes, darf die vorläufige Straffestsetzung nur dann erfolgen, wenn die Uebertretung im Gesetze blos mit Geldstrafe oder Einziehung bedroht ist.

Ist dagegen die Uebertretung im Gesetze mit Geld oder Haft oder nur mit Haft bedroht, oder trifft mit der Uebertretung ein Vergehen oder Verbrechen zusammen, so ist die Bestrafung bei dem betreffenden Militärgerichte in Antrag zu bringen.

Wird die gegen eine aktive Militärperson eine Geldstrafe festsetzende oder eine Einziehung verhängende Verfügung vollstreckbar, so ist die Vollstreckung bei dem betreffenden Militärgerichte zu beantragen und in dem Requisitionsschreiben stets zu bemerken, wohin die Geldstrafe oder die eingezogene Sache abgeliefert werden soll. Kann in einem solchen Falle die Geldstrafe nicht erlegt werden, so wird dieselbe von dem Militärgericht in eine verhältnißmäßige militärische Freiheitsstrafe umgewandelt und nach Vollstreckung dieser Strafe die requirirende Behörde hiervon benachrichtigt.

§ 23. Die Landräthe haben in den ihrer Beaufsichtigung unterstellten Kreisen, so oft sich dazu Gelegenheit findet, die Handhabung der Befugniß zur Straffestsetzung zu prüfen, die etwa erforderliche Prüfung und Belehrung eintreten zu lassen und, daß dies geschehen, in der Strafliste zu vermerken.

Der Minister des Innern.	Der Justizminister.
v. Puttkamer.	Friedberg.

Formular I.

Strafliste.

1900.

Nr.	Name, Stand, Wohnort des Beschuldigten.	Datum der Verfügung.	Strafe.	Abgesandt		Vollstreckt.	Auslagen.	Bemerkungen.
				der Kasse am	dem Amtsanwalte am			

Formular II.

1. Nr. .... der Strafsache des Jahres 19 ....

2. Die Uebertretung wird bewiesen durch (Namen, Stand und Wohnort der Zeugen) die anliegende
....
amtliche Anzeige des ....
.... vom ....
amtliche Verhandlung vom ....
....

3. D .... zu ....
hat am .... in ....
Es wird deshalb hiermit gegen d ....
auf Grund d ....
eine bei .... zu erlegende Geldstrafe
von ...., an deren Stelle, wenn sie nicht beizutreiben ist, eine
Haft von .... tritt, festgesetzt.

Findet d .... sich durch diese Straffestsetzung beschwert, so kann innerhalb einer Woche von Zustellung dieser Verfügung an bei der unterzeichneten Behörde schriftlich oder zu Protokoll, oder bei dem zuständigen Amtsgerichte schriftlich oder zum Protokoll des Gerichtsschreibers, auf gerichtliche Entscheidung angetragen werden. Erfolgt binnen dieser Frist ein solcher Antrag nicht, so wird die festgesetzte Strafe vollstreckt.

Gegen die Versäumung der Antragsfrist kann Wiedereinsetzung in den vorigen Stand beansprucht werden, wenn der Beschuldigte durch Naturereignisse oder durch andere unabwendbare Zufälle an der Einhaltung der Frist verhindert ist. Der Antrag muß binnen einer Woche nach Beseitigung des Hindernisses unter Angabe und Glaubhaftmachung der Versäumungsgründe bei der Polizeibehörde oder bei dem Amtsgerichte angebracht werden.

.... den .... 19 ....

4. Die Ausfertigung der vorstehenden Verfügung ist heute ....
dem .... in Person
in dessen Abwesenheit ....
ausgehändigt.

Die Annahme der Zustellung ist ohne gesetzlichen Grund verweigert und daher die Verfügung am Orte zurückgelassen worden.

Da in der Wohnung des Beschuldigten Angehörige, Dienstboten und der Hauswirth und Vermiether nicht angetroffen worden, so ist die Verfügung in dem Büreau des Gemeindevorstehers, des Polizeiverwalters — der Postanstalt — niedergelegt und die Niederlegung durch an die Thür der Wohnung befestigte schriftliche Anzeige, sowie durch mündliche Mittheilung an die in demselben Hause vorhanden ....

bekannt gemacht.

Unterschrift des Beamten.

5. Der .... wird angewiesen, d ....
behufs Vollstreckung der durch die Verfügung vom .... (Nr. der Strafliste)
festgesetzten Strafe auf die Dauer von ....
zur gefänglichen Haft zu bringen.

.... den .... 19 ....

Die Ortspolizeibehörde zu ....

6. Verhandelt .... d ....
Der .... berichtet heute
d .... ist nach vorstehender
Verfügung vom ....
am .... in das
Gefängniß zu .... gebracht
und am .... daraus wieder
entlassen worden.
Die Gefängnißkosten sind mit ....
gezahlt.
nicht gezahlt.

v. g. u.
....

g. w. o.
....

7. Auslagen sind entstanden:
für
1. an Porto ....
2. an Transportkosten ....
3. an Haftkosten ....
Hiervon ist gezahlt an ....
von d ....

Formular III.

D.. zu ....
hat am ....
Die Uebertretung wird bewiesen durch ....
Es wird deshalb hiermit gegen d ....
auf Grund d ....
eine Haft von .... festgesetzt.

Findet d .... sich durch diese Straffestsetzung beschwert, so kann innerhalb einer Woche von Zustellung dieser Verfügung an bei der unterzeichneten Behörde schriftlich oder zu Protokoll, oder bei dem zuständigen Amtsgerichte schriftlich oder zum Protokoll des Gerichtsschreibers, auf gerichtliche Entscheidung angetragen werden. Erfolgt binnen dieser Frist ein solcher Antrag nicht, so wird die festgesetzte Strafe vollstreckt.

Gegen die Versäumung der Antragsfrist kann Wiedereinsetzung in den vorigen Stand beansprucht werden, wenn der Beschuldigte durch Naturereignisse oder durch andere unabwendbare Zufälle an der Einhaltung der Frist verhindert worden ist. Der Antrag muß binnen einer Woche nach Beseitigung des Hindernisses unter Angabe und Glaubhaftmachung der Versäumungsgründe bei der Polizeibehörde oder bei dem Amtsgerichte angebracht werden.

.................., den .... 19......

Zugestellt am ....ten .... 19.......

Formular IV.

Sie haben am ....

....

Die Uebertretung wird bewiesen durch ....

....

Es wird deshalb gegen Sie auf Grund d ....
.... eine bei ....
zu erlegende Geldstrafe von ...., an deren Stelle, wenn sie nicht beizutreiben ist, eine Haft von .... tritt ....
....
hierdurch festgesetzt.

Sollten Sie sich durch diese Straffestsetzung beschwert halten, so können sie innerhalb einer Woche, von Zustellung dieser Verfügung an, bei der unterzeichneten Behörde schriftlich oder zu Protokoll, oder bei dem zuständigen Amtsgerichte schriftlich oder zum Protokoll des Gerichtsschreibers, auf gerichtliche Entscheidung antragen. Erfolgt binnen dieser Frist ein solcher Antrag nicht, so wird die festgesetzte Strafe vollstreckt.

Gegen die Versäumung der Antragsfrist kann Wiedereinsetzung in den vorigen Stand beansprucht werden, wenn der Beschuldigte durch Naturereignisse oder durch andere unabwendbare Zufälle an der Einhaltung der Frist verhindert worden ist. Der Antrag muß binnen einer Woche nach Beseitigung des Hindernisses unter Angabe und Glaubhaftmachung der Versäumnißgründe bei der Polizeibehörde oder bei dem Amtsgerichte angebracht werden.

.... d .... 19..........

Zugestellt am ....ten .... 19 ....

Formular V.

Der .... wird angewiesen, d .... behufs Vollstreckung der durch die Verfügung vom .... (Nr. der Strafliste) festgesetzten Strafe auf die Dauer von .... zur gefänglichen Haft zu bringen.

.... d........................ 19....

Die Ortspolizeibehörde zu ....

Anhang VIII.

Verordnung,

betreffend die Kontrole der Hölzer, welche unverarbeitet transportirt werden.

Vom 30. Juni 1839 (GS. S. 223.)

Wir Friedrich Wilhelm, von Gottes Gnaden, König von Preußen ꝛc. verordnen hierdurch auf den Antrag Unseres Staatsministerii, zur Vorbeugung des in manchen Gegenden der Provinzen Sachsen, Westphalen und der Rheinprovinz überhand nehmenden Holzdiebstahls, und bis zur künftigen Publikation einer allgemeinen Forst- und Jagd-Polizei-Ordnung, wie folgt:

§ 1. Wer Brennholz oder unverarbeitetes Bau- oder Nutzholz in eine Stadt oder ein Dorf einbringt oder sonst verfährt, muß mit einer schriftlichen, glaubhaften Bescheinigung der Polizeibehörde seines Wohnorts oder des Eigenthümers oder Aufsehers desjenigen Waldes, aus welchem, seiner Angabe nach, das Holz gebracht wird, versehen sein und solche auf Erfordern den Forstbeamten, Gendarmen, Polizei- und Steuerbeamten vorzeigen, widrigenfalls das Holz in Beschlag genommen und konfiszirt werden soll.

§ 2. Auch Holzberechtigte müssen, bei Vermeidung gleicher Folgen (§ 1), wenn sie das von ihnen aus der verpflichteten Forst geholte Holz wegschaffen, mit einer Bescheinigung ihres Holzungsrechts versehen sein, in welcher die Holz-Sortimente, worauf die Berechtigung lautet, und die Tage, an welchen die Berechtigung, und die Transportmittel, mit welchen sie ausgeübt werden darf, ausgedrückt sein müssen. Befindet sich unter dem Holze noch anderes Holz, als worauf die Bescheinigung lautet, oder transportiren sie solches an anderen als den zur Ausübung bestimmten Tagen, oder mit größeren als den bestimmten Transportmitteln, ohne den rechtmäßigen Erwerb dieses Holzes besonders auf die § 1 bemerkte Art nachweisen zu können, so ist dasselbe gleichergestalt der Konfiskation unterworfen.

§ 3. Wird bei der näheren polizeilichen Untersuchung ermittelt, daß das in Beschlag genommene Holz gestohlen worden ist, so tritt noch außer der Konfiskation gegen den Angehaltenen gerichtliche Untersuchung und, nach Bewandtniß der Umstände, entweder die gesetzliche Strafe des Holzdiebstahls, mindestens aber eine dem Taxwerthe des konfiszirten Holzes gleichkommende Geldbuße, oder verhältnißmäßige Gefängnißstrafe ein.

§ 4. Diese Verordnung soll nicht im ganzen Bereich der Provinzen Sachsen, Westphalen und der Rheinprovinz, sondern nur in denjenigen Gegenden und Kreisen derselben in Kraft treten, wo der Holzdiebstahl überhand genommen hat.

Wir ermächtigen Unser Staatsministerium, diese Verordnung überall da in Anwendung bringen zu lassen, wo die Ueberhandnahme des Holzdiebstahls das Bedürfniß der dagegen erlassenen Bestimmungen zum Schutz der Waldungen hervorruft.

Urkundlich u. s. w.*)

Anhang IX.

Vorläufige Verordnung

über die Ausübung der Waldstreu=Berechtigung.

Vom 5. März 1843. (GS. S. 105.)

Wir Friedrich Wilhelm ꝛc. finden Uns bewogen, zur Verhütung der Nachtheile, welche eine ungeregelte Ausübung der Waldstreu=Berechtigung auf die Holzkultur ausübt, und um sowohl den Waldbesitzern die angemessene Bewirthschaftung ihrer Waldungen, als auch den Servitut=Berechtigten selbst die nachhaltige Ausübung dieser Berechtigung zu sichern, für die Provinzen Preußen, Brandenburg, Pommern, Schlesien, Posen und Sachsen, vorläufig bis zur Publikation einer neuen allgemeinen Forst- und Jagd=Polizeiordnung, nach Anhörung Unserer getreuen Stände und auf den Antrag Unseres Staatsministeriums zu verordnen, wie folgt:

§ 1. Die Waldstreu=Berechtigung besteht in der Befugniß, abgefallenes Laub und Nadeln, sowie dürres Moos zum Unterstreuen unter das Vieh, behufs der Bereitung des Düngers, in dem Walde eines Anderen einzusammeln.

---

*) Der § 96 des Feld- und Forstpolizeigesetzes bestimmt, daß die Verordnung vom 30. Juni 1839 mit den im § 43 enthaltenen Aenderungen bestehen bleiben soll.

Danach wird fortan jede Zuwiderhandlung gegen die Bestimmungen der V. v. 30. Juni 1839 mit Geldstrafe bis zu funfzig Mark oder mit Haft bis zu vierzehn Tagen bestraft. Außerdem tritt in allen Fällen die Konfiskation des Holzes ein, wenn nicht der rechtmäßige Erwerb desselben nachgewiesen wird.

Die V. v. 30. Juni 1839 findet endlich fortan auch auf den Transport von Bandstöcken (Reifstäben) jeder Art, birkenen Reisern, Korbruthen, Faschinen und jungen Nadelhölzern Anwendung.

Zu § 1. Zum Wesen der Waldstreu=Berechtigung gehört deren Einschränkung auf den Bedarf des berechtigten Grundstücks. Bei Bestimmung des Umfanges der Ausübung im verpflichteten Grundstücke muß daher

§ 2. Wo der Umfang und die Art der Ausübung dieser Berechtigung durch Verleihung, Vertrag, richterliche Entscheidung oder bereits vollendete Verjährung bestimmt festgestellt worden ist, behält es hierbei sein Bewenden. In Ermangelung solcher auf besonderen Rechtstiteln beruhender Verhältnisse dienen die nachstehenden Vorschriften lediglich zur Richtschnur.

§ 3. Die Berechtigten müssen sich, wenn sie die Waldstreunutzung in der nächsten Periode (§ 4 b) ausüben wollen, spätestens bis zum 15. August eines jeden Jahres bei dem Waldbesitzer oder dessen verwaltenden Beamten melden, worauf ihnen ein kostenfrei ausgefertigter Zettel zu ihrer Legitimation ertheilt wird. Dieser Zettel ist nur für den Zeitraum, für das Revier und für die Personen gültig, auf welche derselbe lautet.

Die Streu-Berechtigten oder die von ihnen mit Einsammlung der Waldstreu beauftragten Leute müssen diese Zettel, wenn sie Streu im Walde einsammeln — — — — — — — — — — — stets bei sich führen, und beim Ablauf der zur Streusammlung bestimmten Zeit — — — wieder abliefern.

§ 4. Die Berechtigung darf nur:

a) in den vom Waldeigenthümer nach Maßgabe einer zweckmäßigen Bewirthschaftung des Forstes geöffneten Distrikten,

---

diejenige Streu in Abzug kommen, welche im berechtigten Grundstücke selbst gewonnen wird. (Obertrib. v. 9. Okt. 1849, E. 18 S. 279.)

Bei der Zerstückelung eines zur Streu in fremder Forst berechtigten Gutes geht die Berechtigung für ein Theilstück verloren, wenn dieses nicht so groß ist, daß ein Stück Rindvieh davon erhalten werden kann. (Obertrib. v. 14. März 1871, E. 65 S. 141.)

Zu § 2. Bei der Waldstreu-Berechtigung bleibt, der rechtsverjährten Ausübungsart ungeachtet, die Bestimmung der Jahreszeiten, der Reviere und der Gestalt der Harken den forstpolizeilichen Anordnungen unterworfen. (Obertrib. v. 24. Februar 1848, E. 16, S. 208.)

In einem (in Hiersemenzel's Ergänzungen z. ALR. II S. 538 mitgetheilten) Erkenntniß vom Jahre 1844 hat das Obertribunal übrigens ausgesprochen, daß die V. v. 5. März 1843 nicht als ein Regulativ über den einstweiligen Besitzstand anzusehen sei, und daß daher derjenige, welcher den jüngsten Besitz einer umfangreicheren Ausübung, als die Verordnung zuläßt, nachzuweisen vermöge, in demselben auf sein Verlangen zu schützen sei.

Zu § 3. Die im § 3 für das Nichtmitführen und Nichtabliefern des Legitimationsscheins festgesetzten Strafen sind nach § 96 des F. u. FPG. in Wegfall gekommen.

Das Nichtmitführen des Legitimationsscheins ist jetzt nach § 41 des Feld- und Forstpolizeigesetzes, das Nichtabliefern des Legitimationsscheins aber überhaupt nicht mehr strafbar.

Zu § 4.

1) Der zum Streuharken Berechtigte kann sich gegen das gesetzliche Verbot der Ausübung dieser Gerechtsame in den Sommermonaten (vom 1. April bis zum 1. Oktober) und der Ausübung derselben mittels Harken mit eisernen Zinken auch auf die Verjährung vor der

b) in den sechs Wintermonaten vom 1. Oktober bis zum 1. April,

c) an bestimmten vom Waldeigenthümer mit Rücksicht auf die bisherige Observanz festzusetzenden, jedoch auf höchstens zwei Tage in der Woche zu beschränkenden und von den Raff- und Leseholztagen verschiedenen Wochentagen

ausgeübt werden. Besteht aber nach dem Herkommen der Gebrauch, daß die Einsammlung der Streu gleich beim Beginn des Oktobers an mehreren nach einander folgenden Tagen von allen Berechtigten gleichzeitig unter Aufsicht des Waldeigenthümers geschieht und hiermit das Einsammeln für das ganze Jahr geschlossen ist, so behält es hierbei sein Bewenden.

Die Berechtigung darf auch nur

d) mit den in den Zetteln bezeichneten, nach der bisherigen Observanz zu bestimmenden Transportmitteln, und

e) nicht mit eisernen, sondern nur mit hölzernen, unbeschlagenen Rechen oder Harken, deren Zinken ebenfalls nur von Holz sein dürfen und mindestens $2^1/_2$ Zoll von einander abstehen müssen,

ausgeübt werden.

§ 5. Entstehen über die Frage:

welche Distrikte zum Streusammeln zu öffnen sind,

Verordnung vom 5. März 1843 nicht berufen. (Erk. des Obertrib. v. 19. Oktober 1854, Archiv 15 S. 145.)

2) Das Recht des Waldeigenthümers, bestimmte Tage in der Woche zum Einsammeln des Streulings festzusetzen, wird dadurch allein, daß der Streulings-Berechtigte in rechtsverjährter Zeit ohne Regulirung solcher Tage geharkt hat, nicht ausgeschlossen. (Erk. d. Obertrib. v. 6. März 1856, Archiv 20 S. 252.)

3) Das Obertrib. hat in einem (in der Zeitschrift des Revisions-Kollegiums III S. 219 abgedruckten) Erkenntniß vom 15. September 1874 ausgesprochen, daß es dem Rechte des Waldeigenthümers zur Festsetzung von Streussammeltagen entspreche, daß der Forstnutzungsberechtigte keine Befugniß habe, das zusammengebrachte Material an Streu über Nacht im Walde liegen zu lassen und erst am Tage darauf oder noch später abzufahren, weil hieraus Erschwernisse der Aufsicht hervorgehen würden. Vergl. § 40 des F. u. FPG.

4) Unter der Observanz, nach welcher laut § 4 d die Transportmittel den bei Waldstreu-Berechtigungen bestimmt werden sollen, ist die bisherige Art und Weise der Ausübung zu verstehen. (Erk. d. Obertrib. v. 14. September 1854, Entsch. 28 S. 430.)

Zu § 5. In Streitsachen zwischen dem Waldeigenthümer und dem Waldstreu-Berechtigten, betreffend die Frage, welche Distrikte zum Streusammeln zu öffnen sind, entscheidet jetzt der Kreisausschuß, in Stadtkreisen das Bezirksverwaltungsgericht. (Ges. v. 26. Juli 1876 betr. die Zuständigkeit der Verwaltungsbehörden. GS. S. 279.)

Die im § 5 der V. v. 5. März 1839 angeordnete Zuziehung von Forstbeamten und Oekonomieverständigen ist nicht mehr obligatorisch. Das Kollezwischen dem Waldeigenthümer und den Berechtigten Streitigkeiten, so werden solche von dem Kreislandrath unter Zuziehung eines von diesem zu wählenden hierbei unbetheiligten Forstbeamten und eines Oekonomieverständigen, unter Vorbehalt des Rekurses an das Plenum der vorgesetzten Regierung, entschieden. Ueber Streitigkeiten in Betreff der Transportmittel, sowie über die mit Berücksichtigung der bisherigen Observanz zum Streuholen zu bestimmende Zahl der Tage (§ 4, litt. c.) findet dagegen das ordentliche Rechtsverfahren statt.

§ 6. Die Waldstreu kann zwar vorübergehend auch zu anderen wirthschaftlichen Zwecken (§ 1), z. B. zur Versetzung der Wände der Wohngebäude, zur Bedeckung der Kartoffelgruben u. s. w. benutzt, darf aber in ihrer Endbestimmung nur zum Unterstreuen unter das Vieh verbraucht, auch weder verkauft noch sonst an Andere überlassen werden.

§ 7. — — — Die (wegen Zuwiderhandlungen gegen diese Verordnung erkannten) Geldstrafen fallen dem Waldeigenthümer anheim.

§ 8. Bei Betretung des Frevlers auf einer der in den §§ 3 und 4 bezeichneten Kontraventionen tritt Pfändung ein und der Waldeigenthümer ist das abgenommene Pfand nur gegen Erlegung der auf die Kontravention gesetzten Strafe auszuantworten verpflichtet.

§§ 9 bis 13 sind durch § 96 des Feld- und Forstpolizeigesetzes aufgehoben. —

Urkundlich u. s. w.

Gegeben Berlin, den 5. März 1843.

---

gium des Kreisausschusses ersetzt den Beirath derselben, kann jedoch event. Forstbeamte oder Oekonomieverständige als Sachverständige zuziehen. (Vergl. Anweisung v. 9. Mai 1884, BMBl. S. 119.)

Zu §§ 7–12.

1) Strafen. Die an die Stelle der in den §§ 7 und 9 bis 12 der Verordnung vom 5. März 1843 tretenden Strafbestimmungen des Feld- und Forstpolizeigesetzes sind in den §§ 40, 41 und 42 enthalten.

2) Pfändung. Der § 96 des F. u. FPG. hat nur die Strafvorschriften und die Vorschriften über das Verfahren der Verordnung vom 5. März 1843 aufgehoben. Die Vorschrift des § 8 über die Pfändung ist in Kraft geblieben. Vergl. § 96 Nr. 2 des Feld- und Forstpolizeigesetzes.

3) Geldstrafen. Nach § 96 Nr. 1 des Feld- und Forstpolizeigesetzes sind die gesetzlichen Bestimmungen über den Bezug der verhängten Geldstrafen in Kraft geblieben. Die diesbezügliche Bestimmung des § 7 der Verordnung vom 5. März 1843 hat daher ihre Geltung behalten.

Der sonstige Inhalt des § 7 ist durch § 96 des F. u. FPG. aufgehoben. —

Anhang X.

Die Vorschriften

der

Feldpolizei-Ordnung vom 1. November 1847

(GS. S. 376)

über

die Ausübung der Weide durch Gemeinde und Genossenschaftsheerden, der Nachtweide und des Einzelhütens.*)

§ 22. Wie viel gemeinschaftliche Hirten zu halten, und ob die verschiedenen Vieharten abgesondert oder gemischt zu hüten sind, ist durch Beschlüsse der Gemeinde und an Orten, wo nicht alle Gemeindeglieder an der gemeinschaftlichen Weide Theil haben, durch Beschlüsse der Hütungs-Genossenschaft mit Genehmigung des Gemeinde-Vorstandes zu bestimmen.

§ 23. Jeder Theilnehmer eines gemeinschaftlichen Hütungsrechts ist bei dessen Ausübung verpflichtet, sein Vieh dem gemeinschaftlichen Hirten vorzutreiben und von diesem hüten zu lassen, sofern ihm nicht das Recht zum Einzelhüten herkömmlich oder vermöge besonderen Rechtstitels zusteht oder die im § 24 gedachte Ausnahme eintritt.

§ 24. Wo nach besonderen örtlichen oder wirthschaftlichen

---

*) Die Vorschriften der §§ 22 bis 38 der Feldpolizei-Ordnung v. 1. Nov. 1847 gelten für die sechs östlichen Provinzen und Westphalen und bleiben namentlich auch in ihren Strafbestimmungen bis zum Erlaß der nach § 13 des Feld- und Forstpolizeigesetzes zu erlassenden Polizeiverordnungen in Geltung. (§ 96 Abs. 4.)

Für die übrigen Provinzen sind die Vorschriften über die Ausübung der Nachtweide u. s. w. enthalten in:

a) dem Gesetz vom 5. Juli 1844 und Art. 1—20 I, 4; Art. 18 und 22 II des Ruraledikts vom 28. Sept. / 6. Okt. 1791 für die Rheinprovinz;

b) den §§ 245, 246 des Polizeistrafgesetzes vom 25. Mai 1847 und dem § 59 des Forststrafgesetzes vom selben Tage für die Provinz Hannover;

c) der Verordnung vom 18. Oktober 1828 und Nr. 127 ff. des Forststraftarifs vom 30. Dezember 1824 für das vorm. Kurfürstenthum Hessen;

d) den §§ 14, 23, 24, 25 des Feldfrevelgesetzes vom 19. Februar 1863 für das vorm. Herzogthum Nassau; u. s. w.

Verhältnissen für alle oder für einzelne Theilnehmer eines gemeinschaftlichen Hütungsrechts ein solches Einzelhüten (§ 23) während des ganzen Jahres oder gewisser Jahres-Perioden nothwendig ist, kann dasselbe durch Lokalordnungen, in welchen zugleich die erforderlichen Sicherungs-Maßregeln festzusetzen sind, gestattet werden.

§ 25. Eine solche Lokalordnung (§ 24) kann nach Vernehmung des Provokanten, Untersuchung der Verhältnisse und Anhörung der übrigen Betheiligten, für städtische Feldmarken von der Ortspolizeibehörde, auf dem Lande von dem Landrathe, festgesetzt werden. Doch ist in denjenigen Städten, in welchen die Polizei nicht vom Gemeindevorstande verwaltet wird, der letztere jederzeit darüber zu hören.

Der Landrath ist befugt, die zu einem solchen Zwecke erforderliche Untersuchung und Vernehmung der Betheiligten der Orts-Behörde, einem Kreis-Verordneten oder einem Oekonomie-Kommissarius aufzutragen.

§ 26. Wer unbefugterweise sein Vieh auf der gemeinschaftlichen Weide allein hütet, soll mit Geldbuße von zehn Silbergroschen bis zu drei Thalern bestraft werden.

§ 27. Auf Hütungsplätzen, die von so geringem Umfange sind, daß ein Uebertreten des Viehes auf die benachbarten fremden Grundstücke leicht zu besorgen steht, muß das Vieh mit Stricken an feste Gegenstände angebunden (getüdert), oder an Stricken geführt werden. Letzteres muß auch dann geschehen, wenn das Vieh auf Wegen zur Weide gebracht wird, denen die erforderliche Breite fehlt.

Wo ein Bedürfniß zu einer dieserhalb zu treffenden allgemeinen Lokalordnung vorhanden ist, kann dieselbe auf dem im § 25 bezeichneten Wege festgesetzt werden.

Wer diesen Vorschriften zuwiderhandelt, ist mit Geldbuße von zehn Silbergroschen bis zu drei Thalern zu bestrafen.

§ 28. Grundstücke, welche nicht auf allen Seiten so eingeschlossen sind, daß dadurch das Austreten des Viehes verhindert wird, dürfen nur während der Tageszeit zur Viehweide benutzt werden.

§ 29. Wenn das weidende Vieh nicht über Nacht in Hürden oder anderen geschlossenen Räumen verbleibt, so muß dasselbe spätestens eine Stunde nach Sonnenuntergang zu Stalle gebracht sein, und darf nicht früher, als eine Stunde vor Sonnenaufgang wieder ausgetrieben werden.

§ 30. Verbleibt das Vieh über Nacht im Freien in Hürden oder anderen geschlossenen Räumen, so darf dasselbe nicht vor Sonnenaufgang auf die Weide gebracht werden, und muß bei Sonnenuntergang wieder eingetrieben sein.

§ 31. Für solche Feldmarken oder Bezirke, in denen das nächtliche Hüten auf ungeschlossenen Grundstücken bisher üblich gewesen und nach den eigenthümlichen wirthschaftlichen Verhältnissen, entweder für die ganze Weideperiode oder für einen Theil derselben, nicht zu entbehren ist, kann dasselbe durch besondere, nach Bestimmung des § 25 zu errichtende Lokalordnungen gestattet werden, in welchen die zum Schutze gegen Beschädigungen und Mißbräuche erforderlichen Maßregeln vorzuschreiben sind.

§ 32. Wer den Bestimmungen der §§ 28 bis 30 oder einer nach § 31 errichteten Lokalordnung zuwiderhandelt, wird, auch wenn kein Vieh auf ein fremdes Grundstück übergetreten ist, mit Geldbuße von zehn Silbergroschen bis zu drei Thalern belegt.

Diese Strafe ist beim ersten Rückfall (§ 14) bis zum doppelten, bei ferneren Rückfällen bis zum vierfachen Betrage zu verschärfen.

§ 33. Tritt Vieh zur Nachtzeit auf fremde, dem Hütungsrechte nicht unterliegende Grundstücke über, so ist außer der nach § 32 eintretenden Strafe das Pfandgeld doppelt dafür zu entrichten.

Auch sind alle diejenigen, welche an dem nächtlichen Hüten Theil nehmen, für Pfandgeld und Schadensersatz dem Beschädigten solidarisch verhaftet; unter sich aber tragen sie dazu nach Verhältniß des von einem Jeden unter ihnen nächtlich gehüteten Viehes bei.

§ 34. Viehtreiber, welche ihre Heerden zur Nachtzeit (§ 29) treiben, müssen bei Vermeidung einer Strafe von zehn Silbergroschen bis zu drei Thalern von Ort zu Ort einen von ihnen zu lohnenden Begleiter zur Aufsicht mitnehmen.

§ 35. Auf den der gemeinschaftlichen oder wechselseitigen Hütung unterliegenden Wiesen oder Fettweiden findet, soweit durch Statuten oder Gewohnheiten nicht ein Anderes festgestellt ist,

die Vorhut in den Provinzen Preußen und Pommern nur bis zum 1. Mai, in den übrigen Provinzen nur bis zum 1. April,

die Nachhut auf Fettweiden in den Provinzen Preußen und Pommern nicht vor dem 1. Oktober, in den übrigen Provinzen nicht vor dem 1. November, auf Wiesen dagegen in allen Provinzen erst nach völlig beendigter Heuernte und auf zwei- und mehrschnittigen Wiesen nicht vor dem 1. Oktober statt.

Diese Termine können, wo ein Bedürfniß dazu obwaltet, durch Lokalordnungen auf dem im § 25 bezeichneten Wege anders bestimmt werden.

§ 36. Nasse, durchbrüchige Wiesen müssen zu allen Jahreszeiten mit fremder Hütung verschont werden.

Neugebaute oder umgebaute Wiesen sind mit fremder Hütung während der ersten zwei Jahre nach Ausführung der Anlage ganz zu verschonen. Auch muß die Schonung in der späteren Zeit noch so lange und in demjenigen Umfange fortgesetzt werden, als sie zur Vollendung der Anlage und zur Sicherung ihres Zweckes nothwendig ist.

Die in allen diesen Fällen etwa erforderlichen besonderen Festsetzungen sind von den in dem § 25 genannten Behörden auf die ebendaselbst vorgeschriebene Weise zu treffen.

§ 37. Auf einzelnen, im Gemenge liegenden und der gemeinschaftlichen oder wechselseitigen Hütung unterworfenen Feld- und

Wiesenstücken darf die Hütung nicht eher ausgeübt werden, als bis die Aberntung der Früchte und die Werbung des Heues auch auf allen anderen, zu demselben Feldtheile (dem Winter- oder Sommergetreidefelde rc.) gehörigen Stücken geschehen ist.

Der Zeitpunkt, mit welchem die Hütung auf den abgeernteten Stücken allgemein beginnen darf, hat die Ortspolizeibehörde zu bestimmen.

§ 38. Die Vorschriften der §§ 35 bis 37 treten auch dann ein, wenn die Hütungsbefugniß auf einem einseitigen Dienstbarkeitsrechte beruht.

Dagegen finden diese Vorschriften in allen denjenigen Fällen keine Anwendung, in welchen durch entgegenstehende rechtsbeständige Willenserklärungen, rechtskräftige Erkenntnisse oder durch Verjährung rücksichtlich des Zeitpunktes oder der Art der Ausübung ein abweichendes Rechtsverhältniß begründet ist.

Wegen der Einschränkung solcher besonderen Rechte gegen Entschädigung, sowie wegen Einführung anderweiter Ordnungen zur besseren Benutzung der Grundstücke, verbleibt es bei den Vorschriften und dem Verfahren des zweiten Abschnitts der Gemeinheitstheilungs-Ordnung vom 7. Juni 1821.

Sachregister.

(Die Zahlen weisen auf die Seiten hin.)

A.

Abbrechen von Laub 2c. von Bäumen u. s. w. 51.

Abbrennen von liegenden oder zusammengebrachten Bodendecken 86; von Torfmooren, Haidekraut und Bülten 65.

Abfuhr von Torf, Holz u. anderen Walderzeugnissen 73 ff.

Abgrenzungszeichen, unbefugte Beseitigung 2c. derselben 60, 62.

Ablagern von Holz, unbefugtes 71, 72.

Ableitung, unbefugte von Bewässerungswasser 64.

Abpflücken von Laub 2c. von Bäumen u. s. w. 51.

Abraum, unbefugte Entnahme desselben 71.

Abrupfen von Gras 2c. 50.

Abschneiden von Gras oder Viehfutter von Grenzrainen 2c. 50.

Abspänen, unbefugtes von Laubholzstücken 73.

Absperrungszeichen, unbefugte Beseitigung 2c. derselben 60, 62.

Ackergeräthe, fremde, unbefugter Gebrauch derselben 56, 57.

Adoptiv-Eltern und -Kinder 16.

Aecker, Entwendungen von denselben 32; unbefugtes Gehen über dieselben 22.

Aerzte, Entwendungen unter Anwendung derselben 39.

Akten, Anlegung derselben in Pfändungs- und Ersatzgeldangelegenheiten 123.

Ameisen, unbefugtes Einsammeln derselben und ihrer Eier 73.

Ameisenhaufen, unbefugtes Zerstören oder Zerstreuen derselben 73.

Amtsanwälte, Bestellung verwaltender Forstbeamten zu solchen 97.

Amtmann 91.

Amtsausschuß 134.

Amtshauptmann, 91, 106.

Amtsrichterlicher Strafbefehl 5, 104.

Amtsvertretung, Zuständigkeit derselben für Festsetzung des Ersatzgeldes 119; für Fütterungskosten 2c. 128.

Angabe falschen Namens als Strafschärfungsgrund 3, 4.

Angehörige, Begriff derselben 16; Entwendungen gegen dieselben 46, 47.

Angriff, thätlicher gegen den Pfändenden 2c. 29, 31.

Anklageschrift in F.- u. F.-Pol.-sachen, Inhalt derselben 99; Wegfall derselben 99.

Anordnungen der Behörde, Begriff derselben 59.

Anlagen zur Ab- und Zuleitung von Wasser, unbefugte Herstellung, Veränderung oder Beschädigung derselben 64.
Anlegen von Gruben auf fremden Grundstücken 56.
Anrufen, Flucht trotz desselben als Strafschärfungsgrund 2, 4.
Ansiedelungsgenehmigung bei Errichtung von Feuerstellen in der Nähe einer Waldung 87, 93.
Ansiedelungsgesetz 93.
Anstellung der Feld- und Forsthüter 106; der Amtsanwälte 97.
Anstiftung 5.
Antrag auf Strafverfolgung s. Strafantrag.
Anzeigepflicht des Pfändenden 129, des Gemeinde- und Gutsvorstehers 129.
Anzünden, unbefugtes von Torfmooren, Haidekraut und Bülten 65; von Kohlenmeilern 86, von Feuer in Wäldern 82.
Arbeitgeber, Entwendungen gegen denselben 39, 40.
Arbeitsleute, berechtigte Pfändung durch dieselben 125.
Armenkasse, Ansprüche derselben auf den Versteigerungserlös 133.
Aufarbeiten von Holz, unbefugtes 71.
Aufforderung des Berechtigten zum Verlassen eines Grundstücks 17, 18.
Aufseher, Entwendungen durch denselben 42, Pfändung durch denselben 125.
Aufsicht, Begriff der gehörigen über Thiere 23, Seitens des Hirten 24.
Aufsichtsverhältniß, Haftbarkeit aus demselben 8, 9.
Aufsichtsbehörde, Bestätigung der Ehrenfeldhüter 109.
Aushauen, unbefugtes von Laubholzstöcken 73.
Aushändigung der Werkzeuge und Waffen, verweigerte als Strafschärfungsgrund 2.
Aussetzung der Hauptverhandlung wegen Aenderung der Sache in F.- u. F.-Pol.sachen unzulässig 99.
Ausübung von Waldberechtigungen ordnungswidrige 76; von Waldnutzungen ohne Legitimationsschein 78.
Axt, s. Aexte.

B.

Bandstöcke, ordnungswidriges Einbringen in Ortschaften 81.
Banquette, unbefugtes Befahren derselben 60, 61.
Bauerlaubniß, polizeiliche bei Errichtung von Feuerstellen in der Umgebung einer Waldung 87.
Bauherr 88.
Bauholz, ordnungswidriger Transport desselben 81; ordnungswidriges Einbringen von unverarbeitetem Bauholz in Ortschaften 81.
Baumschulen, Entwendungen aus denselben 32.
Bäume, Entwendungen derselben 34; Beschädigungen derselben 51, 60.
Bayerische Landestheile, vormalige 67, 88.
Beamte, Gehen über fremde Grundstücke 21.
Beamtenqualität der Feld- und Forsthüter 107.
Bearbeiten von Holz, unbefugtes 71.
Bedrohung des Pfändenden mit Gewalt 29, 30.
Beeren, unbefugtes Sammeln derselben 78, 79.
Beeidigung der Feld- und Forsthüter für die Beamtenqualität unerheblich 106, 107; Beeidigung ders. in der Sitzung 111.
Befriedete Grundstücke 17.
Befugniß zum Auffordern z. Verlassen eines Grundstücks 17; zur Stellung des Strafantrags 19.
Begünstigung, Begriff 13; Strafbarkeit derselben 10.

Beihülfe, Begriff 11; Versuch der B. nicht strafbar 12; Strafbarkeit derselben 11.
Beitreibung der Geldstrafe gegen den für haftbar Erklärten 97, 98.
Bekanntmachung, ortsübliche 132.
Berechtigungseinrede in Feld- u. Forstpolizeisachen 53, 69.
Bergwerksschachte, unterlassene Einfriedigung oder Zuschüttung 57, 58.
Bergwerksbesitzer, Haftbarkeit desselben wegen unterlassener Einfriedigung ꝛc. 58.
Berlin, Stadtkreis, Anwendung des F.- u. F.-Pol.-Ges. 134.
Berufung in F.- u. F.-Pol.sachen 103.
Beschädigungen, Strafbarkeit im Allgemeinen 10; von Bäumen insbes. 51, 60, 64.
Bescheid der Ortspolizeibehörde über Ersatzgeld 122, bei Pfändungen 130.
Beschlagen, unbefugtes von Holz 71.
Beschlagnahmen und Durchsuchungen durch Feld- und Forsthüter, Zulässigkeit derselben 107.
Besserungsanstalt, Unterbringung jugendl. Personen in dieselbe 7.
Bestätigung der Feld- und Forsthüter 106, 107.
Bestellung des Ackers, Vorbereitung derselben 22, 27.
Bestellter Acker, Weiden auf demselben 26, 27.
Bewässerungswasser, unbefugtes Ableiten desselben 64.
Bewaldrechten, unbefugtes von Holz 71, 72.
Bezirksausschuß, Zuständigkeit desselben bei Errichtung von Feuerstellen 91; bei Festsetzung des Ersatzgeldes 119; für die Feststellung der Fütterungskosten ꝛc. 128; in Pfändungssachen 131; Verfahren vor dem Bezirksausschuß 124.
Bezirksrath, Aufhebung desselben 119.
Bezirksverwaltungsgericht, Aufhebung desselben 91.
Bezug der Geldstrafen 140.
Bienenstöcke, unbefugtes Aufstellen derselben 53, 54.
Bleichen von Leinwand, unbefugtes 53.
Blumen, Entwendung derselben 38; von Kirchhöfen 35.
Bodendecken, unbefugtes Abbrennen derselben 86.
Bodenerzeugnisse, Entwendungen derselben 32, 34.
Borke, Entwendung derselben 41.
Brennen, unbefugtes von Waldflächen 86.
Brennende Gegenstände, Fortwerfen derselben im Wald 82.
Brennholz, ordnungswidriger Transport 81.
Briefträger, Befugniß derselben zum Betreten ungehegter Wiesen und Aecker 21.
Bülten, unbefugtes Abbrennen derselben 65.
Buhnen, Weiden auf denselben 26.

C.

Chausseen, Werfen von Steinen ꝛc. auf dieselben 53; sonstige Beschädigungen derselben 60.
Chausseematerialien, In Unordnung Bringen derselben 61.
Civileinrede s. Berechtigungseinrede.
Confiskation s. Einziehung.

D.

Dämme, unbefugtes Weiden auf denselben 26.
Deckwerke, Weidefrevel auf denselben 26, 27
Deiche, unbefugtes Weiden auf denselben 26.
Diebstahl, Begriff im Gegensatz zur Entwendung 34.
Dienstabzeichen, Mitführen desselben durch die Feld- und Forsthüter 110.

Dienstbarkeitsberechtigung, unbefugte Ausübung derselben 76.
Dienstherrschaft, Haftbarkeit derselben für Entwendungen der Dienstboten 8; Entwendungen gegen dieselbe 39, 40.
Dienstleute, berechtigte Pfändung durch dieselben 125.
Distrikte, nicht geöffnete, Ausübung von Nutzungsberechtigungen in denselben 76.
Dünen, unbefugtes Weiden auf denselben 26.
Dünger, Begriff 52.
Dungstoffe, unbefugtes Aufsammeln derselben 51.
Durchsuchungen, Zulässigkeit derselben 107.

E.

Ehegatten als Angehörige 16.
Ehemann, Haftbarkeit desselben für Zuwiderhandlungen der Ehefrau 9.
Ehescheidung, deren Einwirkung auf das Verwandtschaftsverhältniß 16.
Ehrenfeldhüter 109 ff.
Ehrenforsthüter, Anstellung derselben unzulässig 109.
Eidesleistung der Feldhüter ꝛc. in Feld- u. Forst-Polizeisachen 110, 111.
Eier von Vögeln, unbefugtes Ausnehmen derselben 67, 146, Verkauf 148.
Einbringen von Holz ꝛc. in Ortschaften, ordnungswidriges 81.
Einbruch, Entwendungen mittels desselben 41, 42.
Einfriedigungen, Unterlassung der Errichtung derselben bei Steinbrüchen ꝛc. 29, 30; Beschädigung oder Vorrichtung 60, 63; unbefugtes Uebersteigen derselben 71.
Eingefriedigte Grundstücke, Weiden auf denselben 26, 27.
Einlösen gepfändeter Gegenstände 132.
Einschlagen von Holz, unbefugtes auf Forstgrundstücken 71.
Einsicht, mangelnde bei jugendlichen Personen 7.
Einspruch gegen Genehmigung von Feuerstellen im Walde 89.
Einsteigen, Entwendungen mittels desselben 39, 40.
Einstellungskosten für gepfändetes Vieh 128.
Einzelhüten, Regelung desselben 25, 142.
Einziehung der Waffen und Werkzeuge, welche bei Entwendungen gebraucht sind 47 ff; Verfahren bei der Einziehung 48; Verfahren mit den eingezogenen Gegenständen 49.
Eisflächen, Oeffnungen in denselben ohne Warnungszeichen 57.
Entwendungen 10, 11; Begriff der Feldentwendung 33 ff.; Forstentwendungen 32.
Erkenntniß der Strafbarkeit bei jugendlichen Personen 7.
Ernte, Begriff der beendeten 52.
Ersatzgeld, Geltendmachung des Anspruchs auf dasselbe 116; Betrag desselben 117; Haftung mehrerer Besitzer 120; Verfolgung im Civilprozeß 120.
Erzieher, Entwendungen gegen dieselben 46, 47.
Erziehungsanstalt, Unterbringung jugendlicher Personen in dieselbe 7.
Esel, Ersatzgeld 117.
Estafetten, Betreten fremder Grundstücke 21.
Extraposten, Fahren derselben über fremde Grundstücke 21.

F.

Fahrbahn, Beschädigung der zur Bezeichnung derselben gelegten Steine ꝛc. 60.
Fahren, unbefugtes über Grundstücke 20.
Fahrlässigkeit bei Fortschaffen von Holz 76.

Fahrzeuge, Entwendung unter Anwendung derselben 39.
Falsche Schlüssel, Entwendung mittels derselben 41, 43.
Falscher Name, Angabe desselben als Strafschärfungsgrund 2, 3.
Faschinen, unbefugte Entfernung derselben 60; ordnungswidriges Einbringen in Ortschaften 81.
Federvieh, Ersatzgeld 117.
Feiertag, Zuwiderhandlungen an einem solchen 2, 3.
Feldentwendungen, Begriff, Objekt und Ort derselben 33 ff.
Feldfrüchte, Entwendungen derselben 36.
Feldhüter 105; Anstellung und Bestätigung derselben 106; Beamtenqualität und Beeidigung 107; Beschlagnahmen und Durchsuchungen 107; Waffengebrauch 108; Beeidigung in der Sitzung 110.
Felle, unbefugtes Aufweichen und Reinigen 55.
Festtag, Zuwiderhandlungen an einem solchen 2, 3.
Feuer, unverwahrtes, Betreten des Waldes mit demselben 82, 83.
Feueranzünden, unbefugtes im Walde 82; forstlich angeordnetes 84.
Feuerstelle, Begriff 87; Anlegung derselben in der Umgebung eines Waldes 86; Verfahren bei Ertheilung der Genehmigung 87 ff.; Strafe wegen Errichtung ohne Genehmigung 93.
Feuerungsmaterialien, Entwendung derselben 38.
Fischereigesetz 55, 56.
Fixpunkte, unbefugte Wegnahme oder Beschädigung derselben 63.
Flachs, unbefugtes Röten desselben 54 ff.
Flucht nach erfolgtem Anruf als Strafschärfungsgrund 2,4; Waffengebrauch gegen auf der F. befindl. Forst- und Jagdfrevler 154.
Fluß, Verunreinigung desselben 54 ff.
Flußlauf, zur Umschließung eines Raumes geeignet 40.
Forstbeamte als Amtsanwälte 97; Waffengebrauch der F. 149 ff.
Forstdiebstahl, Begriff desselben 32.
Forstentwendungen 32.
Forstgrundstücke, Weiden auf denselben 26; unbefugtes Betreten 71, 72.
Forsthüter 105; Anstellung und Bestätigung derselben 106; Beamtenqualität u. Beeidigung 107; Beschlagnahmen u. Durchsuchungen 107; Waffengebrauch 108; Beeidigung in der Sitzung 110, 111.
Forstkulturen, unbefugtes Betreten derselben 71, 72.
Forstlich angeordnetes Feueranzünden 84.
Forstreferendare, deren Befugnisse 109.
Forstschutzbeamte, im Königl. Dienst angestellte 108, 168.
Fortschaffungsgeräthe, Entwendungen unter Anwendung derselben 39.
Freiheitsstrafe, gegen die haftbaren Gewalthaber 2c. ausgeschlossen 8, 9.
Früchte auf dem Felde, Entwendung derselben 36.
Fruchtsträucher, Entwendungen derselben 41.
Futterkräuter auf Wiesen 117.
Fütterungskosten 128.

G.

Gans, Ersatzgeld 117, 119.
Gartenanlagen 32.
Gartenfrüchte, Entwendungen derselben 32.
Gatter, unbefugtes Offenstehenlassen 57.
Gedeckte Sandflächen 26, 27.
Gefährliche Nähe von Wäldern 82, 84.
Gehen, unbefugtes über Aecker 22; im Walde mit Werkzeugen 71.
Gehülfe s. Beihülfe.
Geländer, Beschädigung oder Vernichtung derseben 60.

Gemeindeheerden 25, 142.
Gemeindevorsteher, Anzeigepflicht desselben bei Pfändungen 129.
Gemeinschaftliche Ausführung der Zuwiderhandlung als Strafschärfungsgrund 2, 4.
Genossenschaftsheerden 25, 142.
Genußmittel, Entwendungen derselben 37.
Gerichtliches Verfahren 96 ff.
Gerichtsstand in Feld- und Forstpolizeisachen 100, 101.
Geschwister 16.
Gesinde, von demselben begangene Entwendungen 47.
Gewalt, Bedrohung mit solcher dem Pfändenden gegenüber 29, 30.
Gewässer, Entwendungen aus denselben 32; Verunreinigung durch Röten von Flachs 54 ff.
Gewerbsmäßigkeit der Hehlerei 44.
Gewohnheitsmäßigkeit der Hehlerei 44.
Glaubhaftmachung 121.
Gleichartige strafbare Handlungen 5.
Glimmende Gegenstände, unvorsichtiges Fortwerfen derselben im Walde 82.
Grabenböschungen, Weidefrevel auf denselben 26.
Gräben, Entwendungen von Bodenerzeugnissen aus denselben 32; Abpflücken von Gras 50.
Gras, unbefugtes Abpflücken 50.
Grenzraine, Abpflücken von Viehfutter 2c. von denselben 50.
Grenzzeichen, unbefugte Wegnahme oder Beschädigung derselben 60.
Gruben, unbefugtes Anlegen derselben auf fremden Grundstücken 56, 57.
Grundbesitzer, Befugniß derselben zur Anstellung von Feld- und Forsthütern 106.
Gutsherrliche Polizeigewalt in Posen 136.
Gutsvorsteher, Anzeigepflicht bei Pfändungen 129.

H.

Hacken, Entwendungen mittels derselben 40.
Haft, Vollstreckbarkeit derselben ohne vorherigen Versuch der Beitreibung der Geldstrafe 97, 98.
Haftbarkeit des Gewalthabers 2c. 8, 9.
Haidekraut, unbefugtes Abbrennen desselben 65.
Halbgeschwister 16.
Hanf, unbefugtes Röten desselben 54.
Harz, Entwendung desselben 39, 41.
Haupttriebe stehender Bäume, Entwendung derselben 39.
Hauptverhandlung in F.- u. F.-Pol.sachen, Aussetzung derselben wegen Aenderung der Sache unzulässig 99; ohne Anwesenheit des Angeklagten auch in den Fällen der §§ 20 u. 21 d. G. zulässig 102.
Hauptverhandlungsprotokoll 99.
Hausfriedensbruch 17.
Hausgenossen, Haftbarkeit des Gewalthabers 2c. für Zuwiderhandlungen derselben 8, 9.
Häusliche Gemeinschaft 47.
Hauwerkzeuge, Entwendungen unter Anwendung derselben 40.
Hecken, Abpflücken von Laub 2c. von denselben 51.
Heerden, gemeinschaftliche 25, 140.
Hegewische, unbefugte Wegnahme derselben 60.
Hehlerei, Begriff 14; Strafbarkeit 12, 14, 44; Gewerbs- und Gewohnheitsmäßigkeit derselben 44, 45.
Heppen (Hippen), Entwendungen mittels derselben 40.
Herkommen, Begriff 77.
Hirt, Strafbarkeit des nachlässigen Hirten 12, Entlassung desselben ohne Aufkündigung 28.
Holzablagerung, unbefugte auf Forstgrundstücken 71, 72.

Holzschläge, unbefugtes Betreten derselben 71, 72.
Holzschleifen, unbefugtes über Grundstücke 20.
Holzschonungen, Benutzung bei Truppenübungen ausgeschlossen 72.
Holzstöße, Vernichtung der Stoß- oder Loosnummer an denselben 69; Umstoßen 69.
Holztransport, ordnungswidriger 81.
Holzverabfolgezettel, Wegschaffen von Holz vor Rückgabe desselben 73, 74; Urkundenqualität desselben 74; Wegschaffung von anderen als dem auf demselben verzeichneten Holz 75.
Holzversteigerungsbestimmungen 74.
Hügel als Grenzzeichen, Wegnahme derselben 60.
Hühner, ob als Vieh anzusehen? 23.
Hülfeleistung, verweigerte bei Waldbränden 82 84.
Hülfsbeamte der Staatsanwaltschaft 107.

J.

Jagdbarkeit der Vögel 147.
Jagdbeamte, Waffengebrauch 149ff.
Jagdberechtigter, Betreten fremder Grundstücke durch denselben 21.
Jagdpächter 21.
Inkrafttreten des Feld- u. Forst-Pol.-Ges. 139.
Jugendliche Personen, Bestrafung derselben 6.
Junge von Vögeln, unbefugtes Ausnehmen derselben 67, 146.

K.

Kahn, als Fahrzeug bei Entwendungen gebraucht 39.
Kalkgruben, unterlassene Einfriedigung derselben 57.
Kalköfen als Feuerstellen 87.
Kammergericht, Zuständigkeit desselben für F.- u. F.-Pol.sachen in der Revisionsinstanz 103.
Kanalböschungen, unbefugtes Weiden auf denselben 26.
Karren, unbefugtes über Grundstücke 20.
Kartoffeln, zur Saat ausgelegte, Entwendung derselben 34.
Kartoffelkraut, Abbrennen desselben 66.
Kiebitzeier 146.
Kien, Entwendung desselben 39, 41.
Kiesgruben, unterlassene Einfriedigung 2c. derselben 57.
Kirchhöfe, Entwendungen von denselben 35.
Klage des Antragstellers oder Waldeigenthümers in dem Verfahren wegen Errichtung von Feuerstellen 90; gegen den Bescheid der Ortspolizeibehörde bei Ersatzgeldansprüchen 123 ff.; bei Pfändungen 130 ff.
Knochen, unbefugtes Graben und Sammeln derselben 51, 52.
Königliche Forst- (Feld-)schutzbeamte 108.
Kohlen, Ausziehen und Abfahren derselben aus Meilern vor Löschung derselben 86.
Kohlenmeiler, unbefugtes Errichten und Anzünden, unterlassene Beaufsichtigung 86.
Kommunalbeamte, Waffengebrauch 155.
Kommunalverbände, Walduniform der Forstbeamten 158.
Konfiskation s. Einziehung.
Kontrole des Holztransportes 81.
Koppelweide 137.
Korbruthen, ordnungswidriges Einbringen derselben in Ortschaften 81.
Krammetsvogelfang 148.
Kräuter, unbefugtes Sammeln derselben 79.
Kreisausschuß, Zuständigkeit desselben im Verfahren über Errichtung von Feuerstellen 91; bei Ersatzgeld 123 ff.; bei Pfändungen 128.
Kunstwiesen 138.

L.

Landesgesetzgebung, Befugniß derselben zum Erlaß neuer Feld- u. Forst-Polizeigesetze 1.
Landgemeinde, Anstellung von Feld- und Forsthütern durch dieselbe 105.
Lastthier, Entwendungen unter Mitführung eines solchen 39; Einziehung unstatthaft 48, 50.
Laub, Abpflücken desselben von Bäumen rc. 51.
Laubholzstöcke, unbefugtes Aushauen rc. derselben 73.
Legitimationsschein, Ausübung von Berechtigungen ohne solchen 76; insbesondere bei Ausübung einer Waldnutzung 78.
Lehmgruben, unterlassene Einfriedigung derselben 57.
Lehrling, Begriff desselben 47.
Leim zum Fang von Vögeln 146.
Leinwand, unbefugtes Ausbreiten derselben 53.
Licht, unverwahrtes, Betreten des Waldes mit solchem 82.
Litewka 158.
Löcher, unterlassene Einfriedigung rc. derselben 57.
Lohdentrieb, unbefugtes Verhindern derselben 73.
Lohrinde, Beschädigung derselben, Umstoßen aufgerichteter Stöße 69.
Lokomobilen als Feuerstellen 87.
Loosnummer, Vernichtung rc. derselben 69.

M.

Marksteine, trigonometrische Beschädigung derselben 62.
Mergelgruben, unterlassene Einfriedigung rc. derselben 57.
Merkmale, zur Bezeichnung des Wasserstandes, Beschädigung rc. derselben 62.
Merkzeichen, Beschädigung rc. derselben 60 ff.
Messer, Entwendungen unter Anwendung eines solchen 39.
Mittel zur Unkenntlichmachung, Anwendung derselben als Strafschärfungsgrund 2, 3.
Mitteltriebe stehender Bäume, Entwendung derselben 39
Mitthäterschaft 2, 4.
Möveneier 146.

N.

Nachlese 51, 52.
Nachtweide, Regelung ders. durch Polizeiverordnungen 25, 196, 198.
Nachtzeit als Strafschärfungsgrund 2; Fangen rc. v. Vögeln zur N. 146.
Nadelhölzer, junge, ordnungswidriges Einbringen in Ortschaften 81.
Nähe, gefährliche von Wäldern 83.
Nahrungsmittel 37.
Namen, falscher, Angabe eines solchen als Strafschärfungsgrund 2, 3.
Natürliche Wiesen (in der Rheinprovinz) 138.
Nester, Ausnehmen derselben 67, 146; Verkauf 148.
Nichtwissen, Feststellung desselben bei dem haftbaren Gewalthaber rc. 9.
Nutzholz, ordnungswidriger Transport 81; ordnungswidriges Einbringen in Ortschaften 81.
Nutzungsberechtigung, unbefugte Ausübung derselben 76.

O.

Oberamtmann, Zuständigkeit desselben bei Errichtung von Feuerstellen 91; für die Bestätigung der Feld- und Forsthüter 106.
Oberförster als Antragsberechtigter bei Feld- und Forstpolizeikontraventionen 19; als Leiter der Löscharbeiten bei Waldbränden 85; als zuständiger Beamter für die Erlaubniß zur Errichtung von Kohlen-

meilern 86; als Amtsanwalt für F.- u. F.-Pol.sachen 97.
Oberpräsident an Stelle des Bezirksausschusses in Berlin 134.
Oberverwaltungsgericht, Zuständigkeit desselben 135.
Obstanlagen, Entwendungen aus denselben 32.
Oeffnen, unbefugtes von Sperrvorrichtungen 56, 57.
Oeffnungen in Eisflächen, unterlassene Einfriedigung derselben 57.
Offenstehenlassen, unbefugtes von Sperrvorrichtungen rc. 56, 57.
Ortspolizeibehörde, Begriff derselben 66.

P.

Pächter, unbefugte Ausübung seiner Berechtigungen 76.
Parkanlagen, städtische, Entwendungen aus denselben 36.
Partiererei (Hehlerei) 14.
Pfähle als Grenzsteine, unbefugte Wegnahme rc. 60; zum Schutz der Bäume, Beschädigung rc. 60.
Pfändung, Vereitelung derselben 29; Bewirken unrechtmäßiger Pfändung 29, 126; Pfändung wegen Weidefrevel 125 ff.; Pfändungsberechtigte hierbei 126; Anzeigepflicht derselben 129.
Pfandgeld s. Ersatzgeld.
Pferde, Weiden mit denselben auf Forstgrundstücken 26; Ersatzgeld 117.
Pflanzen, schädliche, unterlassene Vernichtung derselben 68.
Pflügen des Ackers keine Bestellung 27.
Pflugwenden, unbefugtes auf fremden Grundstücken 20, 22.
Pilze, unbefugtes Sammeln derselben 33, 79.
Plätze, Entwendungen von denselben 32.
Polizei-Distrikts-Kommissarius in Posen 136.
Polizeigewalt, gutsherrliche in Posen 136.
Polizeiliche Strafverfügungen, Rechtskraft derselben 5.
Polizeiverordnungen, Erlaß derselben 23.
Posen 136.
Postboten, Gehen über fremde Grundstücke 22.
Posten, Fahren derselben über fremde Grundstücke 21; Pfändung gegen dieselben unzulässig 126.
Posthalter, Verpflichtung desselben zur Hülfeleistung bei Waldbränden 85.
Präklusivfristen 89, 133.
Prairies artificielles (in der Rheinprovinz) 138.
Privat-Forst-Offizianten 156.
Privatwege, Beschädigung fremder 59, 60.
Puppen von Ameisen, unbefugtes Einsammeln 73.

R.

Raum, umschlossener, Begriff und Entwendungen aus demselben 39, 40.
Raupen, Unterlassen desselben 68.
Rechtskraft, Begriff 5.
Rechtsmittel in Feld- und Forstpolizeisachen 103.
Reifstäbe, ordnungswidriges Einbringen in Ortschaften 81.
Reiser, birkene, ordnungswidriges Einbringen in Ortschaften 81.
Reiten, unbefugtes über fremde Grundstücke 20.
Reitthiere, Pfändung derselben 125.
Revision in Feld- und Forstpolizeisachen 103.
Rheinprovinz, besondere Bestimmungen für dieselbe 137 ff.
Rinde, Entwendung derselben 39, 41.
Rindvieh, Ersatzgeld für dasselbe 117, 119.
Rinnen, zur Ab- und Zuleitung des Wassers dienend, unbefugte

Herstellung oder Beschädigung derselben 64.
Risser, Vernichtung des Zeichens desselben 69.
Röten, unbefugtes von Flachs oder Hanf 54 ff.
Rohrflächen, Weiden auf denselben 26.
Rotthecken, ordnungswidriges Sengen derselben 86.
Rückfall, Begriff 5; als Strafschärfungsgrund im Allgemeinen 2, 4; bei Entwendungen insbesondere 44.

S.

Saatfrüchte, Entwendungen derselben 34.
Saatkamp, Weiden auf demselben 26; Entwendung aus demselben 32, 36.
Saft, Entwendungen desselben von stehenden Bäumen 39, 41.
Sägen, Entwendungen unter Anwendung derselben 39.
Sammeln, unbefugtes von Kräutern, Beeren und Pilzen 79; von Dungstoffen oder Knochen 51, 52.
Sandflächen, gedeckte Weiden auf denselben 26, 27.
Sandgruben, unterlassene Einfriedigung 2c. 57.
Schadensersatz, Bestimmungen über Geltendmachung desselben 111 ff.
Schafe, unbefugtes Waschen derselben in Gewässern 54 ff.; Ersatzgeld 117.
Schärfungsgründe bei der Strafzumessung 2.
Scheeren, Entwendung mittels derselben 40.
Scherben, unbefugtes Werfen derselben auf fremde Grundstücke 53.
Schlaghölzer, Vernichtung der Stoß- oder Loosnummer an denselben 68, 69.
Schläge, unbefugtes Betreten derselben 71.
Schleifen von Holz, unbefugtes über fremde Grundstücke 20.
Schlingen, zum Fangen von Vögeln 146, 147.
Schlüssel, falsche, Entwendungen mittels derselben 41; Begriff 43.
Schöffengerichte, Verfahren vor denselben in F.- u. F.-Pol.sachen 98 ff.
Schonungen, Weidenfrevel auf denselben 26.
Schonzeiten des Wildes 74.
Schürflöcher, unterlassene Einfriedigung 2c. derselben 57, 58.
Schutt, Werfen desselben auf fremde Grundstücke 53.
Schutz nützlicher Thiere und Pflanzen 68.
Schutz von Vögeln, Gesetz, betreffend denselben 57 u. 146 ff.
Schwein, Ersatzgeld 117.
Sengen, unbefugtes von Rotthecken 2c. 86.
Singvögel, unbefugtes Fangen derselben 67; siehe auch 146.
Sonnenaufgang, Zuwiderhandlungen vor demselben bis zum Sonnenuntergang 2.
Sonntag, Zuwiderhandlungen an einem solchen 2.
Spaten, Entwendungen unter Anwendung desselben 39.
Sperrvorrichtungen von Wegen 2c., unbefugtes Oeffnen und Offenstehenlassen 56, 57; Beschädigung oder Vernichtung 60.
Sprenkel, zum Fangen von Singvögeln 67.
Staatschausseen s. Chausseen.
Staatsregierung, Bestätigung der Feld- und Forsthüter durch dieselbe 106.
Stadtgemeinde, Anstellung von Feld- und Forsthütern durch dieselbe 105.
Stadtkreis Berlin, Anwendung des Gesetzes in demselben 134.
Stämme, gefällte, Umstoßen 2c. derselben 69.

Stammnummer, Vernichtung rc. derselben 69.
Stehende Bäume, Entwendung von Rinde oder Mitteltrieben derselben 39; Beschädigung derselben 60.
Steinbrüche, unterlassene Einfriedigung derselben 57, 58.
Steine, Werfen auf fremde Grundstücke 53; zur Bezeichnung der Fahrbahn, Beseitigung 60; als Grenzsteine, Wegnahme 60; Belegen der Stockausschläge mit denselben 73.
Stiefgeschwister, 16.
Stockausschlag, unbefugtes Verhindern desselben 73.
Stockrodenlöcher, unterlassene Einfriedigung rc. derselben 57, 58.
Stoppelweide in der Rheinprovinz 137.
Stoßnummer, Vernichtung rc. derselben 69, 70.
Sträucher, Abpflücken von Laub rc. von denselben 51.
Strauchwerk, Entwendung desselben 34.
Strafantrag 18 ff.; Antragsfrist, Form des Strafantrages 18; Inhalt desselben, Antragsberechtigung 19; Zulässigkeit der Zurücknahme 104.
Strafbefehl, amtsrichterlicher, Rechtskraft desselben 5.
Strafbestimmungen 1 ff.
Strafermäßigung im Falle des § 57 Nr. 3 St.=G.=B. bei F.= u. F.=Pol.sachen ausgeschlossen 6.
Straffestsetzung, vorläufige polizeiliche 96.
Strafkammern, Zuständigkeit derselben für die Berufung 103.
Strafschärfungsgründe 2, 3.
Strafumwandlung gegen die haftbaren Gewalthaber rc. unzulässig 9; ohne vorherigen Versuch der Beitreibung der Geldstrafe 97, 98.
Strafunmündigkeit 6.
Strafverfahren in F.= u. F.=Pol.sachen 96 ff.
Strafvollstreckung in F.= u. F.=Pol.sachen durch den Amtsrichter 100.
Strafzumessung, Schärfungsgründe bei derselben 2, 3.
Straßenkoth als Dungstoff, Aufsammeln desselben 52.
Strohwische, unbefugte Wegnahme derselben 60.
Stützen an aufgerichteten Holzstößen, Wegnahme derselben 69.

T.

Tafeln als Grenzzeichen, unbefugte Wegnahme derselben 60.
Tauben, Ersatzgeld 118.
Thätlicher Angriff auf den Pfändungsberechtigten 29, 31.
Theerofen als Feuerstelle 87.
Theilnahme 11.
Thiere, welche als Vieh im Sinne des F.= u. F.=Pol.=Ges. anzusehen 23; bei Entwendungen gebraucht, unterliegen nicht der Einziehung 48, 50; todte, unbefugtes Liegenlassen rc. 53, 54; Schutz nützlicher Thiere 68.
Thongruben, unterlassene Einfriedigung rc. 57, 58.
Torf, Entwendung desselben 35.
Torfmoore, unbefugtes Abbrennen derselben 65.
Torfstöße, Vernichtung der Stoß- oder Loosnummer an denselben 69.
Transport von Holz, ordnungswidriger 81.
Transportmittel, bei Entwendungen gebraucht, unterliegen nicht der Einziehung 48, 50.
Treiben von Vieh, unbefugtes über fremde Grundstücke 20.
Triften, Abpflücken von Gras und Viehfutter von denselben 50.
Triebe stehender Bäume, Entwendung derselben 39.
Trocknen, unbefugtes von Wäsche rc. 53, 54.
Trüffeln, Sammeln derselben 80.

U.

Uebergangsbestimmungen 134 ff.
Uebersteigen von Einfriedigungen 71.
Uebertreten des Viehs als Vollendung des Weidefrevels 25.
Umschlossener Raum, Entwendungen aus solchem 39, 40.
Umwandlung der Geldstrafen in Haftstrafen gegen den für haftbar Erklärten unzulässig 9; ohne vorherigen Versuch der Beitreibung 97, 98.
Uniform der Feld- und Forsthüter 110; der Forstbeamten der Kommunalverbände rc. 158.
Uniforms-Reglement für die Königl. preuß. Forstbeamten 110.
Unkenntlichmachung des Thäters als Strafschärfungsgrund 2, 3.
Unrath, Werfen desselben auf fremde Grundstücke 53.
Unrechtmäßige Pfändung, vorsätzliches Bewirken derselben 29.
Unterbrechung der Verjährung 101.
Unzuständigkeit des Schöffengerichtes 99.
Urtheil in F.- u. F.-Pol.sachen 100.

V.

Vaine pature (Stoppelweide) 137.
Verabfolgezettel s. Holzverabfolgezettel.
Veräußerung von Walderzeugnissen, unberechtigte 80, 81.
Verbindung mehrerer F.- und F.-Pol.sachen 101.
Vereidigung der Forst- und Feldhüter zur Beamtenqualität nicht nöthig 106; in der Sitzung 110.
Vereitelung der Pfändung 29.
Verfahren vor dem Schöffengericht in F.- u. F.-Pol.sachen 98 ff.
Verjährung der Strafverfolgung 101; der Strafvollstreckung 101; des Anspruchs auf Ersatzgeld 119.
Vermessungszeichen, trigonometrische, Beschädigung rc. derselben 62.
Vermummen als Strafschärfungsgrund 3.
Vernichtung schädlicher Thiere und Pflanzen 68.
Verschwägerte 16.
Versteigerung gepfändeter oder in Pfand gegebener Gegenstände 132.
Versuch, Begriff und Strafbarkeit 13; Versuch der Vereitelung einer Pfändung 29; Versuch der Entwendung 38.
Vertheidigung, nothwendige in F.- u. F.-Pol.sachen 99.
Verunreinigung der Gewässer 54, 56.
Verurtheilung, rechtskräftige 5.
Verwahrung, vorläufige gepfändeter Gegenstände 129.
Verwaltungsstreitverfahren 91.
Verweis, Zulässigkeit desselben in F.- u. F.-Pol.sachen 6.
Vieh, Begriff desselben im Sinne des F.- u. F.-Pol.-Ges. 23.
Viehfutter, Abschneiden rc. desselben von Grenzrainen, Wegen rc. 50.
Viehtreiben, unbefugtes über fremde Grundstücke 20, 22.
Vogeleier, unbefugtes Ausnehmen derselben 67, 146.
Vogelnester, unbefugtes Zerstören und Ausnehmen derselben 67, 146.
Vogelschutzgesetz 146 ff.
Vormund, Entwendungen gegen denselben 46.
Vorsichtsmaßregeln, polizeilich angeordnete beim Brennen von Torfmooren rc. 65.
Voruntersuchung, Unzulässigkeit derselben in F.- und F.-Pol.sachen 99.

W.

Waffen, Verweigerung der Herausgabe als Strafschärfungsgrund 2; Einziehung derselben 47 ff.; Entwendung unter Mitführung derselben 41, 42.

Waffengebrauch der Feld- u. Forsthüter 108; der Forst- und Jagdbeamten 149 ff.
Wälle, zur Ab- und Zuleitung von Wasser dienende, Beschädigung ꝛc. derselben 64.
Wäsche, unbefugtes Ausbreiten derselben 53, 54.
Wald, Begriff 83, 87.
Waldameisen, unbefugtes Einsammeln derselben 73.
Waldbrand, verweigerte Hülfeleistung bei demselben 82, 84.
Waldeigenthümer, 88 ff.
Walderzeugnisse, Begriff 78; ordnungswidrige Entnahme und unberechtigte Veräußerung derselben 80, 81.
Waldfläche, ordnungswidriges Brennen derselben 86.
Waldhammer, Vernichtung des Zeichens desselben 68.
Waldnutzung, Begriff 78; Ausübung ohne Legitimationsschein 78.
Waldung, Begriff 83, 87.
Walduniform der Forstbeamten 158.
Waldstreuberechtigung 77; Verordnung über Ausübung derselben 192.
Warnungszeichen 26; unbefugte Wegnahme derselben 60.
Wartungskosten für gepfändete Thiere 129.
Wasserbauten 64.
Wasserleitungen 64.
Wasserstandsmerkmale, Wegnahme ꝛc. derselben 60, 62.
Wege, Abpflücken von Gras, Viehfutter von denselben 50.
Wegweiser, Wegnahme und Beschädigung derselben 60, 63.
Wehre 64.
Weiden, unbefugtes 25; Vollendung und Straflosigkeit 25, 26; auf Dämmen, Wiesen, Gärten ꝛc. 26; durch Gemeinde- und Genossenschaftsheerden 25; Entwendungen von Weiden 32.
Weidenheger, 26, 27.
Weinberge, Entwendungen aus denselben 32.
Werbungswerkzeuge, nicht gestattete, Gebrauch derselben 77.
Werth des Entwendeten, für den Begriff der Entwendung entscheidend 33.
Werkzeuge, Verweigerung der Herausgabe als Strafschärfungsgrund 2; Einziehung derselben 48 ff.
Werthsermittelung durch den Richter 113.
Werthsersatz, Geltendmachung desselben 111 ff.; Vollstreckung der Entscheiduug über denselben 113.
Widerstand bei Pfändungen 29 ff.
Wiesen, Weiden auf denselben 26; Entwendungen von denselben 32.
Wohnort, falsche Angabe desselben als Strafschärfungsgrund 2.
Wurzeln, Entwendung derselben 39.

Z.

Zahlungsunfähigkeit 98.
Zeugeneid der Feld- und Forsthüter 110.
Ziegen, Weiden derselben auf Forstgrundstücken 26; Ersatzgeld 117.
Zierbäume, Beschädigung derselben 60, 68.
Ziersträucher, Entwendung derselben 44; Beschädigung 60, 68.
Zugthiere, Zulässigkeit der Pfändung derselben 125.
Zurücknahme des Strafantrages 104.
Zusammenhang mehrerer Strafsachen, Zulässigkeit der Verbindung 101, 102.
Zuschlag bei Versteigerung gepfändeter Gegenstände 132.
Zuständiger Beamter, Verpflichtung zur Namensangabe demselben gegenüber 2, 3.
Zuwerfen von Oeffnungen, Löchern ꝛc. auf Grundstücken 57 ff.
Zweige, unbefugtes Abbrechen derselben von Bäumen ꝛc. 51.

Lippert & Co. (G. Pätz'sche Buchdruckerei), Naumburg a. S.

In demselben Verlage erschienen:

Das

Reichs-Vogelschutzgesetz

vom 30. Mai 1908

mit erläuternden Anmerkungen

von

Görcke,
Amtsgerichtsrat in Eberswalde.

(Zugleich Nachtrag zur 4. Auflage der „Preußischen Jagdgesetze“ von **Kohli-Görcke.** 1908.)

Berlin 1909.
Verlag von H. W. Müller.
W. 35.

Preis: 40 Pf.

Vogelschutzgesetz.

Reichsgesetz, betr. den Schutz von Vögeln,*)

vom 22. März 1888 (RGBl. S. 111), in der Fassung vom 30. Mai 1908 (RGBl. S. 317), mit Geltung seit 1. Septbr. 1908.

§ 1.[1]) Das Zerstören und das Ausheben von Nestern oder Brutstätten der Vögel, das Zerstören und Aus-

*) Das VogelschutzG. ist ein ReichsG., während die JagdO. ein LandesG. ist. Da nach Art. 2 Reichs-Verf. ReichsG. dem LandesG. vorgehen, schafft das obige G. bezüglich der Vögel ein einheitliches Recht für ganz Deutschland. Nur in denjenigen Bestimmungen, deren Abänderung das obige G. ausdrücklich dem Landesrecht gestattet (§§ 5 u. 9) oder welche durch die verschiedenen Jagdrechte der Bundesstaaten berührt werden (§ 8 b), darf das Vogelrecht durch die Landesgesetzgebung abweichend gestaltet werden. Im besonderen können landesrechtlich schärfere Bestimmungen (außer dem Höchststrafmaß) bestehen und erlassen werden (§ 9), so daß das VogelschutzG. das Mindestmaß von Schutzvorschriften für die Vögel enthält.

Die Staaten Deutschland, Österreich-Ungarn, Liechtenstein, Belgien, Spanien, Frankreich, Luxemburg, Monaco, Schweden, Schweiz Portugal u. Griechenland, von denen sich nunmehr jetzt nur noch letzteres die Ratifizierung vorbehalten hat (RGBl. 07, 762), haben auf einer internationalen Konferenz in Paris eine Übereinkunft zum Schutz der für die Landwirtschaft nützlichen Vögel vom 19/3. 02 (RGBl. 06, 89) geschlossen, zu der der Beitritt von Italien und der afrikanischen Mittelmeerländer, in denen die größten Massenmorde von Vögeln stattfinden, zu erhoffen ist. Danach hatten die Vertragsstaaten binnen 3 Jahren ihre Gesetze mit den Bestimmungen der Übereinkunft in Einklang zu bringen (Art. 10). Aus diesem Anlaß ist das das ursprüngliche G. vom 22/3. 88 abändernde G. vom 30/5. 08 ergangen, durch welches ersteres unter der nun auch amtlichen Bezeichnung „Vogelschutzgesetz", auch auf Helgoland, das 1888 noch nicht zu Deutschland gehörte, eingeführt ist und die im obigen Texte durch Druck in „Schwabacher Schrift" kenntlich gemachten Zusätze bzw. Abänderungen erhalten hat.

Eine allgemeine Anleitung zur Ausübung des Schutzes der heimischen Vogelwelt ist im Lw. M.Bl. 05, 95 veröffentlicht.

nehmen von Eiern, das Ausnehmen und Töten von Jungen ist verboten.[2])

Desgleichen ist der Ankauf, der Verkauf, die An- und Verkaufsvermittelung, das Feilbieten, die Ein-, Aus- und Durchfuhr und der Transport der Nester, Eier und Brut der in Europa einheimischen Vogelarten untersagt.[3])

Dem Eigentümer und dem Nutzungsberechtigten[4])

---

[1]) An sich unterliegen alle Vögel einschl. ihrer Jungen und Eier, soweit sie nicht wie z. B. das häusliche Federvieh und die Stubenvögel im Eigentum jemandes stehen, privatrechtlich als herrenlose Sachen dem allgemeinen Aneignungsrecht (§§ 958, 960 BGB., Art. 69 EG. z. BGB., § 117 I 9 ALR., siehe oben unter I). Ausgenommen davon ist das jagdbare Federwild, welches mit Jungen und, soweit zulässig, mit Eiern (siehe § 42 JO. unter II) dem ausschließlichen Aneignungsrecht des Jagdberechtigten unterliegt und somit nach § 8 b nicht unter obiges G. sondern unter den Schutz der jagdrechtlichen Bestimmungen fällt. Die obigen Schutzvorschriften erstrecken sich daher auf alle nichtjagdbaren Vögel; von diesen sind nur die in § 8 namentlich aufgeführten und die nach § 5 etwa landesrechtlich genannten Schädlinge ausgenommen.

[2]) Das vorsätzliche und rechtswidrige Zerstören und Ausnehmen der Nester usw. ist verboten und nach § 6 strafbar. Ein zufälliges oder berechtigtes (s. Abs. 3) Zerstören usw. ist nicht strafbar, z. B. also nicht versehentliches Zertreten der Nester beim Mähen des Klees, das Zerstören eines Nestes durch Baumfällen (Stenogr. Ber. 1888 S. 1128). Das Verbot ist an keine bestimmte Zeit gebunden, wie der Vogelfang nach § 3, sondern ist ein dauerndes. Außerhalb der Fälle des Abs. 3 können in den bestimmten Fällen des § 5 Abs. 3 von den Behörden Ausnahmen gestattet werden. Schließlich sind solche, da nach § 8 b die jagdbaren Vögel von dem obigen G. nicht betroffen werden, durch das Landesjagdrecht möglich (siehe § 42 JO. unter II, § 16 Hohenz. JO. unter Anhang A 3).

[3]) Der Abs. 2 ist durch die Novelle vom 30/5 08 eingefügt. Er verbietet jeglichen Verkehr und zwar sowohl im Handel als auch unter Privaten mit Nestern, Eiern und Jungen und nicht nur für deutsche, sondern auch für außerdeutsche europäische Vögel. Aber Nester usw. von Vögeln, die außerhalb Europa heimisch sind, können in Deutschland dauernd vertrieben werden, z. B. japanische Schwalbennester, Eier von Kanarienvögeln, selbst wenn diese in Deutschland gelegt sind. — Eine Ausnahme von diesem Vertriebsverbot setzt Abs. 4 für Kiebitz- und Möweneier fest.

[4]) Z. B. Pächter, Nießbraucher, Mieter usw. Aber diese dürfen nur innerhalb ihres Nutzungsrechts handeln. Der

und deren Beauftragten steht jedoch frei, Nester, welche Vögel in oder an [5]) Wohnhäusern oder anderen Gebäuden und im Innern [6]) von Hofräumen [6]) gebaut haben, zu zerstören.

Auch findet das Verbot keine Anwendung auf das Einsammeln, den Ankauf, Verkauf, die An- und Verkaufsvermittelung, das Feilbieten, die Ein-, Aus- und Durchfuhr und den Transport der Eier von Möwen und Kiebitzen, [7]) soweit es nicht durch Landesgesetz oder durch landespolizeiliche Anordnung auf die Eier dieser Vögel für bestimmte Orte oder für bestimmte Zeiten ausgedehnt wird.

§ 2. Verboten ist ferner: [8])

Mieter ist z. B. nicht berechtigt, ein am Fenster einer andern Mietswohnung desselben Hauses befindliches Schwalbennest zu zerstören.

[5]) Bzw. auf Gebäuden, wie dies bei Storchnestern der Fall zu sein pflegt.

[6]) Das Nest eines geschützten Vogels (vgl. Anm. 1) auf einem im Hof stehenden Baume darf mithin vom Grundstückseigentümer heruntergeholt werden, nicht aber das Nest auf einem solchen im Garten. Vgl. Anm. 2.

[7]) Für Eier (nicht auch Jungen) von Möwen und Kiebitzen stellt Abs. 4 eine Ausnahme des in Abs. 1 u. 2 ausgesprochenen Verbots auf, welches im ursprünglichen G. auch solche der Strandvögel und Seeschwalben umfaßte. Das Einsammeln und das Vertreiben der Eier, welches hier unbeschränkt zugelassen ist, kann aber landesrechtlich örtlich und zeitlich beschränkt werden. Eine solche Beschränkung ist auch von den meisten Bundesstaaten ausgesprochen. Näheres über Kiebitze und Möwen siehe zu § 42 JO. (unter II).

[8]) Während der § 3 die Zeitdauer des Vogelfangs beschränkt, regelt der § 2 die Arten des Vogelfangs. Seine Verbote sollen namentlich die Massenerlegung von Vögeln verhindern. Mit den unter b, d und e genannten Mitteln darf überhaupt niemals der Fang ausgeübt werden; nach a in keiner Weise, solange Schnee liegt, und mit den zu c genannten Mitteln nur zur Tageszeit. Alle im § 2 nicht aufgeführten Fangarten sind unbeschränkt erlaubt z. B. Vogelherde, aber zeitlich ebenso wie die zu c genannten Fangarten an die nach § 3 allgemein festgelegte Fangzeit gebunden. Auf die im § 8 benannten schädlichen Vögel bezieht sich im allgemeinen das Verbot des § 2 nicht, aber der Schlingenfang ist auch für sie verboten (§ 8).

a) jede Art des Fangens[9]) von Vögeln, solange der Boden mit Schnee bedeckt ist;[10])

b) das Fangen[9]) von Vögeln mittels Leimes und Schlingen;[11])[12])

c) das Fangen[9]) und die Erlegung von Vögeln zur Nachtzeit mit Netzen oder Waffen;[12]) als Nachtzeit gilt der Zeitraum, welcher eine Stunde nach Sonnenuntergang beginnt und eine Stunde vor Sonnenaufgang endet;

d) das Fangen[9]) von Vögeln mit Anwendung von Körnern oder anderen Futterstoffen, denen betäubende oder giftige Bestandteile beigemischt sind, oder unter Anwendung geblendeter Lockvögel;[12])

e) das Fangen[9]) von Vögeln mittels Fallkäfigen und Fallkästen, Reusen, großer Schlag- und Zugnetze, sowie mittels beweglicher und tragbarer, auf dem Boden oder quer über das Feld, das Niederholz, das Rohr oder den Weg gespannter Netze.[12])

Der Bundesrat ist ermächtigt, auch bestimmte andere Arten des Fangens sowie das Fangen mit Vorkehrungen, welche eine Massenvertilgung von Vögeln ermöglichen, zu verbieten.[13])

§ 3. In der Zeit vom 1. März bis zum 1. Oktober[14]) ist das Fangen[9]) und die Erlegung[15]) von Vögeln[16])

---

[9]) Dem Fangen wird nach § 4 jegliche Art des bloßen Nachstellens gleichgeachtet.

[10]) Wann dies der Fall ist, ist Tatfrage. Einzelne noch bestehende Schneeflecken genügen nicht, es muß allgemein Schnee liegen. Von dem Verbot zu a kann übrigens der Bundesrat für bestimmte Gegenden Ausnahmen gestatten (§ 5 Abs. 5).

[11]) Vor der Novelle war Schlingen- und Leimfang nur zur Nachtzeit verboten. Unter den verbotenen Schlingenfang fällt jetzt auch noch § 8 (Schlußsatz) der Dohnenstieg.

[12]) Mit Netzen und Waffen ist das Nachstellen und Erlegen der geschützten Vögel nur zur Tageszeit und nur außerhalb der Schonzeit (§ 3) gestattet, mit den zu b, d und e erwähnten Mitteln aber ist es ausnahmslos und jederzeit verboten.

[13]) Solche sind bisher nicht ergangen.

[14]) Im ursprünglichen G. war der Vogelfang vom 1. März nur bis zum 15. September verboten.

[15]) Erlegen ist nicht gleichbedeutend mit Töten. Deshalb soll es zulässig sein, den Qualen verletzter Vögel ein Ende zu

sowie der Ankauf, der Verkauf und das Feilbieten,[17]) die Vermittelung eines hiernach verbotenen An- und Verkaufs, die Ein-, Aus- und Durchfuhr von lebenden sowie toten[18]) Vögeln der in Europa einheimischen Arten überhaupt, ebenso der Transport solcher Vögel zu Handelszwecken[19]) untersagt.[20])

---

machen (Komm. Ber. 1908 S. 17 u. 19). Vgl. hierzu Anm. 13 zu § 76 JO. (unter II).

[16]) Hiernach sind alle Vögel (mit Ausnahme: 1. der jagdbaren, 2. der in § 8 mit Namen aufgeführten, 3. der etwa nach § 5 landesgesetzlich ausgenommenen) in der Zeit vom 1. März bis 1. Oktober jeglicher Nachstellung (§ 4) entzogen und unterliegen nur vom 2. Oktober bis Ende Februar dem allgemeinen Aneignungsrecht (Anm. 1) mit den Fangbeschränkungen des § 2. Den im Abs. 2 genannten Meisen usw. darf aber auch in der letztgenannten Zeit nicht nachgestellt werden. Die im § 8 aufgeführten Schädlinge dagegen sind jederzeit verfolgbar, die jagdbaren (§ 1 JO.) darunter aber nur vom Jagdberechtigten und nur außerhalb ihrer besonderen Schonzeit; denjenigen jagdbaren Vögeln, für die eine Schonzeit nicht besteht (wie z. B. Adlern, wilden Gänsen), darf der Jagdberechtigte jederzeit nachstellen.

[17]) Über den Begriff des Feilbietens vgl. Anm. 24 zu § 43 JO. (unter II).

[18]) Unter toten Vögeln sind nur letzthin erlegte zu verstehen. Ausgestopfte oder zu irgendeinem Zweck (z. B. zur Nahrung) konservierte Vögel dürfen auch in der Verbotszeit gehandelt werden.

[19]) Der Transport von geschützten Vögeln in der Verbotszeit ist nur zu Handelszwecken untersagt. Der Vogelhändler darf solche also nicht versenden, wohl aber kann z. B. ein Privater sein Rotkehlchen einem Dritten als Geschenk übersenden.

[20]) Während früher nur das Feilbieten und der Verkauf toter Vögel während der Verbotszeit untersagt war, ist jetzt jeglicher Handelsverkehr mit lebenden und toten Vögeln in jener Zeit verboten. Ausgenommen vom Verbot sind nur solche Vögel, welche nicht in Europa heimisch sind, also z. B. Papageien, Kanarienvögel usw. Nur solche exotischen Vögel und die im § 8 genannten Schädlinge dürfen also in der Zeit vom 1. März bis 1. Oktober gehandelt, feilgeboten und im Handel transportiert werden, alle andern Vögel aber bei Strafe des § 6 nicht. Die Vogelhändler dürfen also in dieser Zeit geschützte Vögel nicht mehr in den Läden zum Verkauf ausstellen. Dagegen ist das Halten der geschützten Vögel in der Verbotszeit weder für Händler noch für Private untersagt, dies kann aber durch Polizeiverordnungen auf Grund des Pol.-Ges. v. 11/3. 1850 geschehen (Komm. Ber. 1908 S. 11).

Dieses Verbot erstreckt sich für Meisen, Kleiber und Baumläufer auf das ganze Jahr.[21])

Der Bundesrat ist ermächtigt, das Fangen und die Erlegung bestimmter Vogelarten sowie das Feilbieten und den Verkauf derselben auch außerhalb des im Abs. 1 bestimmten Zeitraums allgemein oder für gewisse Zeiten oder Bezirke zu untersagen.[13])

§ 4. Dem Fangen im Sinne dieses Gesetzes wird jedes Nachstellen zum Zwecke des Fangens oder Tötens von Vögeln, insbesondere das Aufstellen von Netzen, Schlingen, Leimruten oder anderen Fangvorrichtungen gleichgeachtet.[22])

§ 5.[23]) Vögel, welche dem jagdbaren Feder- und Haarwild[24]) und dessen Brut und Jungen sowie Fischen[25]) und deren Brut nachstellen, dürfen nach Maßgabe der landesgesetzlichen Bestimmungen über Jagd und Fischerei von den Jagd- oder Fischereiberechtigten und deren Beauftragten getötet werden.[26])

---

[21]) Die Ausnahme der im Abs. 2 genannten Vögel vom Fang und Handel überhaupt ist durch das G. v. 30/5. 08 neu eingeführt. Die Meisen, Kleiber und Baumläufer (Parus, Sitta u. Certhia) sind hiernach als die einzigen Vögel unbedingt und unbefristet geschützt. Der Grund zu dieser Ausnahmestellung ist ihr hoher volkswirtschaftlicher Nutzen, während sie andrerseits nicht als Stubenvögel gehalten zu werden pflegen.

[22]) Also nicht bloß das tatsächliche Einfangen von Vögeln sondern jegliche Art des Nachstellens, wozu schon das bloße Aufstellen von Fangmitteln gehört, ist verboten und wird aus § 6 bestraft: gegen Meisen usw. stets, gegen andere geschützte Vögel, wenn es in der Zeit vom 1. März bis 1. Oktober (§ 3) oder mit verbotenen Mitteln (§ 2) geschieht. Schlingen dürfen zu keiner Zeit mehr aufgestellt werden (§ 8).

[23]) Der § 5 enthält besondere durch die Landesbehörden zulässige Ausnahmen von den Verboten der §§ 1 bis 3. Der § 8 gibt dagegen allgemeine Ausnahmen vom Gesetz selbst.

[24]) Wie z. B. der Storch. Über ihn siehe Anm. 38 zu § 48 JO. unter II.

[25]) Wie z. B. der Eisvogel (Königsfischer) und die Wasseramsel.

[26]) Auf diesem § 5 fußt der § 48 JO. (unter II). Durch letzteren ist den Bezirksausschüssen im Gebiet der JO. (siehe Vorbemerkung zu II) die Befugnis erteilt, nichtjagdbare, der Jagd- oder Fischerei schädliche Vögel (z. B. den Storch) dauernd oder vorübergehend von dem Vogelschutz auszunehmen. Zum Schutz

Wenn Vögel in Weinbergen, Gärten, bestellten Feldern, Baumpflanzungen, Saatkämpen und Schonungen Schaden anrichten, können die von den Landesregierungen bezeichneten Behörden [27]) den Eigentümern und Nutzungsberechtigten der Grundstücke und deren Beauftragten oder öffentlichen Schutzbeamten (Forst- und Feldhütern, Flurschützen usw.) [28]), soweit dies zur Abwendung dieses Schadens notwendig ist, das Töten solcher Vögel mit Feuerwaffen [29]) innerhalb der betroffenen Örtlichkeiten auch während der im § 3 Abs. 1 bezeichneten Frist gestatten. Das Feilbieten und der Verkauf der auf Grund solcher Erlaubnis erlegten Vögel sind unzulässig.

Ebenso können die im Abs. 2 bezeichneten Behörden einzelne Ausnahmen von den Bestimmungen in §§ 1—3 dieses Gesetzes zu wissenschaftlichen oder Lehrzwecken, zur *Wiederbevölkerung mit einzelnen Vogelarten* [29]) sowie für [30]) Stubenvögel für eine bestimmte Zeit und für bestimmte Örtlichkeiten [31]) bewilligen.

Der Bundesrat bestimmt die näheren Voraussetzungen, unter welchen die im Abs. 2 und 3 bezeichneten Ausnahmen statthaft sein sollen. [13])

---

der Fischerei kann ferner nach § 67 JO. im Gebiete der letzteren den Fischereiberechtigten die Erlegung jeglicher der Fischerei schädlichen Vögel von der Jagdpolizeibehörde gestattet werden (siehe Näheres Anm. 33 zu § 67 JO. unter II).

[27]) Für Preußen: Landrat bzw. in Stadtkreisen Ortspolizeibehörde.

[28]) In manchen Weinbergsgegenden darf zur Zeit der Traubenreife nur der Flurschütze (auch nicht der Eigentümer) den Weinberg betreten. Die öffentlichen Schutzbeamten sind für derartige und ähnliche Fälle besonders erwähnt.

[29]) Die Einschränkung „mit Feuerwaffen" und der Zusatz im Abs. 3 „zur Wiederbevölkerung mit einzelnen Vogelarten" ist erst durch die Novelle vom 30/5. 08 erfolgt und zwar, um das VogelschutzG. mit der internationalen Übereinkunft (siehe Vorbemerkung) in Einklang zu bringen.

[30]) Statt „für" hieß es früher „zum Fang von" Stubenvögeln. Der weitere Ausdruck „für" läßt also behördliche Ausnahmen nicht nur wie bisher für den Fang, sondern für alle Verbote der §§ 1 bis 3 zu, also auch z. B. für den Handel und den Transport sowohl der Vögel selbst als auch ihrer Eier.

[31]) Z. B. in Thüringen und Hessen zur Abrichtung junger Dompfaffen.

Von der Vorschrift unter § 2a kann der Bundesrat für bestimmte Bezirke eine allgemeine Ausnahme gestatten.[13])

§ 6. Zuwiderhandlungen[32]) gegen die Bestimmungen dieses Gesetzes oder gegen die von dem Bundesrat auf Grund derselben erlassenen Anordnungen werden mit Geldstrafe bis zu einhundertundfünfzig Mark oder mit Haft bestraft.[33])

Der gleichen Strafe unterliegt, wer es unterläßt, Kinder oder andere unter seiner Gewalt stehende Personen, welche seiner Aufsicht untergeben sind und zu seiner Hausgenossenschaft gehören, von der Übertretung dieser Vorschriften abzuhalten.[34])

§ 7. Neben der Geldstrafe oder der Haft kann[35]) auf die Einziehung der verbotswidrig in Besitz genommenen, feilgebotenen oder verkauften Vögel, Nester, Eier, sowie auf Einziehung der Werkzeuge erkannt werden, welche zum Fangen oder Töten der Vögel, zum Zerstören oder Ausheben der Nester, Brutstätten oder Eier gebraucht oder bestimmt waren, ohne Unterschied, ob die

---

[32]) Die Zuwiderhandlungen sind Übertretungen im Sinne des StGB. Vgl. dazu Anm. 1 Abs. 1 zu § 72 JO. (unter II).

[33]) Hierdurch ist die Vorschrift des § 368 Nr. 11 StGB., wonach „mit Geldstrafe bis zu 60 Mk. oder mit Haft bestraft wird, war unbefugt Eier oder Junge von jagdbarem Federwilde oder von Singvögeln ausnimmt" in betreff der Singvögel ersetzt worden. — Außerdem bedroht § 33 des Feld- und Forst-PolizeiG. v. 1/4. 80 (siehe Anm. 36) den Vogelfang auf fremden Grundstücken mit Strafe.

[34]) Vgl. § 361 Nr. 9 StGB. unten unter V und die Anm. dazu. Hier wie dort genügt die Tatsache der Straftat für sich allein zur Bestrafung nicht; es muß vielmehr noch eine schuldhafte Unterlassung bzw. Vernachlässigung der pflichtmäßigen Aufsicht seitens des Gewalthabers hinzutreten. Diese wird aber nicht vermutet, sondern muß dem Gewalthaber nachgewiesen werden. (Olshausen, StGB. § 361 Nr. 9; GA. 26, 453). Der Gewalthaber selbst wird bestraft, nicht nur wie in § 80 JO. für haftbar erklärt.

[35]) Die Einziehung ist hier also dem Ermessen des Gerichts überlassen; anders nach § 295 StGB. bei Jagdvergehen und nach § 78 Abs. 3 JO. bei Wildhandel während der Schonzeit, wo die Einziehung ausgesprochen werden muß.

einzuziehenden Gegenstände dem Verurteilten gehören oder nicht.[36])

Ist die Verfolgung oder Verurteilung einer bestimmten Person nicht ausführbar, so können die im vorstehenden Absatze bezeichneten Maßnahmen selbständig erkannt werden.[36])

§ 8.[37]) Die Bestimmungen dieses Gesetzes finden keine Anwendung

a) auf das im Privateigentume befindliche Federvieh;[38])

b) auf die nach Maßgabe der Landesgesetze jagdbaren Vögel;[39])

c) auf die in nachstehendem Verzeichnis[40]) aufgeführten Vogelarten:[41])

---

[36]) Nach den §§ 40—42 StGB. ist das sog. „objektive Strafverfahren", d. h. die Strafverfolgung, auch wenn solche gegen eine bestimmte Person nicht ausführbar ist, sonst nur bei Vergehen und Verbrechen zulässig. Die obige Vorschrift läßt es auch für die Übertretungen gegen das VogelschutzG. zu. Es ist dies eine der besonderen gesetzlichen Bestimmungen, welche der das Verfahren bei Einziehungen regelnde § 477 StPO. im Auge hat. Da § 40 StGB. nicht Anwendung findet, im Abs. 2 auch ausdrücklich die Anwendung der im Abs. 1 bezeichneten Maßnahmen für zulässig erklärt ist, darf hier, anders wie beim Jagdvergehen nach § 295 StGB. (vgl. dort unter V), die Einziehung auch im objektiven Verfahren erfolgen, wenn die Fangwerkzeuge usw. keinem Täter oder Teilnehmer, sondern einem unbeteiligten Dritten gehören.

[37]) Der § 8 enthält die vom Gesetz sich selbst gegebenen Ausnahmen. Besondere durch Landesgesetz mögliche Ausnahmen sieht der § 5 außerdem vor.

[38]) Außer auf die gewöhnlichen Haustiere und Stubenvögel auch auf die in Volièren, zoologischen Gärten, Menagerien usw. gehaltenen Vögel zu beziehen. Hinsichtlich des etwaigen Aneignungsrechts an diesen für den Fall ihres Entfliegens siehe §§ 958, 960 BGB. und Anm. 11 dazu (oben unter I A).

[39]) Die jagdbaren und deshalb dem Jagdschutz unterliegenden Vögel sind in § 1 JO. (unter II) für deren Geltungsgebiet einzeln und erschöpfend aufgezählt.

[40]) Das Verzeichnis führte im ursprünglichen G. noch die Kreuzschnäbel und Kernbeißer auf, nahm unter den Tagraubvögeln nur die Turmfalken aus und zählte unter den rabenartigen Vögeln auch noch die Kolkraben, Dohlen, Nuß- oder Tannenhäher auf.

[41]) Die Vögel des Verzeichnisses zu c unterstehen weder den Schutzvorschriften des Eigentums (wie die zu a) noch denen der Jagd

Tagraubvögel [42]) mit Ausnahme der Turmfalken, Schreiadler, Seeadler [43]) Bussarde und Gabelweihen (rote Milane),
Uhus, [44])
Würger (Neuntöter),
Sperlinge (Haus- und Feldsperlinge),
rabenartige Vögel (Rabenkrähen, Nebelkrähen, Saatkrähen, Elstern, Eichelhäher), [40])
Wildtauben (Ringeltauben, Hohltauben, Turteltauben), [43])
Wasserhühner (Rohr- und [43]) Bleßhühner),
Reiher (eigentliche Reiher, Nachtreiher oder Rohrdommeln), [43])
Säger (Sägetaucher, Tauchergänse),
alle nicht im Binnenlande brütenden Möwen, [43])
Kormorane,
Taucher (Eistaucher uud Haubentaucher),

jedoch gilt auch für die vorstehend unter a, b, c bezeichneten Vögel das Verbot des Fangens mittels Schlingen. [45])

(wie zu b), noch denen des Vogelschutzgesetzes. Sie sind vielmehr als nicht nützlich die einzigen Vögel, welche wirklich „vogelfrei" sind, d. h. sie sind der Nachstellung und Aneignung für jedermann und zu jeder Zeit unterworfen (§§ 958, 960 BGB.).

Da die Jagdbarkeit der Vögel durch Landesgesetz bestimmt wird und die jagdbaren nach § 8 b vom obigen Gesetz ausgenommen sind und den diesbezüglichen jagdrechtlichen Schonvorschriften unterliegen, kann das obige reichsgesetzliche Verzeichnis in jedem Bundesstaate beschränkt sein: in Preußen ist dies bezüglich der im Text klein gedruckten Vögel der Fall.

[42]) Von den Tagraubvögeln unterstehen also nur die oben als Ausnahmen genannten dem Vogelschutz und zwar von den Bussarden alle Arten. Von den Falken dagegen ist nur der Turmfalke geschützt. Die oben als fernere Ausnahmen aufgeführten Schrei- und Seeadler sind in Preußen wie alle Adler jagdbar (§ 1 JO.).

[43]) Sie sind durch § 1 JO. für jagdbar erklärt und fallen deshalb in Preußen gemäß b) unter den jagdrechtlichen Wildschutz. — Unter Reiher sind alle bei uns vorkommenden Reiherarten zu verstehen; sie sind als Wasservögel ebenfalls jagdbar mit Ausnahme des grauen oder Fischreihers. Deshalb unterliegt nur letzterer keinem Schutz, die nur als Irrgäste bei uns vorkommenden Purpur-, Silber- und Seidenreiher aber dem Wildschutz.

[44]) Alle übrigen Eulenarten unterstehen also dem Vogelschutz.

§ 9. Die landesrechtlichen Bestimmungen, welche zum Schutze der Vögel weitergehende Verbote enthalten, bleiben unberührt.[46]) Die auf Grund derselben zu erkennenden Strafen dürfen jedoch den Höchstbetrag der in diesem Gesetz angedrohten Strafen nicht übersteigen.

---

[45]) Der letzte Absatz ist durch die Novelle vom 30/5. 08 neu eingefügt und von weitgehender Bedeutung. Durch ihn ist ausnahmslos — also auch für die nicht geschützten Vögel — der Vogelfang mittels Schlingen verboten; er enthält insofern eine Erweiterung des Schlingenverbots in § 2b. Durch dieses unbedingte Verbot ist auch der Schlingenfang der jagdbaren Krammetsvögel, der Dohnenstieg, betroffen, welcher durch den § 8 alter Fassung ausdrücklich vom Verbot ausgenommen war. Da das obige Gesetz als Reichsgesetz den Landesgesetzen vorgeht, hat es entgegenstehende Vorschriften der Jagdordnungen (z. B. § 41 Abs. 2 Preuß. J.O.) aufgehoben und durch solche kann der Schlingenfang für Federwild auch nicht mehr neu gestattet werden. Schon der, welcher im noch vorhandenen Dohnenstieg eine Schlinge nur fängisch stellt, macht sich jetzt aus § 6 u. § 4 strafbar.

[46]) Das Vogelschutzgesetz bezweckt das Mindestmaß des Vogelschutzes festzusetzen, deshalb sind alle einen weitergehenden Schutz aussprechenden Vorschriften der Bundesstaaten aufrecht erhalten und solche können von ihnen auch neu erlassen werden. Dazu gehören auch Polizeiverordnungen, durch welche weitere Vögel des Verzeichnisses in § 8 (wie z. B. die Saatkrähe) geschützt werden. —

Aufrecht erhalten ist auch der § 33 des Feld- und ForstpolizeiG. v. 1/4. 80, welcher lautet:

„Mit Geldstrafe bis zu dreißig Mark oder mit Haft bis zu „einer Woche wird bestraft, wer, abgesehen von den Fällen des „§ 368 Nr. 11 des Strafgesetzbuchs, auf fremden Grund„stücken unbefugt nicht jagdbare Vögel fängt, Sprenkel „oder ähnliche Vorrichtungen zum Fangen von Singvögeln auf„stellt, Vogelnester zerstört oder Eier oder Junge von Vögeln „ausnimmt."

Wer jagdbaren Vögeln nachstellt, ist aus §§ 292 ff. StGB. strafbar.

Lippert & Co. (G. Pätz'sche Buchdr.), Naumburg a/S.